LIBRAIRIE DE LOUIS COLAS, RUE DAUPHINE, N° 32.

# CHOIX
# D'ÉDIFICES PUBLICS

## PROJETÉS OU CONSTRUITS EN FRANCE

DEPUIS LE COMMENCEMENT DU DIX-NEUVIÈME SIÈCLE;

PUBLIÉ

Avec l'autorisation de Monsieur le Ministre de l'Intérieur,

PAR

MM. GOURLIER, BIET, GRILLON ET FEU TARDIEU,

ARCHITECTES, MEMBRES DU CONSEIL GÉNÉRAL DES BATIMENTS CIVILS.

3 vol. in-folio, dont deux sont publiés.

## Nouveau Prospectus.

Ce prospectus n'est pas destiné à faire connaître et à recommander un ouvrage nouveau, mais à faciliter aux nouveaux souscripteurs l'acquisition d'un Recueil déjà considérable, qui doit le devenir encore plus, et dont le mérite et le succès sont déjà constatés depuis longtemps. Nous ne pouvons donc mieux faire que de reproduire d'abord ici l'extrait suivant de l'Avant-propos placé par les auteurs en tête du premier volume.

« Depuis le commencement de ce siècle, il a été construit en France un nombre considérable
» d'ÉDIFICES PUBLICS de tous genres ; et surtout à partir du rétablissement de la paix, un respect plus
» religieux pour les besoins et les désirs des diverses administrations locales, et pour l'emploi des fonds
» destinés à y pourvoir, a permis de réaliser sur toute la surface du royaume une foule de projets trop
» longtemps ajournés.

» Ceux de ces projets qui, en raison de leur nature ou de leur importance, devaient être soumis à
» l'approbation de MM. les Ministres de l'Intérieur, des Cultes, de l'Instruction publique ou du Com-
» merce, ont été pour la plupart examinés préalablement par le Conseil des bâtiments civils, institué à
» cet effet près du Ministère de l'Intérieur.

» Appelés, dès 1819, à partager comme Rapporteurs les travaux de ce Conseil, nous n'avons pu
» prendre connaissance de ses archives (dans lesquelles sont conservés des calques de tous les projets
» définitivement approuvés) sans nous convaincre que la publication d'un CHOIX D'ÉDIFICES PUBLICS
» ne saurait manquer d'être d'un intérêt général et d'une grande utilité.

» Il nous parut d'abord qu'il y aurait un avantage incontestable, et pour les architectes employés par
» les administrations locales dans toute l'étendue de la France, et pour les administrateurs eux-mêmes,

1844

» à posséder les dessins des divers édifices analogues à ceux qu'ils peuvent avoir à faire exécuter ; non
» sans doute pour se borner à en faire de serviles copies, mais pour se guider, dans le choix de telle ou
» telle disposition, en raison des besoins ou des ressources des localités. Il existe d'ailleurs entre les tra-
» vaux publics et les travaux particuliers tant de points de contact, que les architectes qui se consacrent
» exclusivement à ces derniers nous parurent également devoir trouver dans une telle publication une foule
» de notions faites pour les intéresser.

» Il nous sembla en outre que l'étude et la pratique de l'art ne pourraient que gagner à la mise au
» jour de projets disposés en général selon les principes d'une sage économie, quelquefois même renfer-
» més dans les limites plus ou moins gênantes imposées par des crédits trop restreints ; de compositions
» basées sur des données, non pas vagues et hypothétiques, ou dérivées d'un climat et d'usages étran-
» gers, mais positives et déduites de nos lois, de nos mœurs et de notre climat ; enfin, d'édifices pres-
» que tous terminés déjà depuis longtemps, et qui ont ainsi reçu l'épreuve et la sanction de l'expérience.

» Une pareille publication nous parut encore devoir être agréable, non-seulement aux artistes en géné-
» ral, mais aussi à tous ceux qui s'intéressent aux progrès de l'art, en leur faisant connaître la direction
» utile qui lui a été donnée en France ; et, sous ce point de vue, elle nous sembla ne pouvoir être indif-
» férente même aux étrangers, toujours si désireux de s'enquérir de ce qui se fait de bon et d'utile dans
» notre pays.

» Telles sont, ainsi que l'énonçait le prospectus de cet ouvrage, les motifs qui nous en ont fait conce-
» voir le plan et qui nous ont portés à le mettre à exécution. Encouragés par l'approbation d'administra-
» teurs éclairés et par les suffrages de personnes parfaitement à même d'apprécier l'utilité d'un pareil
» travail, il ne nous restait à former qu'un désir : c'était que nos confrères en général ratifiassent ces suf-
» frages par les leurs, et que ceux d'entre eux dont nous nous proposions de publier les compositions
» ne vissent pas avec déplaisir un pareil projet.

» Si, sous ce dernier rapport, nous avions pu un instant concevoir quelque crainte, elle eût été sans
» doute promptement dissipée par la considération suivante : ayant à embrasser un nombre considérable
» d'édifices, nous devions nécessairement adopter une échelle assez restreinte, et nous abstenir d'entrer
» dans trop de développements ; dès lors, loin de nuire à des publications plus étendues des édifices que
» leur importance ou l'intérêt de leurs détails en rendraient susceptibles, la nôtre ne pouvait qu'inspirer
» le désir de les posséder, et, en même temps, elle devait faire connaître une foule de compositions éga-
» lement intéressantes, mais que leur moindre importance ou la multiplicité des occupations de leurs
» auteurs auraient laissées ignorées.

» Nous n'avons en effet qu'à témoigner ici, avec la plus vive gratitude, de l'intérêt que les artistes ont
» pris à notre travail, ainsi que de l'empressement avec lequel ils nous ont procuré les dessins et les rensei-
» gnements qui nous étaient nécessaires. Nous leur avons même cette obligation, non-seulement pour les
» édifices qui, élevés sous les auspices de l'administration, étaient plus particulièrement compris dans le
» cadre que nous nous étions tracé d'abord, mais encore pour quelques édifices exécutés sur des fonds
» particuliers, bien que toujours dans des intérêts et pour des services publics. Notre collection se trou-
» vera ainsi plus complète, plus intéressante et plus variée.

» C'est donc en général d'après des dessins communiqués par les auteurs mêmes, et conformes à leurs
» études définitives, qu'ont été réduites et gravées les différentes planches de cet ouvrage.

» Il nous reste à entrer dans quelques détails sur le mode de publication que nous avons suivi, sur le
» classement que nous avons adopté, etc.

» Nous n'avions annoncé en premier lieu que deux volumes de chacun cent planches environ ; mais,
» dès lors, l'abondance des matériaux rendait ces limites tout au plus suffisantes ; à plus forte raison
» ont-elles cessé de l'être depuis qu'une haute sagesse, imprimant à tous les arts une heureuse impul-
» sion, est venue, non-seulement assurer l'achèvement de tant d'édifices dès longtemps commencés,
» mais faire exécuter encore tant de nouvelles et utiles entreprises.

» Nous avons donc dû porter d'abord à cent trente environ le nombre des planches qui entreront dans
» chaque volume ; et il est probable, en outre, qu'un troisième volume sera nécessaire pour embrasser
» tout ce que nos matériaux offrent d'intéressant. Nous espérons d'autant plus voir cette extension approuvée
» par nos souscripteurs en général, que plusieurs d'entre eux nous l'avaient expressément demandée.

» Ainsi que nous l'avions annoncé dans notre prospectus, nous avons successivement composé chaque
» livraison d'édifices de natures diverses, en nous réservant d'indiquer plus tard l'ordre dans lequel les
» planches devraient être classées et reliées. Afin de donner avant l'achèvement total de l'ouvrage la pos-
» sibilité d'en relier au moins une partie, nous nous sommes arrêtés à un ordre de classement par suite
» duquel chaque volume présentera une série à peu près complète des différentes natures d'édifices, ré-
» parties en dix sections particulières. (Voir le *tableau ci-après*.)

» Nous plaçons en tête de chaque section une ou plusieurs pages de texte. Nous y présentons, outre
» quelques notions générales, les renseignements que nous avons pu recueillir, pour chaque édifice en
» particulier, sur les motifs de son érection, le mode de construction, le montant de la dépense, etc.

» Chaque section comprend, suivant son importance, un nombre plus ou moins grand d'édifices.

» Chaque édifice occupe une ou plusieurs planches, suivant ses dimensions et la nécessité d'en faire
» connaître les différentes parties.

» Afin que les détails des diverses compositions fussent rendus d'une manière convenable, nous avons
» dû employer différentes échelles; mais nous avons eu soin d'en restreindre le nombre autant que pos-
» sible, et de les établir entre elles dans des rapports simples et faciles à saisir.

» Indépendamment du texte qui accompagne chaque section, nous nous sommes attachés à inscrire
» sur les planches mêmes, au moyen de légendes suffisamment développées, les principaux renseigne-
» ments qui peuvent être nécessaires pour leur parfaite intelligence.

» Enfin, un tableau général, placé à la fin de chaque volume, présente l'ensemble des édifices qui y
» sont compris, avec l'indication : 1° des lieux où ils sont élevés; 2° des époques de leur construction ;
» 3° des noms de leurs auteurs; 4° du nombre et des numéros des planches qui y sont consacrées.

» Nous nous proposons en outre de donner, à la fin du dernier volume, un tableau qui réunira les
» mêmes indications pour l'ensemble de l'ouvrage, ainsi qu'une liste générale de nos souscripteurs. »

Nous complétons ces indications en donnant ci-après un tableau des principaux édifices actuellement publiés, offrant en même temps un exemple de chacune des divisions et subdivisions de l'ouvrage.

Exécutée avec discernement et avec tous les soins nécessaires, une telle publication ne pouvait manquer d'être bien accueillie. Aussi, dès l'origine, les architectes de Paris et des départements se sont-ils empressés d'y souscrire. Le Roi, les princes et les différentes administrations publiques l'ont également honorée et encouragée de leurs souscriptions. Enfin, l'Académie royale des beaux-arts, consultée après l'achèvement du premier volume, par M. le Ministre de l'Intérieur, en a, sur le rapport de sa section d'architecture, parfaitement apprécié le but, le mérite et l'utilité.

Actuellement l'ouvrage se compose d'environ 52 livraisons de 6 planches chaque, et comprend 100 édifices composés par plus de 80 auteurs différents, parmi lesquels figurent les noms les plus justement célèbres. Deux volumes sont complets ; le troisième et dernier se continue et sera terminé aussi activement que le permettra l'achèvement des édifices mêmes qui doivent y entrer (notamment l'*Hôtel-de-Ville* et *l'église Saint-Vincent-de-Paul à Paris*, les nouvelles *prisons cellulaires*, l'*Observatoire de Toulouse*, etc.)

Nous avons compris que des conditions particulières de payement pouvaient être nécessaires pour faciliter l'acquisition de la totalité ou du complément d'un ouvrage aussi important.

Les 50 livraisons publiées jusqu'à ce jour, au prix de 5 fr., forment un total de 250 fr. Nous proposerons aux nouveaux Souscripteurs de payer 50 fr. comptant, et le surplus en quatre bons de 50 fr, à trois, six, neuf et douze mois de date.

Pour les Souscripteurs des départements, les premiers 50 fr. devront être envoyés sur Paris ; quant aux bons, ils peuvent être payables au domicile du Souscripteur, qui devra en outre nous indiquer par quelle voie il désire recevoir notre envoi, et chez qui nous devons déposer les livraisons subséquentes.

Nous accorderons des facilités analogues aux personnes qui, ayant déjà une partie de l'ouvrage, désireraient en acquérir le complément.

Les personnes qui auraient besoin de quelques livraisons séparées devront les payer immédiatement ; mais nous ne pourrions, dans aucun cas, livrer aucunes feuilles détachées.

Il a été tiré un certain nombre d'exemplaires sur papier vélin et vélin collé ; le prix est de 8 fr. la livraison.

TABLEAU DES PRINCIPAUX ÉDIFICES ACTUELLEMENT PUBLIÉS,

*offrant un exemple de chacune des divisions et des subdivisions de l'ouvrage.*

| DIVISIONS PRINCIPALES | SUBDIVISIONS | VILLES | ARCHITECTES | CLASSEMENT par volume |
|---|---|---|---|---|
| | | | MM. | |
| 1. Édifices religieux | Église royale de la Madeleine | Paris | Vignon et Huvé | 2e |
| | Cathédrale de | Chartres | Baron | 3 |
| | Église paroissiale de Notre-Dame-de-Lorette | Paris | H. Lebas | 1 |
| | Église communale de | Noisy-le-Sec | Cornepin | 1 |
| | Évêché | Puy | Ledru | 1 |
| | Séminaire | Paris | Godde | 2 |
| | Temple protestant | Orléans | Pagot | 2 |
| | Synagogue | Paris | Feu Sandrié | 1 |
| 2. Édifices administratifs | Chambre des Pairs | Paris | De Gisors | 2 |
| | — des Députés | Id | De Joly | 1 |
| | Ministère des finances | Id | Destailleurs | 1 |
| | Hôtel de préfecture | Niort | Segretain | 3 |
| | — de sous préfecture | Avranches | Dulaurd | 2 |
| | — de ville | Moulins | Agnety | 1 |
| | — des douanes | Nantes | Gengembre | 1 |
| 3. Édifices judiciaires | Palais de justice | Als | Feu Penchaud | 1 |
| | Cour d'assises | Angoulême | Abadie | 1 |
| | Tribunal de première instance | Saint-Lô | V. Clecampette | 1 |
| | Escalier et salles des séances de l'Institut | Paris | Vaudoyer, H. Lebas, Biet | 3 |
| 4. Édifices d'instruction publique | Collège | Romorantin | Carron | 2 |
| | École normale primaire | Bourbon-Vendée | Bouillon | 2 |
| | — d'enseignement mutuel | Paris | Malingot | 1 |
| | — chrétienne | Id | Gauthier | 2 |
| | — vétérinaire | Toulouse | Laffon | 2 |
| | Bibliothèque | Aulnos | Cheussey | 1 |
| | Jardin de botanique | Marseille | Feu Penchaud | 1 |
| | Observatoire | Paris | Biet, de Gisors | 2 |
| | Lazaret | Marseille | Feu Penchaud | 1 |
| | Hôpital | Bordeaux | Burguet | 1 |
| 5. Édifices sanitaires | Hospice | Troyes | Gauthier | 2 |
| | Asile de vieillards | Sainte-Perrine, à Chaillot | Rohault père | 1 |
| | Asile d'aliénés | Le Mans | Delarue | 1 |
| | Établissement thermal | Mont-d'Or | Ledru | 1 |
| | Bourse | Paris | Feu Brongniart et Labarre | 1 |
| 6. Édifices d'utilité publique | Entrepôts de douanes | Id | Grillon, Greterin et feu Lion | 1 et 2 |
| | — de l'huileries | Id | Gauché | 1 |
| | Halle aux blés | Troyes | Gauthier | 1 |
| | Marché des Carmes | Paris | Vaudoyer | 1 |
| | Abattoir | Id | Feu Leloir | 1 |
| | Fontaines | Toulouse | Laffargue et Raynaud | 2 |
| | Caserne de gendarmerie | Lyon | Guiclard | 2 |
| | — de sapeurs-pompiers | Paris | Rohault père | 2 |
| 7. Édifices de sûreté publique | Maison d'arrêt | Lorient | Lussault | 1 |
| | — de correction | Lyon | Baltard père | 1 |
| | — centrale de détention | Bastille, près Caen | Harrou Romain | 2 |
| | — de jeunes détenus | Paris | H. Lebas | 2 |
| | Colonne à la grande armée | Id | Lepère et feu Gondoin | 1 |
| | — de Juillet | Id | Feu Alavoine et Duc | 1 |
| | Statue de Louis XIV | Id | Feu Alavoine | 1 |
| 8. Monuments publics | Arc de triomphe de l'Étoile | Id | Chalgrin, etc | 1 |
| | Palais du duc d'Orléans | Id | Fontaine | 1 |
| | Théâtre de l'Opéra | Id | Debret | 1 |
| | — de l'Ambigu-Comique | Id | Hittorf | 1 |
| | Fontaine Richelieu | Id | Visconti | 1 |
| | Place de la Concorde et Champs-Élysées | Id | Hittorf | 3 |
| 9. Édifices funéraires | Chapelle | Paris, rue d'Anjou | Fontaine | 1 |
| | Id | Quiberon et Orange | Cadsile | 1 et 2 |
| | Tombeaux | Paris (général Foy et Casimir Perrier) | L. Vaudoyer, A. Leclère | 1 et 2 |
| 10. Édifices mixtes | Hôtel de ville, tribunal, maison d'arrêt | Clermont-Ferrand | Ledru | |
| | Tribunal et prisons | Draguignan | Feu Penchaud, Baltard et Lantoin | 1 |
| | Tribunal, hôtel de ville et collège | Gaillac | Lebrun | 1 |

PARIS. — IMPRIMERIE DE FAIN ET THUNOT, rue Racine, 28, près de l'Odéon.

# CHOIX
# D'ÉDIFICES PUBLICS

PROJETÉS ET CONSTRUITS

## EN FRANCE

DEPUIS LE COMMENCEMENT DU XIX<sup>me</sup> SIÈCLE.

# ORDRE A SUIVRE

## POUR LE CLASSEMENT DU TROISIÈME VOLUME.

FAUX TITRE.

TITRE.

AVANT-PROPOS.

| | | |
|---|---|---|
| 1re Section. ÉDIFICES RELIGIEUX. | { | Texte.<br>Planches 333, 334, 335; 98, 99, 100; 327, 328; 172; 345; 378, 379; 326. |
| 2me idem. ÉDIFICES ADMINISTRATIFS. | { | Texte.<br>Planches 370, 371, 372, 377, 380, 381; 284, 285; 376, 364, 369, 375; 93, 94; 336. |
| 3me idem. ÉDIFICES JUDICIAIRES. | { | Texte.<br>Planches 187, 188; 325. |
| 4me idem. ÉDIFICES D'INSTRUCTION PUBLIQUE. | { | Texte.<br>Planches 222; 201; 130, 131; 329, 330, 331, 332; 382, 383, 386, 387, 388, 389; 354, 355; 339, 340, 341, 342, 343, 344; 351, 352; 353, 357, 358; 337, 338; 303, 304; 373, 374. |
| 5me idem. ÉDIFICES SANITAIRES. | { | Texte.<br>Planches 40, 41; 311, 312, 313, 314; 346, 347, 348; 175; 43, 44; 305, 306. |
| 6me idem. ÉDIFICES D'UTILITÉ PUBLIQUE. | { | Texte.<br>Planches 365, 366; 169, 170, 171; 288, 289; 295; 161, 162; 146; 46; 367, 368; 307. |
| 7me idem. ÉDIFICES DE SURETÉ PUBLIQUE. | { | Texte.<br>Planches 318, 319; 359; 215, 216, 217; 349, 350; 315, 316, 317. |
| 8me idem. MONUMENTS PUBLICS. | { | Texte.<br>Planches 119, 120, 384; 356; 320; 261; 251, 252, 253; 192; 321, 322, 323, 324. |
| 9me idem. ÉDIFICES FUNÉRAILES. | { | Texte.<br>Planche 308. |
| 10me idem. ÉDIFICES MIXTES. | { | Texte.<br>Planches 309, 310; 360, 361, 362, 363. |

TABLEAU GÉNÉRAL POUR LE TROISIÈME VOLUME.  
TABLEAU GÉNÉRAL POUR L'ENSEMBLE DES TROIS VOLUMES.   } *(Le relieur collera ces tableaux sur onglets.)*

# CHOIX

# D'ÉDIFICES PUBLICS

## PROJETÉS ET CONSTRUITS EN FRANCE

### DEPUIS LE COMMENCEMENT DU XIX<sup>ME</sup> SIÈCLE;

### PUBLIÉ

AVEC L'AUTORISATION DU MINISTRE DE L'INTÉRIEUR,

### PAR MM. GOURLIER, BIET, GRILLON ET FEU TARDIEU,

ARCHITECTES, MEMBRES DU CONSEIL GÉNÉRAL DES BATIMENTS CIVILS.

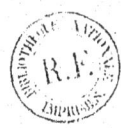

**TROISIÈME VOLUME.**

### PARIS,

**LOUIS COLAS, LIBRAIRE-ÉDITEUR,**
RUE DAUPHINE, N° 32.

CARILIAN-GOEURY ET V<sup>ve</sup> DALMONT, LIBRAIRES DES CORPS DES PONTS ET CHAUSSÉES ET DES MINES,
QUAI DES AUGUSTINS, N° 49.

**1845 à 1850.**

# AVANT-PROPOS.

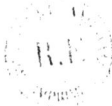

Nous terminons, plus tardivement que nous ne l'aurions désiré, le troisième et dernier volume de cette publication.
 Sans aucun doute, grâce au développement notable donné pendant tant d'années, par l'État et par les diverses administrations départementales et communales, à tout ce qui intéresse le service des bâtiments civils; grâce au zèle et aux talents qu'y ont apportés tant d'architectes de mérite, et à l'empressement avec lequel ils ont bien voulu nous fournir les matériaux nécessaires pour faire connaître exactement leurs œuvres, beaucoup d'autres édifices plus ou moins importants, ou achevés dès à présent, ou sur le point de l'être, ou du moins en cours d'exécution, auraient pu fournir encore matière à plus d'un volume.
 Mais déjà nous avons dépassé de plus de moitié les limites que nous avions primitivement annoncées; et, bien que nous ne l'ayons fait que sur la demande d'un certain nombre de nos souscripteurs (ainsi que nous l'annoncions dans l'Avant-Propos de notre premier volume), bien que nous n'ayons reçu d'aucun d'eux nulle plainte à ce sujet, et que tous soient restés entièrement libres de continuer ou de suspendre leurs souscriptions, nous ne voudrions pas encourir le reproche de les entraîner encore à de nouveaux sacrifices.
 Plus tard, nous jugerons s'il y a lieu d'aviser aux moyens de donner une suite plus ou moins directe à cette collection.
 Indépendamment du *Tableau de classement des Édifices compris dans ce volume* que nous donnons comme nous l'avons fait pour chacun des volumes précédents, nous joignons à celui-ci un *Tableau général de la totalité des Édifices compris dans les trois volumes*. Nous aurions voulu y joindre également, comme nous en avions annoncé l'intention dans l'Avant-Propos de notre premier volume, une liste générale de nos souscripteurs; mais nous en avons été empêchés, les noms de beaucoup d'entre eux nous étant inconnus, vu la longue durée de notre publication et par la raison qu'ils ont été servis par d'autres libraires que notre éditeur. Nous sommes donc forcés de nous borner à leur exprimer ici notre profonde gratitude pour l'utile concours qu'ils nous ont prêté.
 Nous nous faisons un devoir de renouveler ici nos remerciments aux habiles graveurs qui ont exécuté les planches de cet ouvrage.
 Quant à nous, nous nous estimerons heureux si, comme nous permettent de l'espérer et la faveur avec laquelle cette publication a généralement été accueillie et les suffrages dont elle a été honorée (1), on veut bien reconnaître qu'elle a été de quelque utilité pour la gloire de l'art et le bien du service public, et que nous ayons ainsi atteint le but que nous nous étions proposé et que nous indiquions tant dans notre Prospectus que dans l'Avant-Propos de notre premier volume.

---

(1) Qu'il nous soit permis de rappeler principalement le Rapport que l'Académie des Beaux-Arts a bien voulu adopter sur notre premier volume, et que nous avons eu la satisfaction de placer en tête du second.

# PREMIÈRE SECTION.

# ÉDIFICES RELIGIEUX.

Nous avions exprimé, en tête de la section correspondante de notre premier volume, le regret de ne pouvoir y placer une *cathédrale*, aucune église de ce genre et de nature à figurer dans ce recueil n'ayant été à notre connaissance construite dans ces derniers temps.

Dans notre second volume, nous avions annoncé l'espoir de pouvoir donner dans celui-ci la *cathédrale* de Nantes, commencée au XVI° siècle, et qu'on s'occupait dès lors de terminer; mais le degré d'avancement des travaux ne permet pas que cet espoir puisse se réaliser.

## ÉGLISE PAROISSIALE DE SAINT PAUL,

À NÎMES (GARD);

Par M. QUESTEL, architecte.

### 1857.

3 planches numérotées 333, 334 et 335 (1).

L'ancienne église de Saint-Paul, à Nîmes, étant en mauvais état, insuffisante et incommodément placée pour le quartier qu'elle est appelée à desservir, un nouvel emplacement fut acquis à la proximité des boulevards; et un concours public fut ouvert en 1835 pour la composition du projet de reconstruction.

Parmi trente projets présentés au concours, le premier rang fut décerné par un jury spécial au projet de M. Questel, et le second à celui de M. Bourdon, architecte du département.

Le projet de M. Questel a reçu depuis diverses augmentations et quelques modifications, tant d'après les observations du conseil général des bâtiments civils que sur les demandes mêmes des autorités locales.

Commencée en 1841, l'église a été terminée en 1849, et inaugurée le 14 novembre de cette dernière année.

Les parements extérieurs des murs, les points d'appui intérieurs, et les arêtes et nervures des voûtes ont été exécutés en pierre de taille des carrières de Beaucaire, Sens et Barutel, ainsi que les flèches qui ne devaient être primitivement exécutées qu'en

(1) Nous extrayons ce qui suit d'une intéressante notice sur l'église Saint-Paul de Nîmes, par M. Jules Salles. (Nîmes, 1849.)

charpente; ces carrières sont celles qui avaient anciennement fourni à l'exécution du temple romain dit la *Maison carrée*.

Les parements intérieurs des murs sont en moellon ou en brique, et les remplissages des murs en brique.

La couverture est en tuiles creuses.

Les autels sont exécutés en marbre, les stalles, la chaire, le banc d'œuvre, les confessionaux et le buffet d'orgue en bois de noyer.

M. Paul Colin a sculpté les bas reliefs au-dessus des trois portes de la façade principale et les ornements des autels ainsi que des stalles et des autres boiseries.

Les vitraux colorés ont été exécutés par MM. Maréchal et Guyon, de Metz.

L'orgue est de M. Cavaillié Col, de Paris.

M. Hippolyte Flandin a peint :

Dans l'abside principale, un Christ de proportion colossale, accompagné des apôtres saint Pierre et saint Paul;

Sur les murs latéraux du chœur, les quatre évangélistes et les huit Pères des Églises d'Orient et d'Occident;

Et dans les absides latérales, le couronnement de la Vierge et le ravissement de saint Paul.

Toutes ces peintures, ainsi que celles de décor confiées à M. Denuelle, ont été exécutées à la cire sur des enduits ou stucs.

La dépense totale s'est élevée à environ 967,000 fr., savoir :

| | |
|---|---:|
| Acquisition de l'emplacement. | 242,000 fr. |
| Construction proprement dite, compris honoraires. | 532,000 |
| Marbrerie et mosaïque du chœur. | 23,000 |
| Vitraux. | 34,000 |
| Orgue. | 26,500 |
| Boiseries. | 27,500 |
| Sculpture. | 25,000 |
| Peinture monumentale (1). | 35,000 |
| Peinture d'ornement. | 22,000 fr. |

(1) M. Hipolyte Flandin, par les conditions qu'il avait souscrites, n'était tenu à placer, dans l'ensemble de ces compositions, que 34 figures. Ce nombre a été dépassé de plus de moitié.

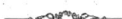

### ÉGLISE PAROISSIALE,

A SAINT-GERMAIN-EN-LAYE (SEINE-ET-OISE);

Par MM. MALPIÈCE et MOUTIER, architectes.

**1823.**

3 planches numérotées 98, 99 et 100.

Sous Louis XIV, il avait été construit une petite église paroissiale qui occupait l'emplacement de la partie postérieure de l'église actuelle.

Un projet de reconstruction et d'agrandissement de cette église avait été rédigé sous Louis XV, par M. Potain, contrôleur général des bâtiments du roi; et l'exécution en avait été commencée sous Louis XVI en 1787 et continuée jusqu'en 1791, époque à laquelle les constructions déjà assez avancées (si ce n'est toutefois dans l'emplacement de l'ancienne église qui avait été conservée), furent interrompues.

En 1816, M. Henri Trou avait rédigé, pour l'achèvement de ces constructions, sauf diverses modifications, un projet qui avait été alors approuvé.

Enfin, en 1823, fut présenté par MM. Malpièce et Montier, et approuvé, un projet que nous indiquons par le petit plan général contenu sur la planche 98, et qui, tout en conservant une partie des constructions précédemment exécutées et en utilisant le surplus comme matériaux, offrait une disposition en même temps satisfaisante et d'une exécution facile et sûre.

Mais, sur les réclamations des autorités locales, il fut alors apporté à ce projet des modifications ayant pour objet: de se rapprocher davantage des principales divisions de l'ancien projet, de conserver une plus grande partie des constructions exécutées et d'obtenir ainsi des économies.

Ce dernier but n'a pas été atteint, et la dépense s'est élevée à plus de 800,000 fr.

Mais de plus, l'espacement assez considérable des colonnes et la détérioration des poitrails en bois employés pour former plates-bandes ont occasionné des effets auxquels il a dû être remédié, principalement au moyen du remplacement des poitrails par des fermes en fer.

Cet exemple doit sans aucun doute engager à éviter autant que possible l'emploi du bois, dans de pareilles circonstances, non-seulement pour les édifices publics, mais aussi pour les édifices particuliers de quelque importance.

### ÉGLISE AU FAUBOURG DU POLLET,

A DIEPPE (SEINE-INFÉRIEURE);

Par M. LENORMANT, architecte.

**1844 à 1849.**

2 planches numérotées 327 et 328.

Cette église, occupant l'emplacement d'une ancienne passe par laquelle la rivière d'Arques se jetait dans le fleuve, a été entièrement établie sur pilotis qui n'ont pas moins de 10 mètres de longueur.

Le soubassement est entièrement en grès, et le surplus des murs tant en pierre de Caen, dite d'Allemagne, qu'en briques.

La dépense s'est élevée à 220,000 fr.

### ÉGLISE,

A SAINT-REMI (BOUCHES-DU-RHÔNE);

Par feu M. PENCHAUD, architecte.

**1820 à 1827.**

1 planche numérotée 172.

Cette église, exécutée en matériaux du pays, a coûté environ 100,000 fr. compris honoraires de l'architecte.

### ÉGLISE,

A GEVROLLES (CÔTE-D'OR);

Par M. MONNIOT, architecte.

**1846.**

1 planche numérotée 345.

L'exécution de cette église ayant été ajournée, nous ne pouvons donner de renseignements sur le mode de construction et sur le montant de la dépense.

### SÉMINAIRE,

A LANGRES (HAUTE-MARNE);

Par M. MACQUET, architecte.

**1838 à 1846.**

2 planches numérotées 378 et 379.

La construction de cet important édifice, exécutée en matériaux du pays, a occasionné une dépense d'environ 490,000 fr.

Sa proximité avec la belle église de St-Mammès nous a engagé à donner également le plan de ce type remarquable d'architecture du moyen âge qui, dans plusieurs de ses parties, offre des réminiscences curieuses des édifices antiques dont plusieurs restes intéressants existent encore à Langres. Le portail moderne, bâti par Daviller, est d'une belle disposition comme plan, mais son élévation et ses détails ne sont aucunement en harmonie avec le surplus de l'église.

### ÉGLISE PROTESTANTE ÉVANGÉLIQUE,

A PARIS (SEINE);

Par M. GAU, architecte.

**1843.**

1 planche numérotée 326.

Ce n'est point là une construction neuve faite spécialement pour l'église qui y est établie, mais une simple appropriation d'une partie de la Halle de déchargement, construite en 1827, que nous donnons en son entier dans la 6e section de ce volume (planche 161) et dont le surplus a été démoli par suite des percements opérés dans ce quartier.

Cette appropriation a eu lieu d'après le programme arrêté par M. le Préfet de la Seine, conformément aux demandes faites au nom du Consistoire, par MM. Cuvier, pasteur principal, et Kieffer, secrétaire.

En raison de ce programme, l'église est chauffée par un calorifère.

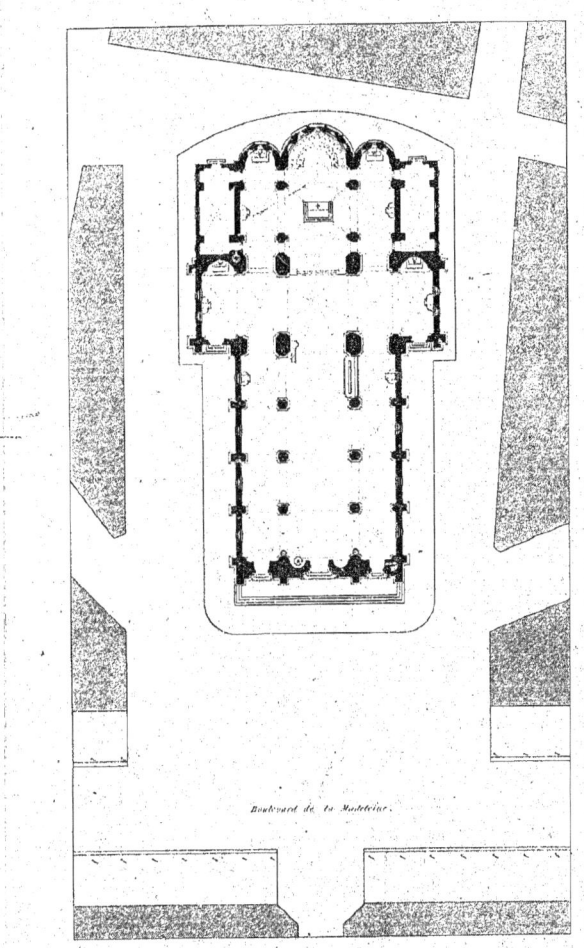

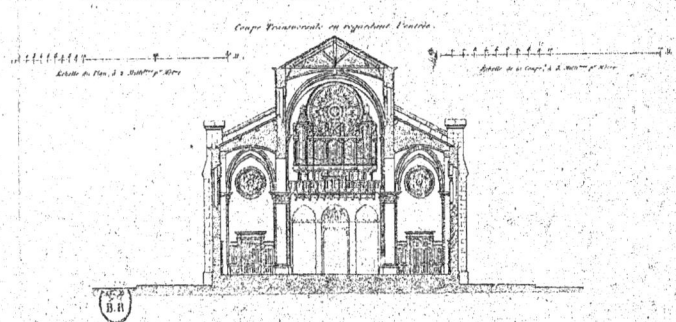

Église St. Paul à Nismes (Gard).

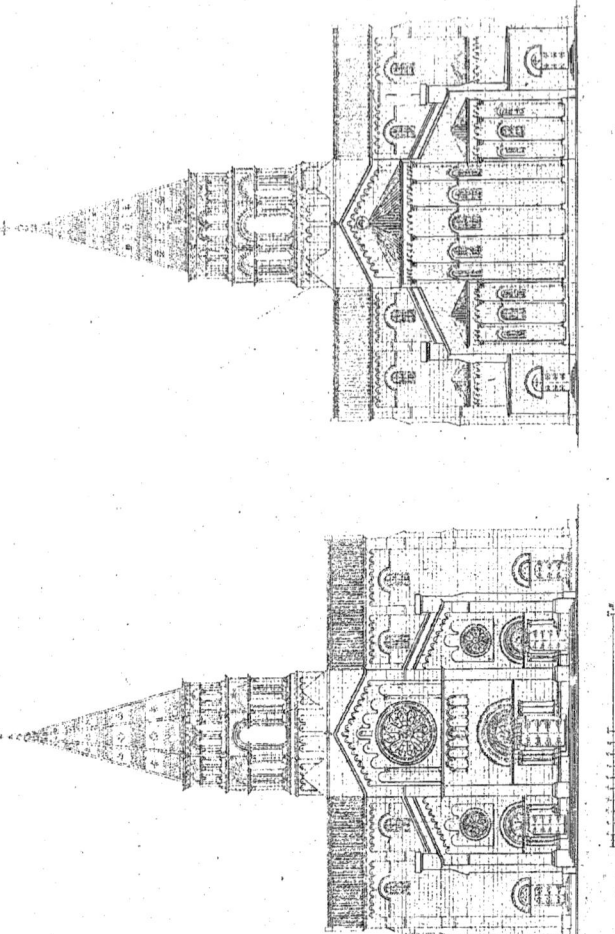

Église St. Paul à Nismes (Gard) - Fig. 2er
(1857 R?)

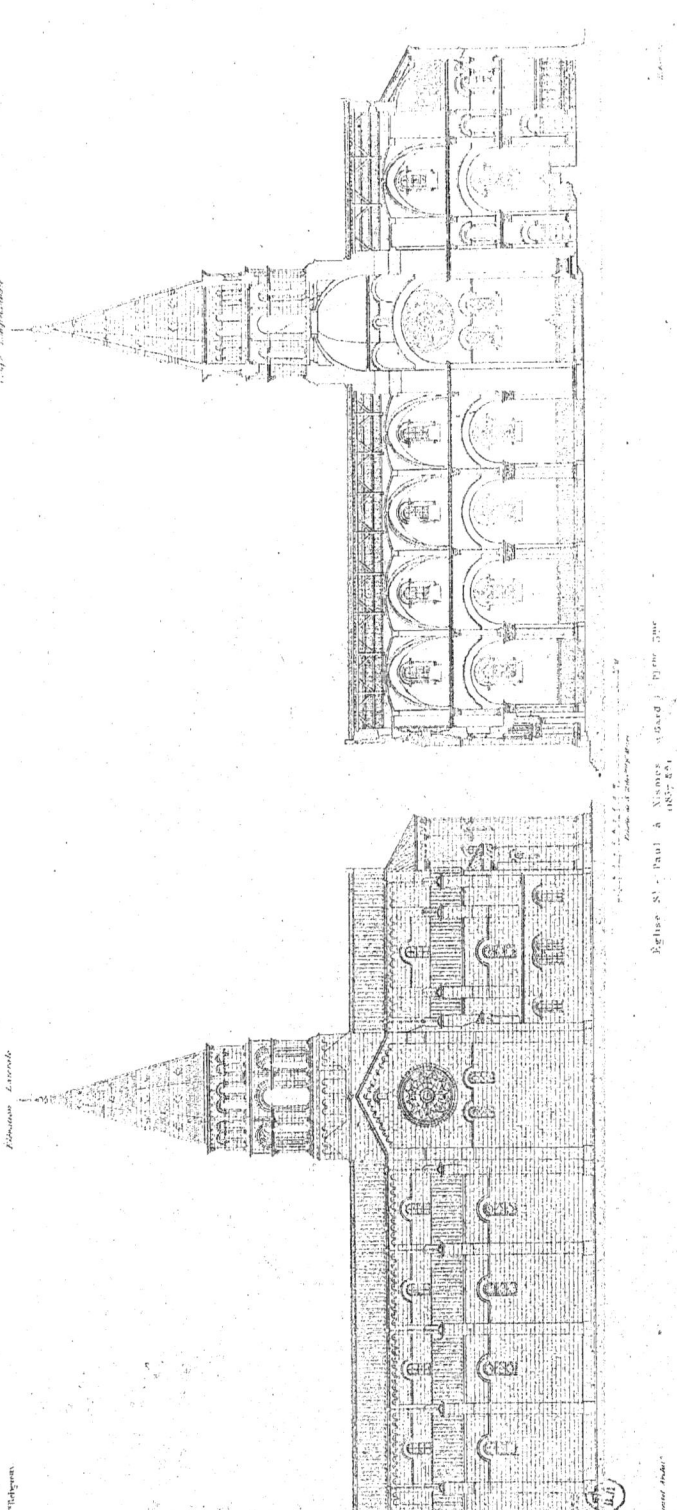

Édifices Religieux.

Plan de l'Église.

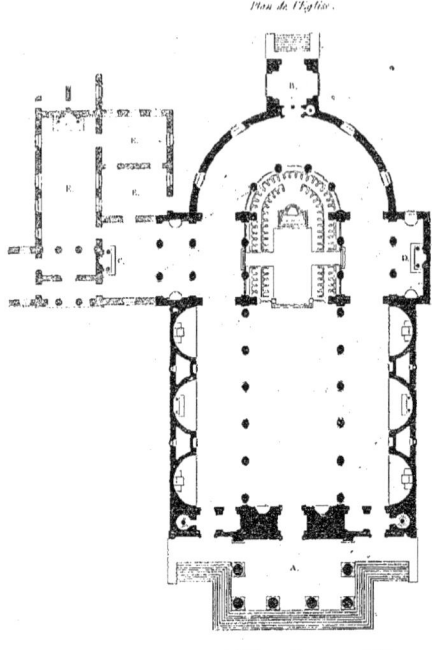

Renvois.
A. Portique sur la place du Château.
B. Clocher et entrée du côté de la ville.
C. Chapelle de la Vierge.
D. — de St Germain.
E.E. Sacristies et Salles d'œuvres (dans anciens Religieux.)

Plan Général.

Nota. L'Église y est indiquée suivant le projet qui avait été dressé en premier lieu.

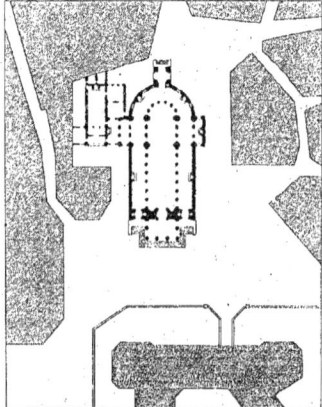

Église Royale et Paroissiale, exécutée à St Germain en Laye, (Seine-et-Oise) Pl.re 1.re
(1827.)

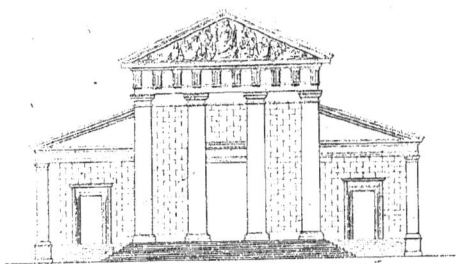

*Élévation Principale.*

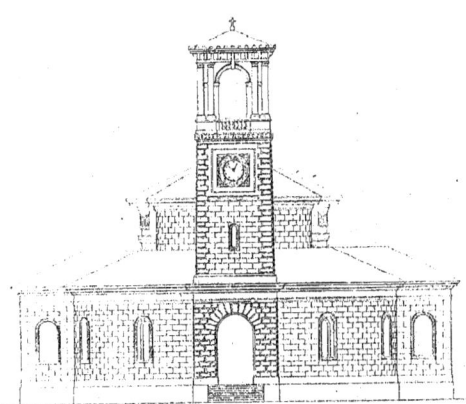

*Élévation Postérieure.*

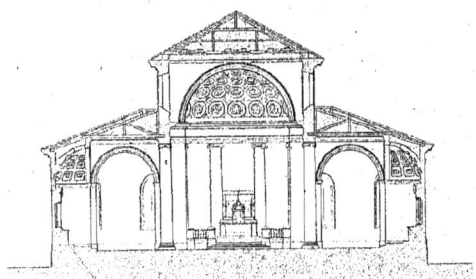

*Coupe Transversale.*

Église Royale et Paroissiale, exécutée à St Germain en Laye (Seine-et-Oise), Pl.re gr.re (1847).

Édifices Religieux.

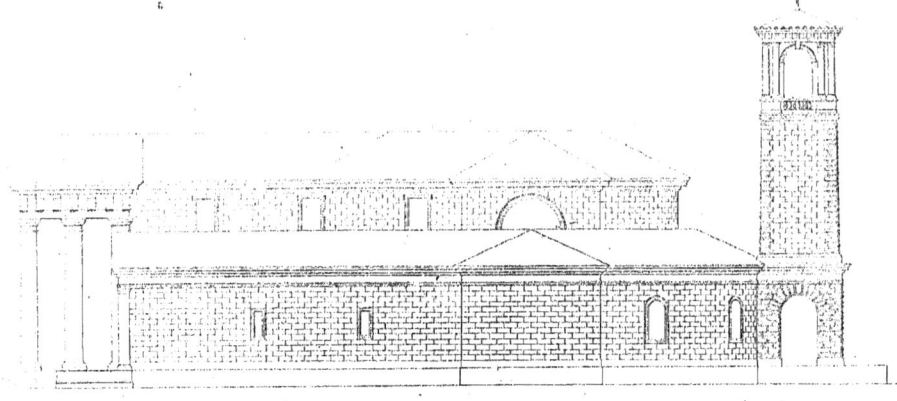

Élévation Latérale.

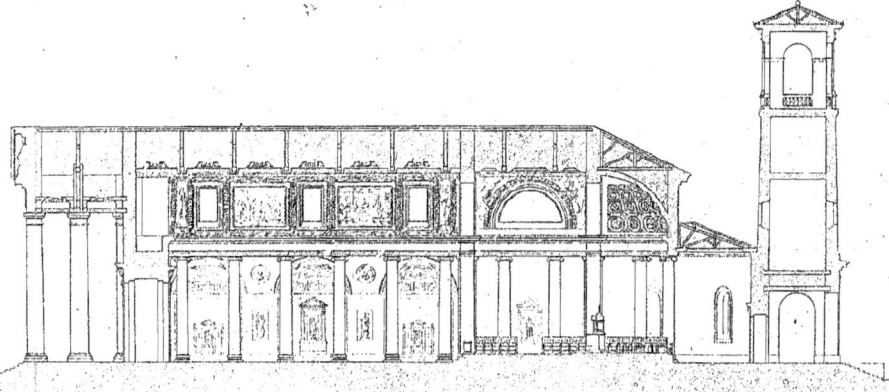

Coupe Longitudinale.

Église Royale et Paroissiale, exécutée à St Germain en Laye (Seine-et-Oise). Pl.tie 3.me
(1827.)

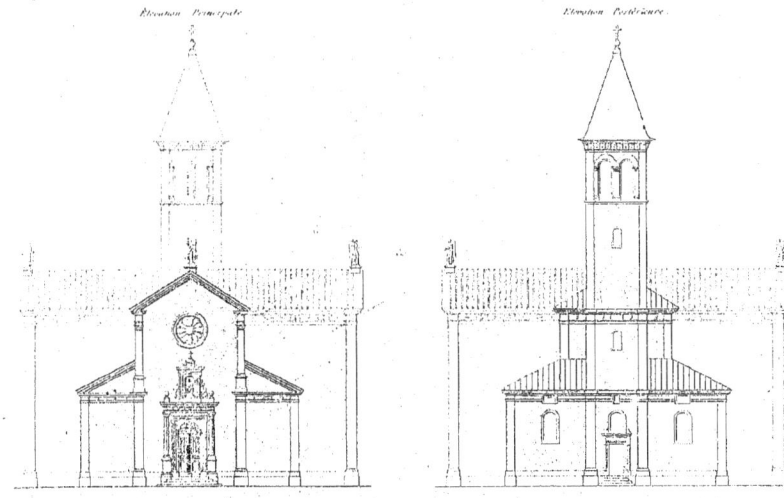
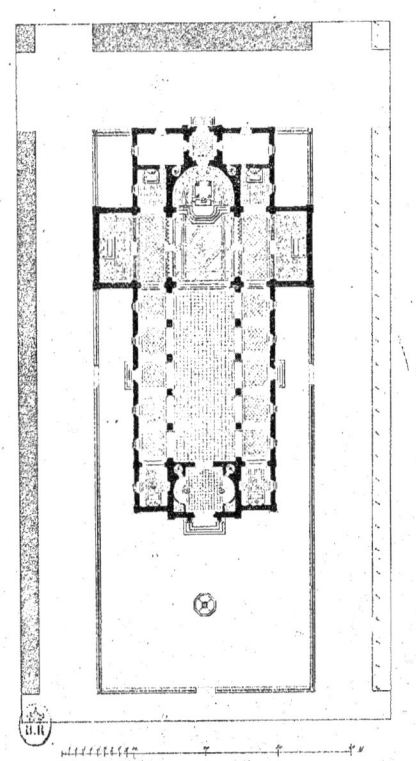

Église construite au Pollet, près Dieppe, (Seine-Inférieure.) (1834.)

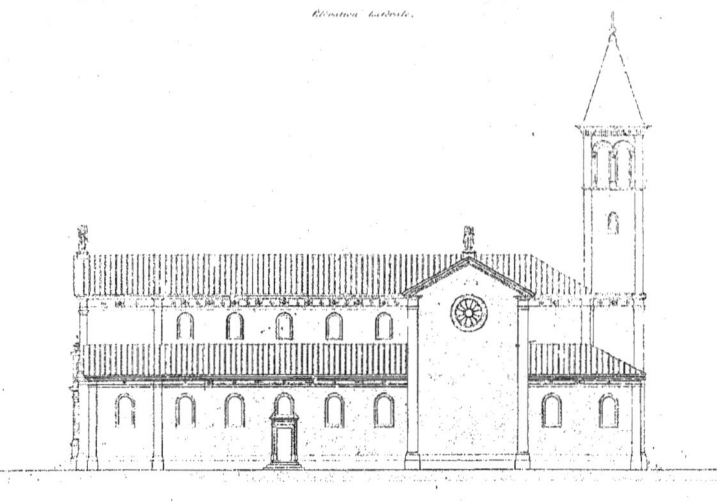

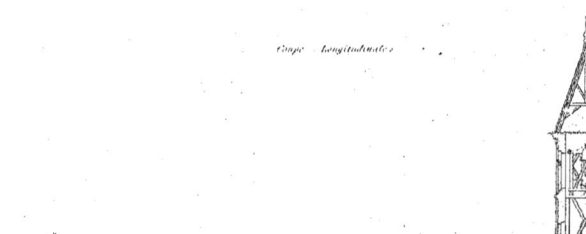

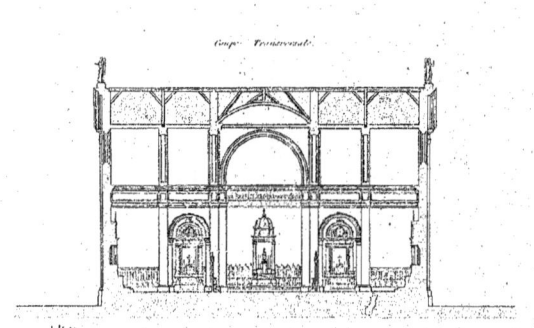

Église construite au Pollet, près Dieppe. (Seine-Inférieure.)

Édifices Religieux.

Élévation.

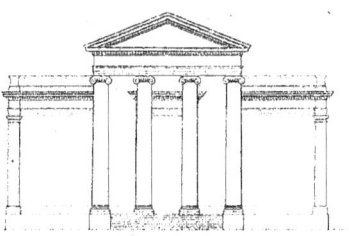

Plan.

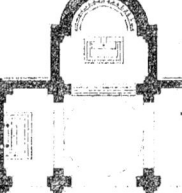

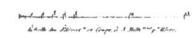

Coupe.

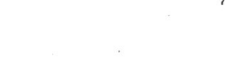

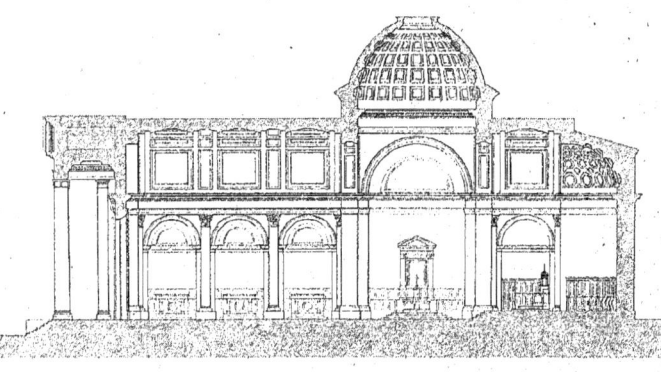

Église construite à St Rémi, (Bouches-du-Rhône.)
(1821.)

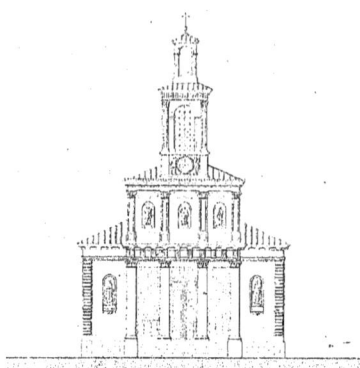

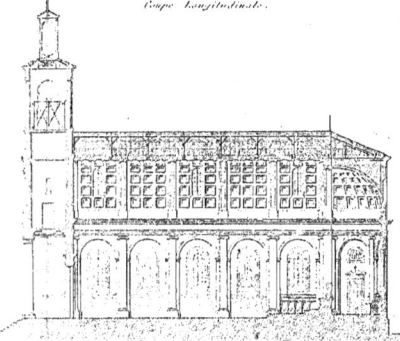 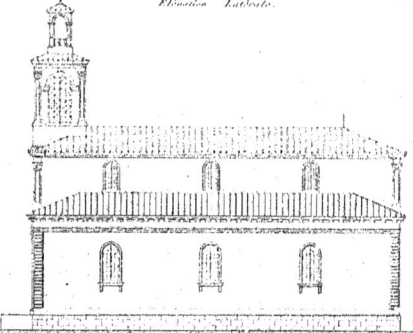

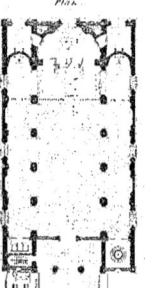 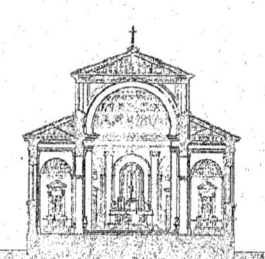

Église à Gevrolles (Côte-d'Or)
(1846)

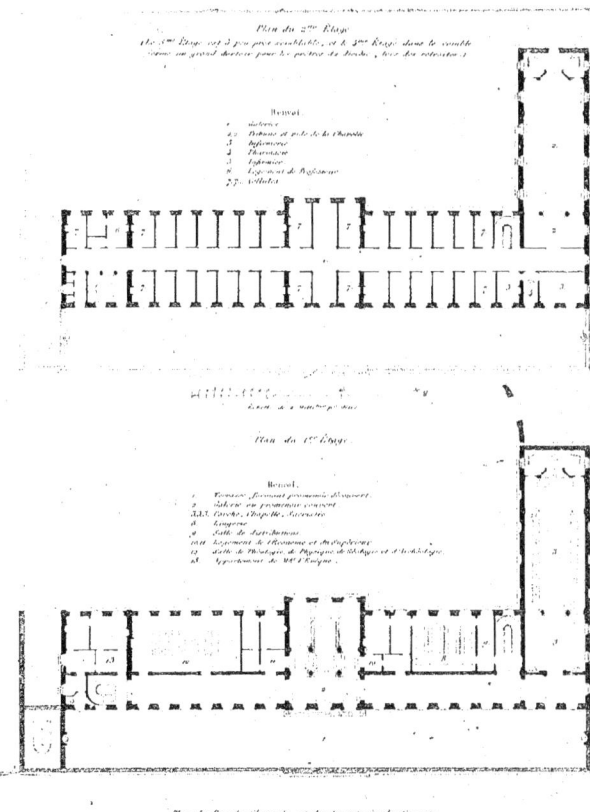
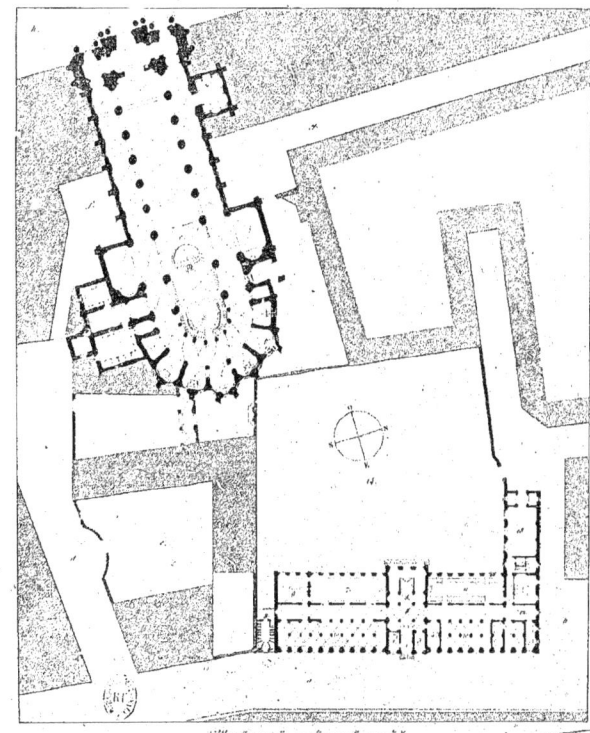

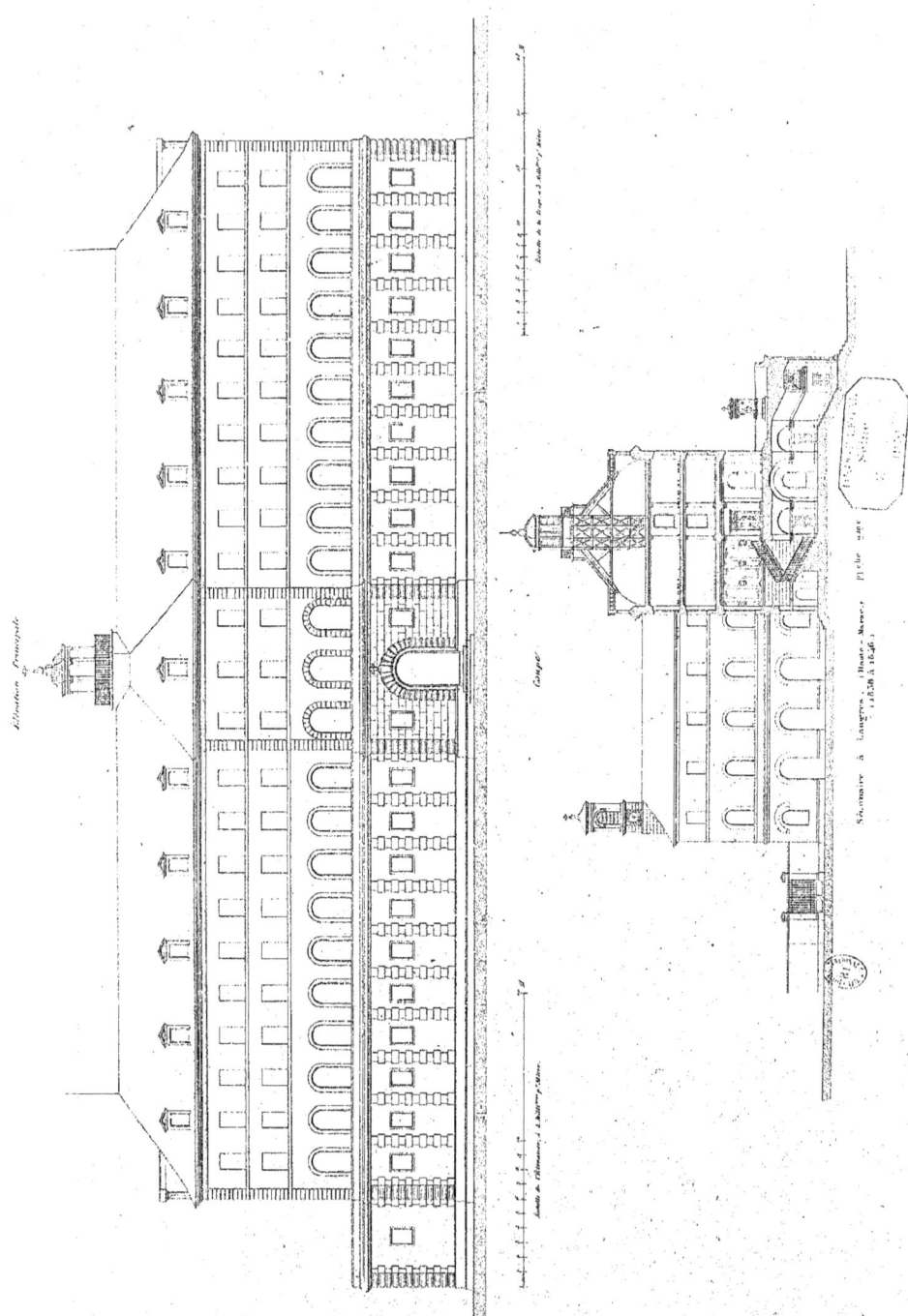

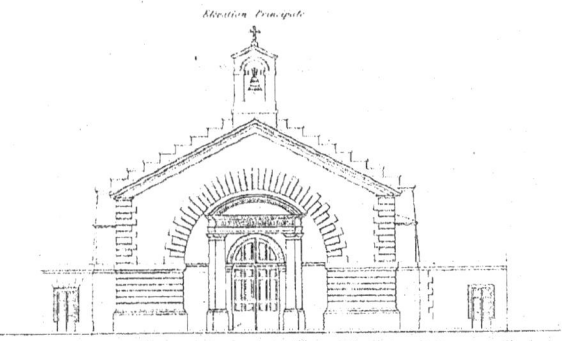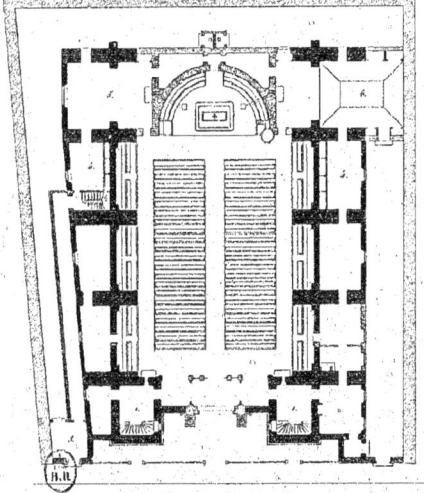

Église Protestante Évangélique, établie rue Chauchat, à Paris. (Seine.)

# DEUXIÈME SECTION.

# ÉDIFICES ADMINISTRATIFS.

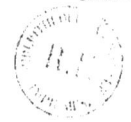

### PALAIS DU CONSEIL D'ÉTAT ET DE LA COUR DES COMPTES,

A PARIS (SEINE), QUAI D'ORSAY ET RUE DE LILLE;

Par MM. BONNARD (feu), et LACORNÉE, architectes.

### 1810 à 1842.

4 planches numérotées 370, 371, 372 et 377.

Sous l'Empire, le ministère des affaires étrangères (alors des relations extérieures) occupait l'ancien hôtel Galiffet, rues du Bac et de Grenelle.

Parmi les nombreux et importants projets d'édifices publics conçus sous Napoléon, se trouvait celui d'un palais à construire pour ce ministère, sur le quai d'Orsay, et dont l'exécution fut commencée en 1810 d'après les dessins et sous la direction de M. Bonnard, architecte de ce ministère. M. Bonnard étant décédé en 1818, le duc de Richelieu, alors ministre des affaires étrangères, et depuis M. le ministre des travaux publics, nommèrent pour lui succéder M. Lacornée, déjà son collaborateur dans la conduite de ces travaux.

Parvenues, lors des désastres de 1814 et de 1815, à quelques mètres au-dessus du sol, ces constructions furent dès lors continuées avec beaucoup de lenteur, puis enfin entièrement suspendues à partir de 1820, le ministère des affaires étrangères ayant été alors transféré dans un autre hôtel à l'angle du boulevard des Capucines et de la rue Neuve-du-Luxembourg; et pendant tout le surplus du gouvernement de la Restauration, on dut s'attendre à voir ces constructions importantes abandonnées et démolies faute de destination.

Enfin, sous le gouvernement de Juillet, on décida de les consacrer, tant au conseil d'État, qui avait occupé jusque-là un hôtel rue Saint-Dominique, qu'à la Cour des comptes, dont l'ancien hôtel, compris dans l'enceinte du palais de justice, devenait nécessaire pour l'agrandissement et le complément projetés de ce dernier édifice.

Un étage en attique fut alors ajouté aux deux grands étages dont se composait le projet primitif; et les travaux, repris à partir de 1833 avec activité, ont été à peu près terminés en 1842.

La totalité des façades extérieures a été construite en pierres de différentes natures.

La couverture est exécutée en zinc.

Les localités principales sont chauffées à l'aide d'un appareil établi par M. Léon Duvoir, d'après le principe combiné de la circulation de l'eau et de l'air chauds.

La totalité des dépenses de construction s'est élevée à environ 9,460,000 fr.

Les principales salles d'audience du conseil d'État ainsi que de la Cour des comptes sont ornées de tableaux représentant soit des figures allégoriques, soit les législateurs, les hommes d'État, les magistrats et les jurisconsultes les plus célèbres des temps anciens et modernes, par MM. Alaux, Besard, Bouchot, Chopin, Delacroix, Delaroche, de Ruder, Cassies, Gosse, Isabey, Mauzaisse, Murat, Papety, Schnetz, Thomas, etc. Des peintures murales ont été exécutées dans le grand escalier de la Cour des comptes par M. Chassériau; d'autres doivent l'être, dans la salle d'attente du Conseil et de la Cour, par MM. Cigoux, Landelle, Laurent et Tissier, etc.

---

### ARCHIVES DE LA COUR DES COMPTES,

A PARIS (SEINE), RUE DE LILLE;

Par M. Lucien VAN CLÉEMPUTTE, architecte de la Cour des Comptes.

### 1849.

2 planches numérotées 380 et 381.

Les archives de la Cour des comptes occupaient depuis 1814 une partie de l'ancien couvent des Barnabites, sur la place du Palais de Justice, à portée de l'ancien hôtel de la Cour des comptes.

Le transfèrement du siége de cette Cour dans l'édifice dont nous venons de parler précédemment a exigé également le transfèrement de ses archives et l'érection de l'édifice spécial dont il s'agit ici.

La construction en a eu lieu en matériaux entièrement incombustibles; les murs sont tant en pierres qu'en moellons, les voûtes en maçonnerie, les planchers et combles en charpente de fer et en plâtre, suivant un système de *hourdage creux* dont l'indication est due à M. Van Cléemputte (1); la couverture est en zinc.

L'ensemble des constructions a occasionné une dépense d'environ 600,000 fr.

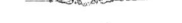

## HOTEL DE PRÉFECTURE,

A NIORT (DEUX-SÈVRES);

Par M. SECRÉTAIN, architecte du département.

1818 à 1832.

2 planches numérotées 284 et 285.

Cet Édifice a été élevé sur un terrain qui dépendait de l'ancien château et qui a été concédé à cet effet par le département à la ville de Niort. Il a coûté, compris accessoires tels que tentures, glaces, calorifères, plantation du jardin, etc., 252,000 fr. Son étendue, bien qu'assez considérable, est cependant à peine suffisante en certains moments, par exemple, lors des réunions du conseil général. Les archives surtout, placées dans les combles de l'aile gauche, y sont à l'étroit, incommodément situées et peu à l'abri des chances d'incendie. Il est à croire que l'on sera prochainement forcé de construire, pour ce service important, un établissement spécial plus convenable sous tous les rapports.

La construction est établie sur un terrain d'anciennes douves dont quelques parties descendent jusqu'au-dessous du niveau de la rivière à 12 mètres plus bas que le rez-de-chaussée.

Les faces apparentes de ces substructions sont revêtues en grès calcaires de couleur rouge. Les faces apparentes en élévation sont en pierre de taille calcaire blanche de moyenne dureté qui se trouve très-abondamment autour de la ville. Il en est de même de toutes les arêtes intérieures. Tout le surplus des murs de face tant en fondation qu'en élévation ainsi que les murs de refend et les voûtes de soubassement sont en moellon calcaire. La charpente, les parquets, les fermetures extérieures sont en chêne et les boiseries intérieures en pin. Les couvertures sont en ardoises avec chéneaux en zinc.

Les bureaux sont chauffés convenablement par un seul calorifère à air placé dans le soubassement. Les galeries du rez-de-chaussée sont chauffées par un calorifère de Désarnod d'une manière suffisante pour leur destination.

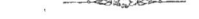

## HOTEL DE SOUS-PRÉFECTURE,

A COUTANCES (MANCHE).

(Représenté avec d'autres édifices sur les planches 309 et 310 classés à la dixième section: *Édifices mixtes*).

---

(1) Voir la description de ce système dans un rapport fait par une commission spéciale à la *Société centrale des Architectes*. (Bulletin du 1ᵉʳ semestre 1850.)

## HOTEL DE VILLE,

A PARIS (SEINE);

Architectes:

DOMINICO BOCCATOR, en 1533;

M. GODDE et M. LESUEUR, membre de l'Institut,

1837 à 1849.

Cet Édifice a été l'objet d'un ouvrage important, intitulé: *Hôtel de ville de Paris, mesuré, dessiné et publié par Victor Calliat, architecte-inspecteur de l'Hôtel de ville, avec une histoire de ce monument et des recherches sur le gouvernement municipal de Paris*, par M. Leroux de Lincy (1).

De même que nos planches ne sont en quelque sorte qu'un extrait des belles planches de M. Calliat, ce qui suit ne sera qu'un extrait du curieux et savant texte de M. de Lincy.

Le *Parloir*, ou *Confrérie aux bourgeois*, ou bien encore *la Maison de la marchandise* (2), paraît avoir occupé, antérieurement à la fin du XIIᵉ siècle, un emplacement dans le quartier Saint-Jacques, à la hauteur de la rue des Grés, non loin de l'ancien couvent des Jacobins; puis plus tard, un emplacement sur l'autre rive de la Seine, dans le voisinage du Châtelet.

La place de Grève, qui depuis longtemps servait de marché, fut concédée par Louis VII aux bourgeois de ce quartier, et fut plus tard considérée comme la propriété du pouvoir municipal, surtout après qu'en 1357 le siége de ce pouvoir y eut été transféré, ainsi que nous allons le dire.

Sur cette place fut bâtie une première maison dite la maison aux piliers (*Domus ad piloria*), parce que, suivant Sauval (et comme le représente une miniature d'un manuscrit du XVᵉ siècle, dont M. Calliat a donné un trait en tête de l'*introduction* de l'*ouvrage* précité), sa façade était érigée sur des piliers réunis par des arcs surhaussés. Telle fut aussi la disposition d'autres maisons bâties ultérieurement à la suite de la précédente, et qui formaient ainsi une série de portiques.

La maison aux piliers, restée longtemps dans le domaine royal, devint ensuite, par donation, la demeure des Dauphins viennois, puis passa dans les mains de divers particuliers, et fut enfin acquise en 1357, par le prévôt des marchands Étienne Marcel, pour y établir le Parloir aux bourgeois.

Mais, vers 1529, on conçut le projet de construire un nouvel hôtel de ville sur le même emplacement agrandi par l'acquisition de plusieurs propriétés voisines; projet fortement favorisé par François 1ᵉʳ, comme tout ce qui tendait à l'embellissement de la capitale; la première pierre fut posée le 1ᵉʳ juillet 1533, avec de grandes cérémonies décrites par Du Breul (3).

Les constructions furent dès lors commencées sur les dessins et sous la direction de Dominico Boccador de Cortone, *Dominico Cortonensi architectante*, suivant une inscription qui est donnée par Corrozet (4) comme ayant été placée sur la première partie de la façade. Boccador recevait 250 livres de gages par an, et il était assisté par Jehan Asselin, maître des œuvres de la ville, chargé de la surveillance de la charpente, qui recevait 75 livres; par Pierre Sambiches, maçon, conducteur des travaux, payé à raison de 26 sols par jour, etc.

---

(1) Paris, 1844, grand in-folio, Carillan-Cœury et Victor Dalmont, etc.
(2) Antiquités de la ville de Paris, par Sauval.
(3) Théâtre des antiquités de la ville de Paris (p. 1015).
(4) Antiquités, chroniques et singularités de la ville de Paris (p. 467.

Suspendus pendant les troubles qui remplirent toute la dernière moitié du XVI° siècle, les travaux furent repris en 1605 sous Henri IV, dont la figure équestre fut établie en 1606 par le sculpteur Biard, au-dessus de la principale porte d'entrée ; les derniers travaux d'achèvement furent adjugés en 1648 à Marin de la Vallée, *juré du roy en l'office de la maçonnerie*, qui les termina en 1658, ainsi que le constate une inscription qu'on lit encore à l'angle gauche du plafond des portiques au pourtour de la cour, et dans laquelle il est désigné comme architecte (*architecto parisiense*).

M. Leroux de Lincy pense du reste, contrairement à ce qui a été avancé par plusieurs écrivains, que le projet primitif n'a pas été, sous Henri II, reconnu *trop gothique* (1), ni abandonné alors pour un nouveau projet; que le projet de Boccador a été au contraire constamment suivi sauf quelques modifications, et, dans quelques parties, sauf un mérite d'exécution inférieur à celui des premières constructions effectuées sous cet architecte ; enfin, que Du Cerceau n'a jamais été chargé par Henri IV de présider aux travaux d'achèvement.

M. Leroux de Lincy donne, sur les marchés passés pour l'exécution de ces travaux, sur diverses contestations dont ils ont été l'objet, etc., un grand nombre de pièces intéressantes et de documents fort curieux ; et, s'il n'a pas donné l'indication des dépenses que ces travaux ont occasionnées, on ne doit pas douter que c'est parce que les archives mises à sa disposition ne contenaient pas de renseignements à ce sujet.

Ainsi terminé, l'Hôtel de ville ne comprenait, de la façade actuelle, que l'arrière-corps principal au milieu, et les deux grands pavillons à droite et à gauche; au delà, la cour telle qu'elle existe encore, et les trois bâtiments au pourtour, mais tous simples en profondeur et sans les façades monumentales qui y ont été récemment ajoutées sur les cours latérales et à la place postérieure. La forme trapézoïdale de l'ensemble avait été imposée par la direction oblique de la *rue du Marteau* qui longeait la façade extérieure du bâtiment en aile à droite de la cour, et à laquelle communiquait l'*arcade Saint-Jean*, ouverte alors sous le pavillon à droite de la façade. Derrière l'Hôtel de ville, et bordant la rue du Marteau, se trouvait l'ancienne église de *Saint-Jean-en-Grève*, bâtie, suivant Dulaure, en 1326 sur les dessins de Pasquier de Lille, et dont le plan irrégulier, mais assez intéressant, est reproduit dans une des planches de M. Calliat.

Si l'ensemble de l'Hôtel de ville a subsisté presque entièrement jusqu'à nos jours, ce n'a pas été sans que, à différentes reprises, on n'ait eu à en redouter la destruction ou du moins l'abandon, comme étant d'une étendue insuffisante pour les besoins du service.

Même avant la révolution, il avait été successivement question : dès 1749, de transporter l'Hôtel de ville sur la rive gauche de la Seine, en démolissant à cet effet l'hôtel Conti, dont l'emplacement a été plus tard consacré à la construction de la Monnaie; en 1770, d'élever de nouveaux bâtiments au fond de la place de Grève ; enfin, en 1783, d'ériger l'Hôtel de ville sur le terre-plein du Pont-Neuf.

Devenu, pendant nos premiers orages politiques, le siége du pouvoir populaire, l'Hôtel de ville fut en butte à des dégradations

(1) Suivant Dulaure, ce serait en remplacement de ce projet *trop gothique* que Henri II aurait adopté en 1549 le projet de Dominico que cet historien appelle *Boccardo dit Cortoano* (p. 52, t. III, 1″ édition).

nombreuses. Bientôt après, il devint d'autant plus insuffisant qu'en 1802 la préfecture de la Seine y fut installée; aussi devint-il indispensable d'y réunir successivement plusieurs propriétés voisines, achetées ou louées à cet effet.

Sous l'Empire, on renouvela le projet d'élever au fond de la place de nouvelles constructions qui se seraient reliées à la grande rue dans l'axe du Louvre, dont la première idée avait été conçue sous Louis XIV : les anciens bâtiments devaient alors être consacrés aux archives et à la Bibliothèque. Enfin, pendant les Cent-Jours, il fut question d'un concours pour un projet d'agrandissement auquel l'empereur voulait consacrer 25 millions.

Ces projets restèrent à peu près oubliés pendant toute la Restauration ; mais en 1832 M. de Bondy, alors préfet, demanda de nouveaux projets à M. Godde, qui venait de succéder, comme architecte de l'Hôtel de ville, à M. Molinos, dont il avait été longtemps le collaborateur. Déjà, indépendamment de l'urgence d'un agrandissement considérable, les événements de 1830 avaient fait reconnaître la nécessité d'isoler l'Hôtel de ville afin d'en faciliter la défense : tel fut également le résultat des événements de 1834 et de 1835. M. de Rambuteau, successeur de M. de Bondy, institua alors une commission (1) chargée de poser les bases définitives du projet d'agrandissement. En 1836, vu l'importance et la multiplicité des détails d'une pareille entreprise, M. Lesueur fut adjoint à M. Godde, et un avant-projet fut immédiatement approuvé par le ministre de l'intérieur. Enfin les travaux, adjugés et commencés en 1837, poussés avec la plus grande activité jusqu'en 1842, momentanément suspendus alors faute de fonds, repris avec une nouvelle activité en 1843, ont été totalement achevés en 1849.

L'ensemble des nouvelles constructions a été élevé sur une couche générale de béton qui s'étend même sous les vides intérieurs; des libages règnent sous tous les murs. Les fondations sont généralement construites en moellon, avec assises en pierre au droit des naissances des voûtes; les façades sont entièrement construites en pierres de différentes natures; les charpentes sont en partie en bois de chêne, en partie en fer; les couvertures, tant en ardoise qu'en plomb et zinc.

Les façades extérieures sont ornées de statues, et celles de la façade principale représentent les hommes illustres nés à Paris depuis le VI° siècle jusque dans ces derniers temps. Elles sont dues, ainsi que les sculptures et les peintures intérieures, aux premiers artistes de cette époque.

Notre plan général représente, tant en traits pleins qu'en traits ponctués, l'isolement dès à présent exécuté ou au moins décidé, et dont une partie (l'élargissement de la rue de la Tixeranderie) doit se rattacher au prolongement de la rue de Rivoli, substitué depuis quelque temps au projet de rue dans l'axe du Louvre. L'exécution de ce prolongement a été ordonnée en 1848 par décret du gouvernement provisoire ; mais les derniers événements ont fait reconnaître la nécessité de créer en outre une grande place derrière l'Hôtel de ville, d'y élever une caserne pour sa défense, etc.

La totalité des dépenses d'agrandissement s'est élevée à environ 12 millions.

(1) Composée de MM. Fontaine, Debret et Huyot, architectes, membres de l'Institut, et de MM. Gateaux, Grillon, Hérard et Lanquetin, membres du conseil municipal.

## HÔTEL DE VILLE,

### A LYON (RHÔNE).

(Représenté avec d'autres édifices sur la planche 324, classée ci-après à la huitième section, *Monuments publics*).

---

## HÔTEL DE VILLE,

### A QUIMPER-CORENTIN (FINISTÈRE);

Par M. LEMARIÉ, architecte.

**1829.**

2 planches numérotées 93 et 94.

Cet hôtel de ville comprend (comme l'indiquent les légendes dont les plans sont accompagnés) un commissariat de police, une justice de paix, une bibliothèque, un cabinet de physique et de minéralogie, et des appartements non-seulement pour le secrétaire de la mairie, ainsi qu'il est d'usage, mais encore pour le président de la Cour des assises.

Il ne nous a pas été possible de nous procurer des renseignements certains sur le mode de construction de cet édifice, et sur la dépense qu'il a occasionnée.

---

## HÔTEL DE VILLE,

### A GRANCEY (CÔTE-D'OR);

Par M. MONNIOT architecte.

**1845.**

1 planche numérotée 336.

Ce petit hôtel de ville est accompagné d'une école d'enseignement mutuel.

Sur la façade principale, le socle, les angles, les encadrements des baies, et les cordons, moulures et corniches ont été exécutés en pierre d'Ampilly-le-sec; le surplus des murs est en moellons.

Les charpentes sont en chêne, la couverture en ardoise, les chéneaux en plomb, les parquets en chêne, les plafonds et corniches intérieures en plâtre, etc.

La dépense totale s'est élevée à 43,000 fr.

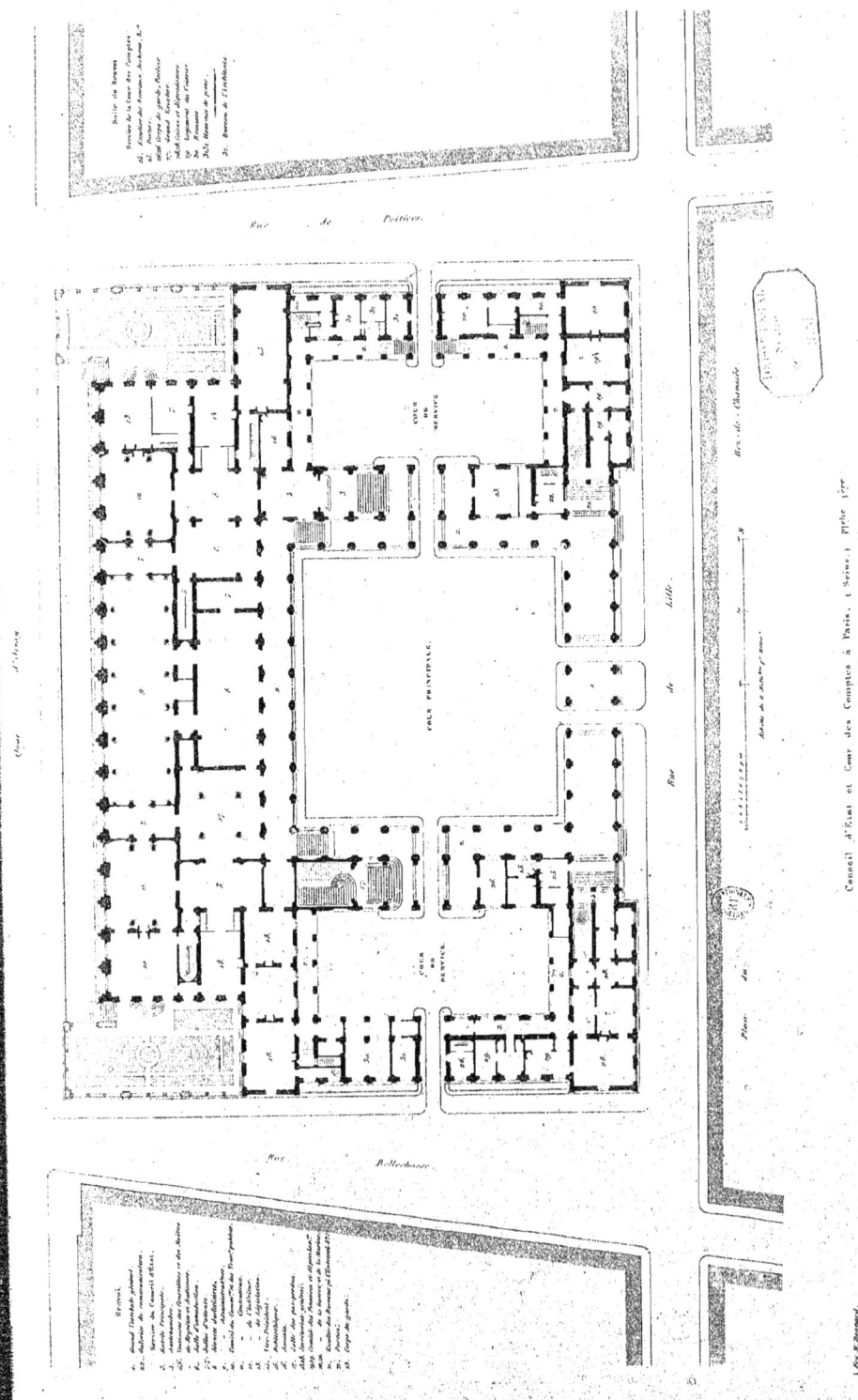

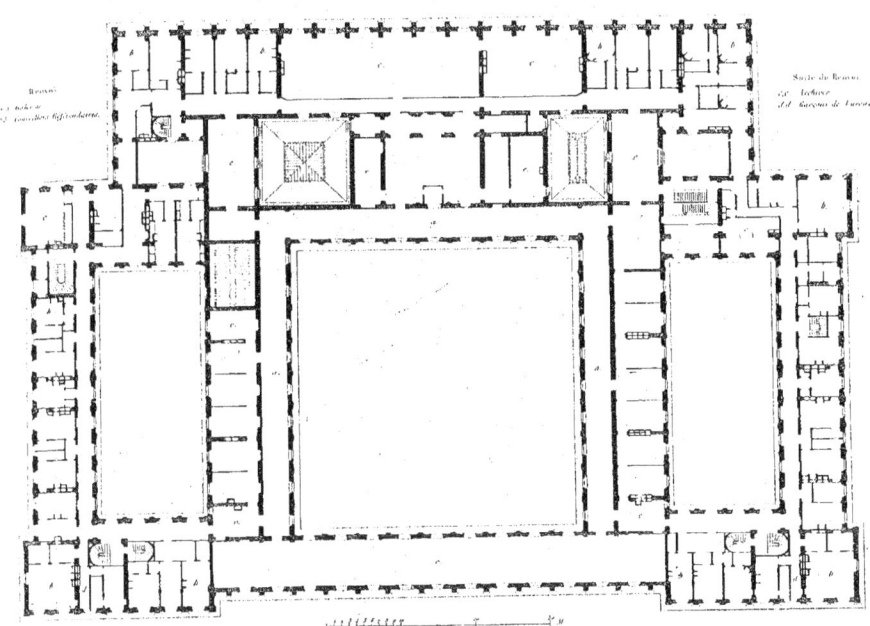

Plan du 2.me Étage.

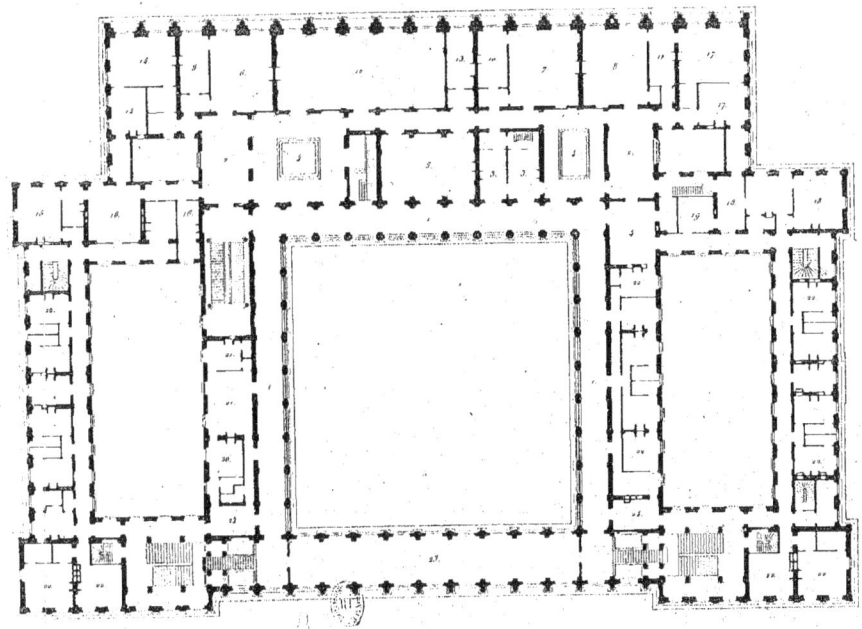

Plan du 1.er Étage.

Conseil d'État et Cour des Comptes à Paris. (Seine.) Pl.kr. 2.me
(1831 à 1832.)

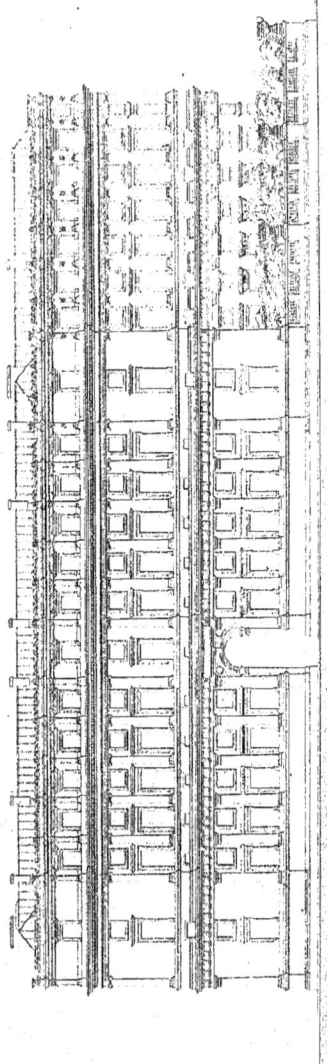

Élévation sur la Rue de Lille

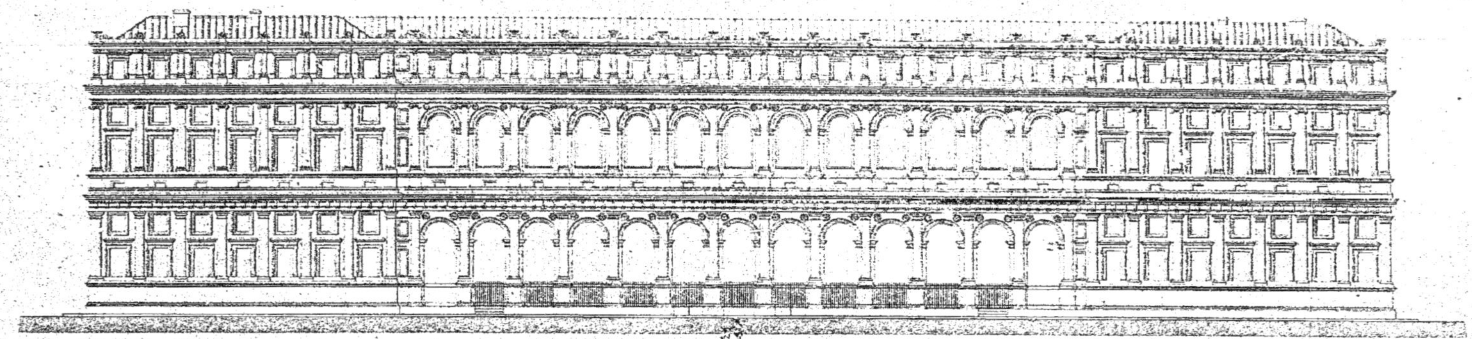

Coupe

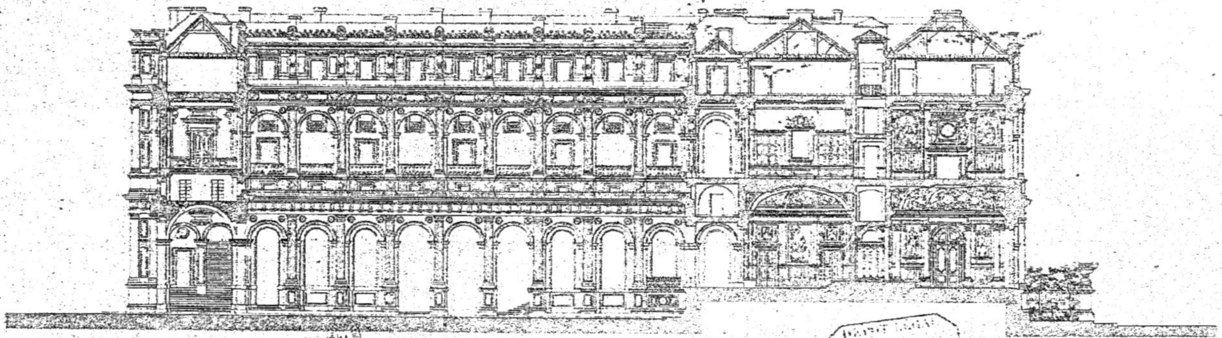

Conseil d'État et Cour des Comptes à Paris (Sеаux-), Pl. de 1870 à 1871

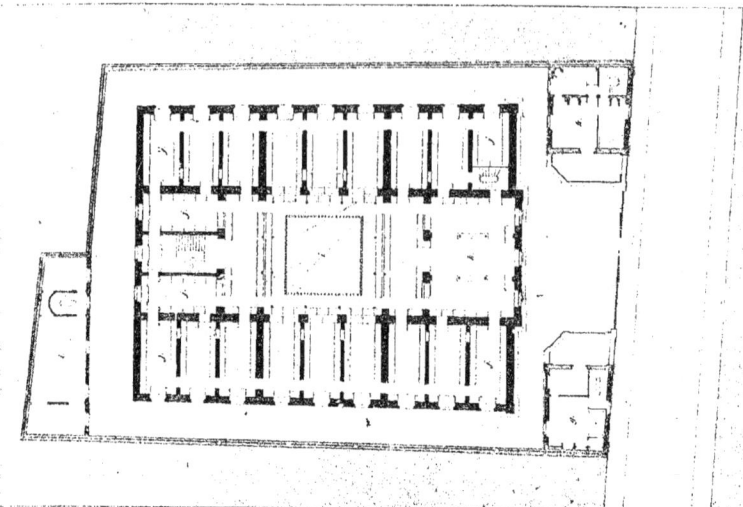

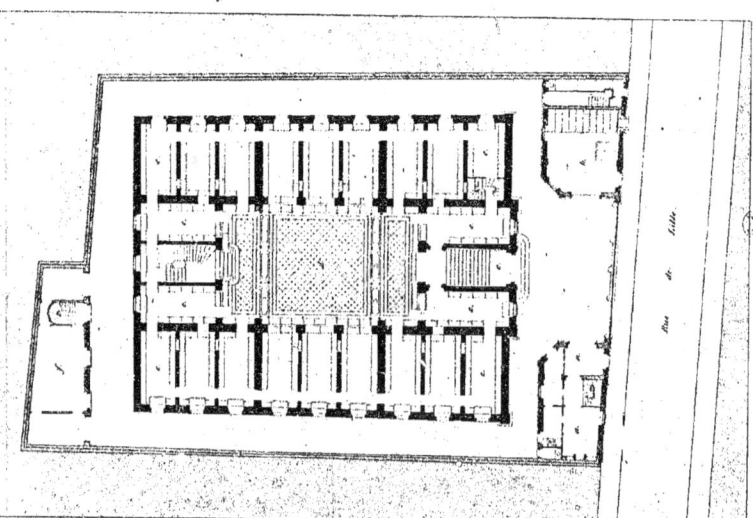

Archives de la Cour des Comptes, à Paris (Seine).

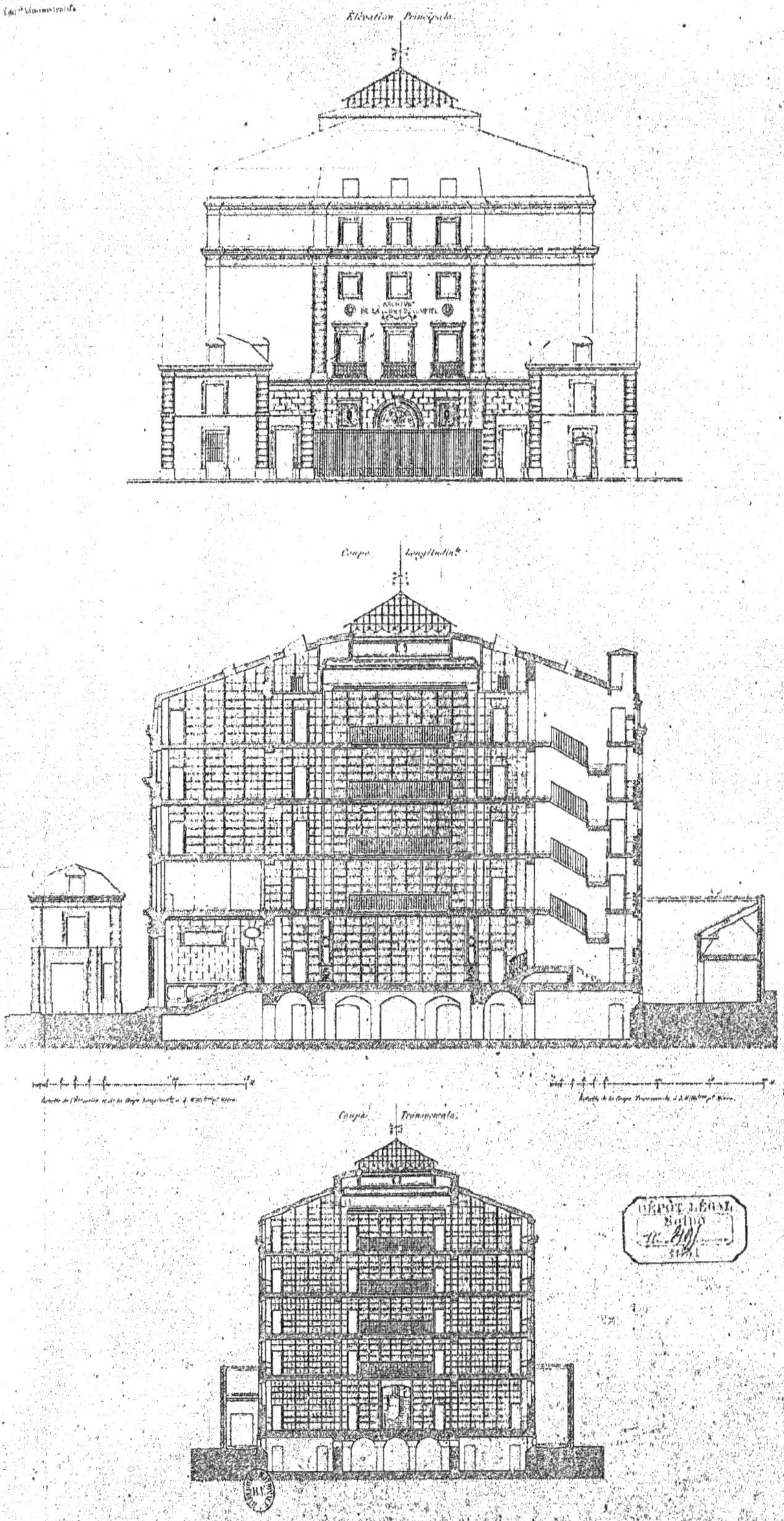

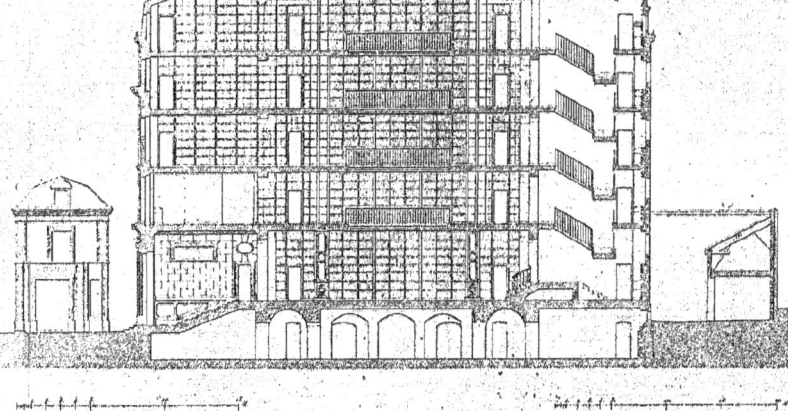
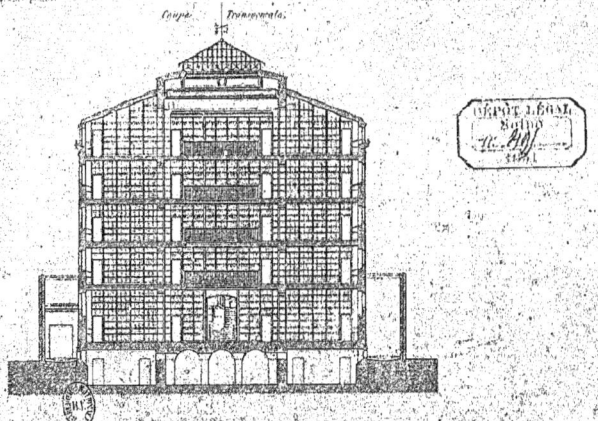

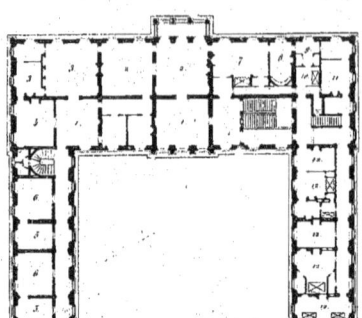

Hôtel de Préfecture à Niort. (Deux-Sèvres.)
(1828 à 1830.)

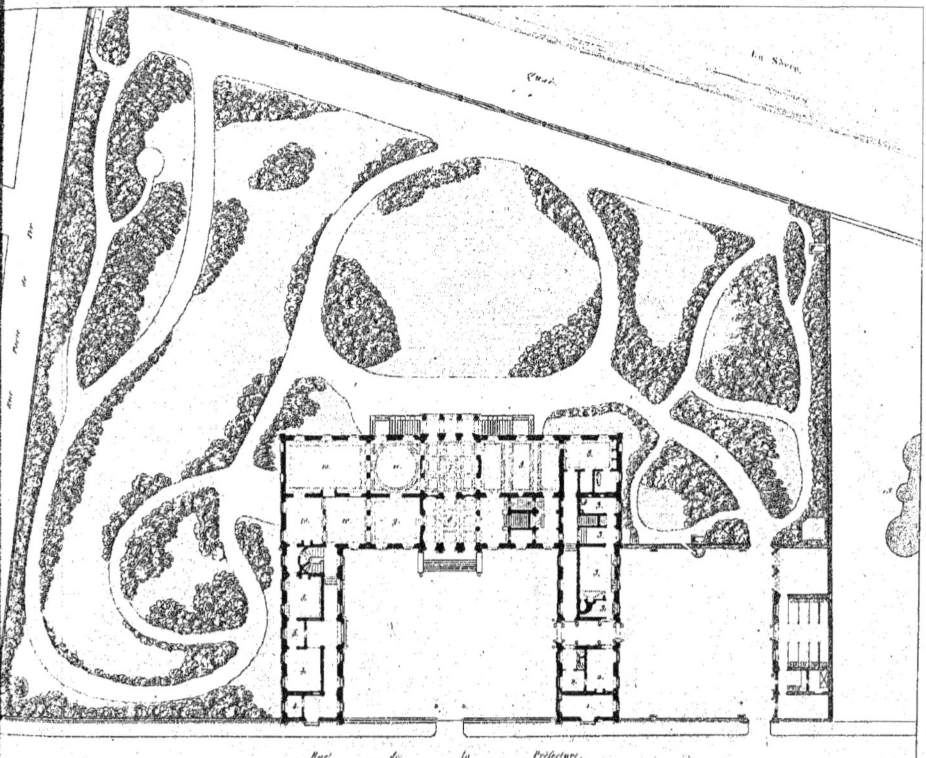

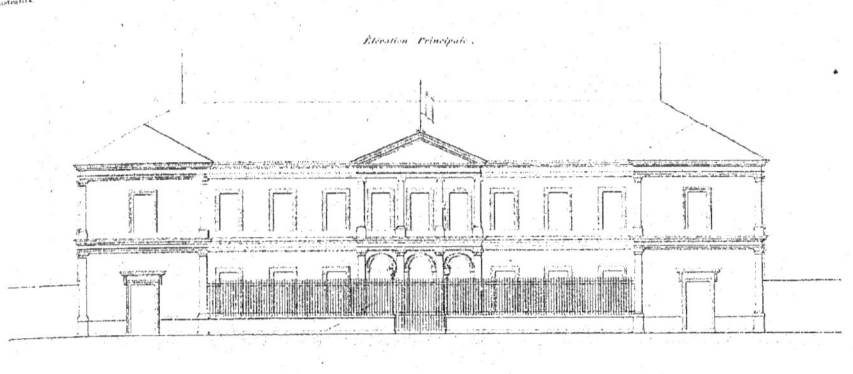

*Élévation Principale.*

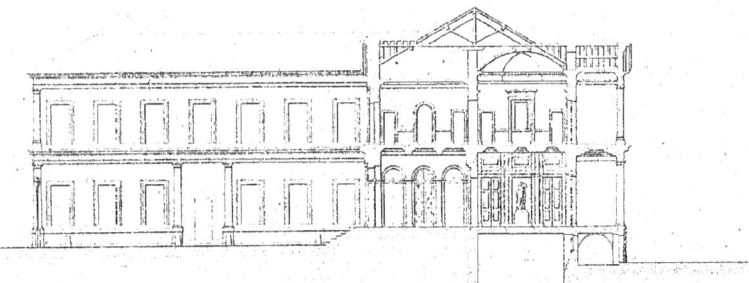

*Coupe.*

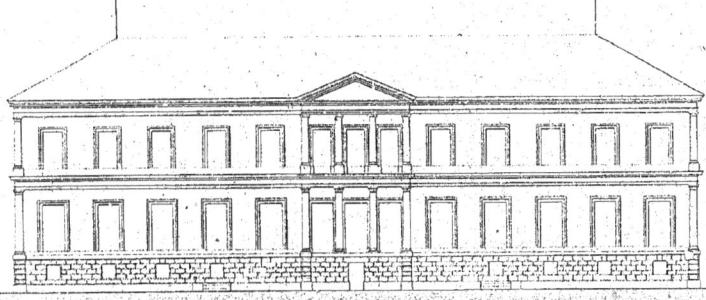

*Élévation sur le Jardin.*

Hôtel de Préfecture à Niort (Deux-Sèvres).

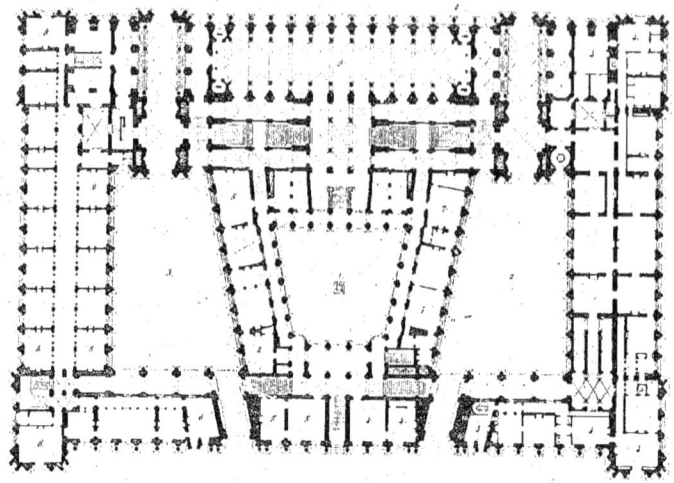

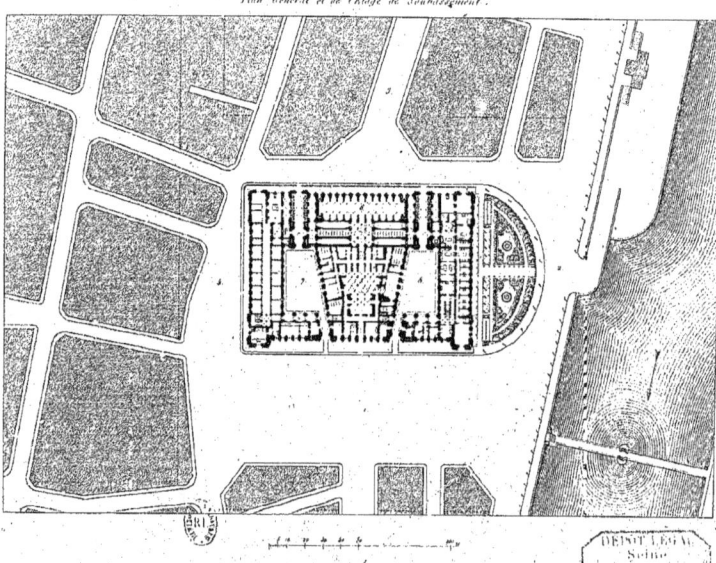

Hôtel-de-Ville à Paris. (Seine.)

Plan de l'Étage d'Attique.

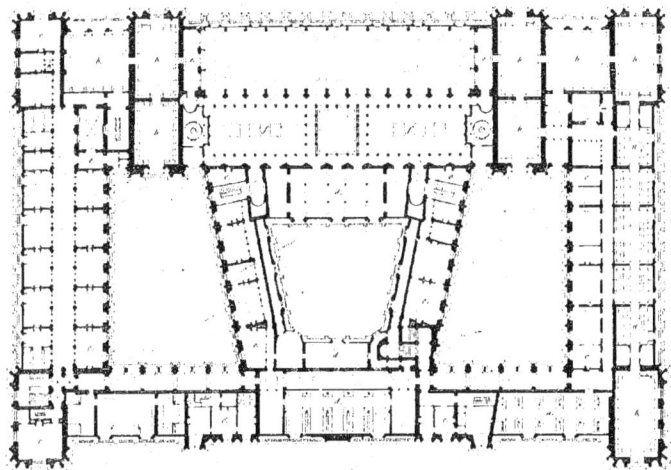

Renvois.

Étage Principal.                    Étage d'Attique.

Plan de l'Étage Principal.

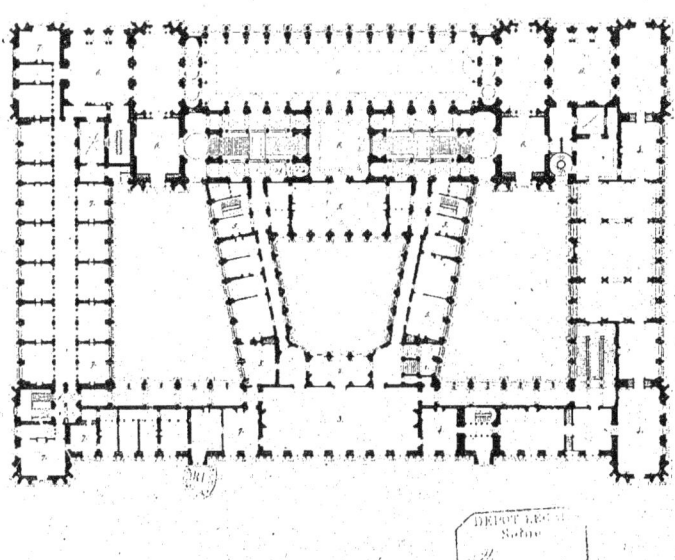

Hôtel de Ville, à Paris. (Seine.)

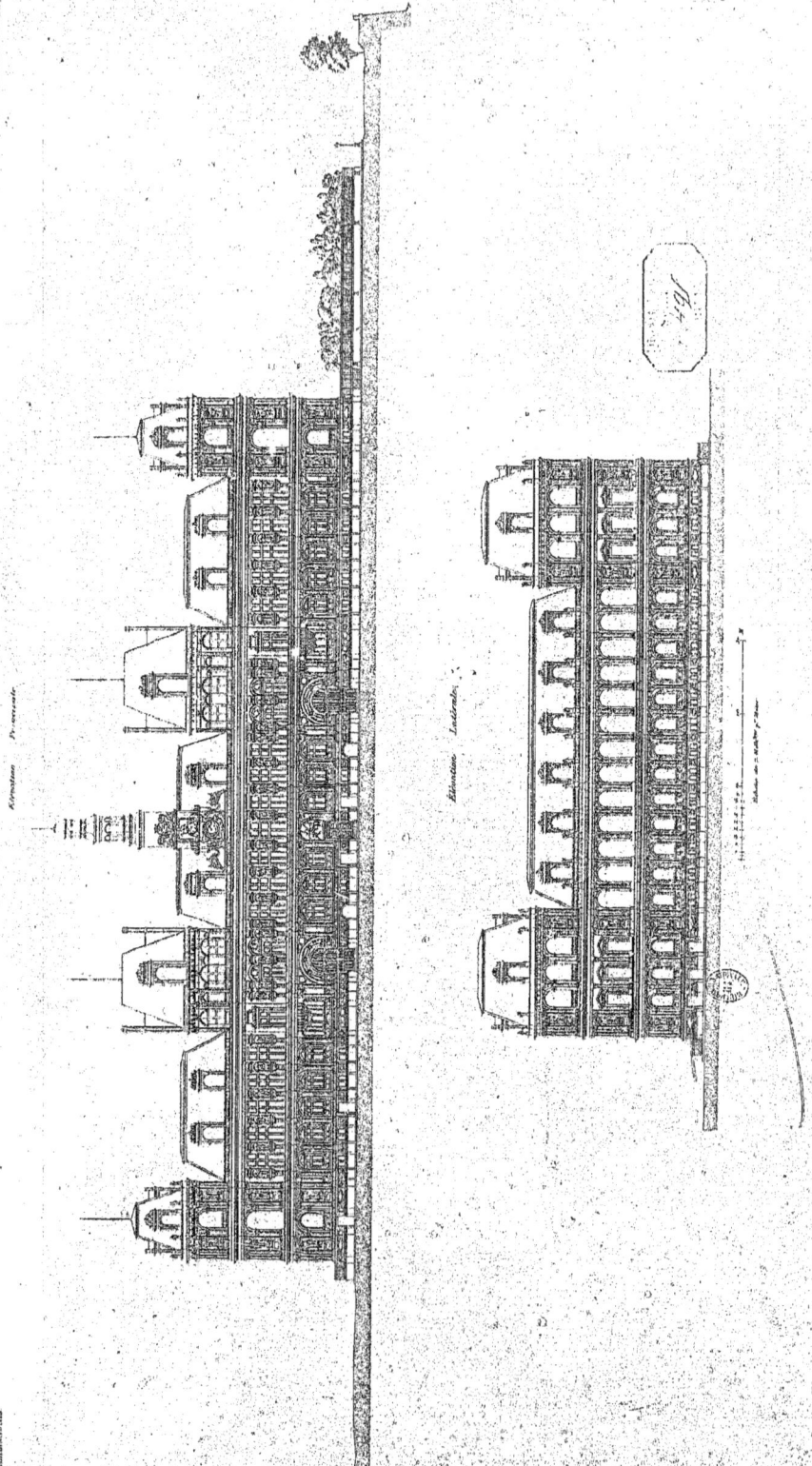

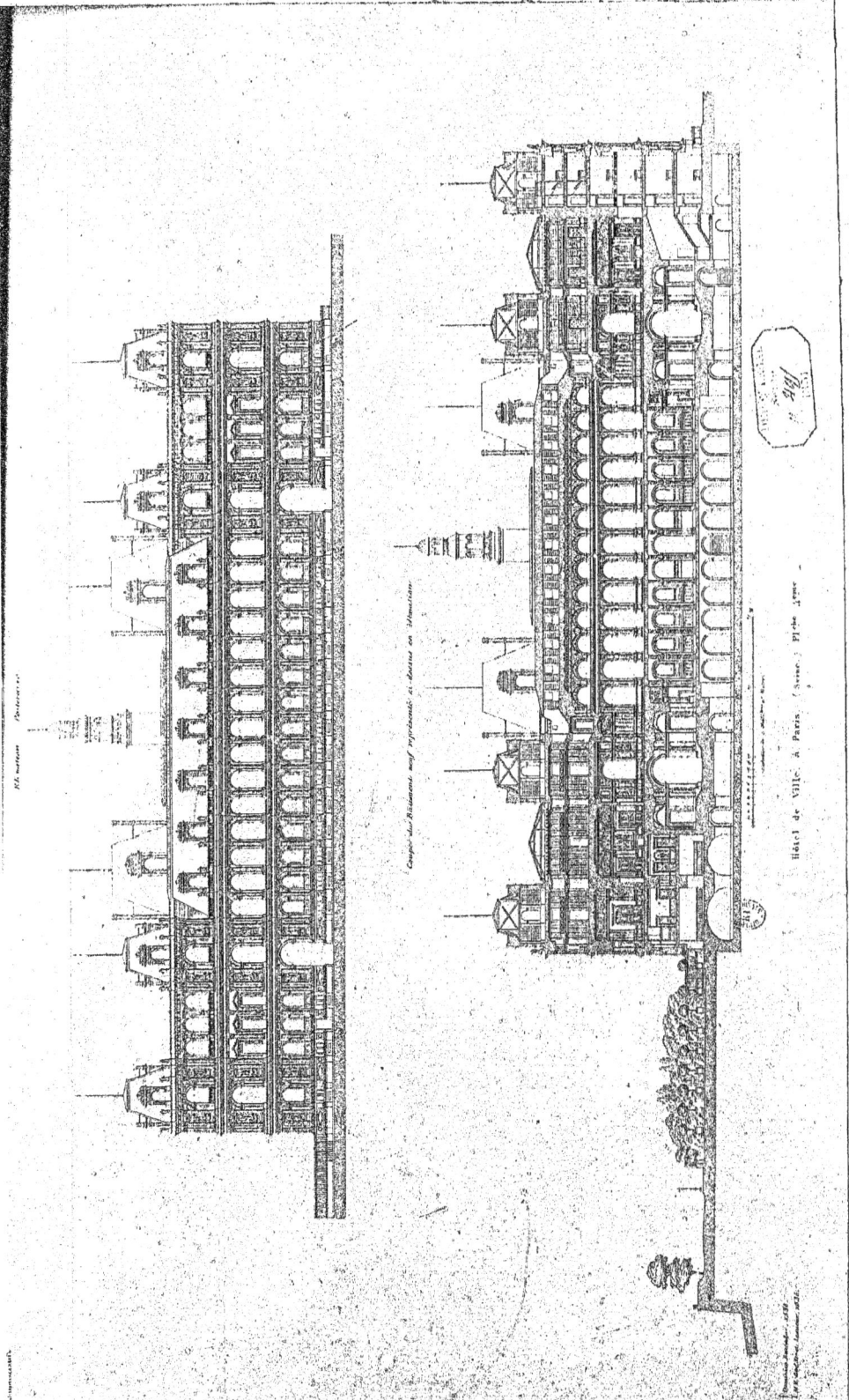

Hôtel de Ville à Paris (Seine) Pl.che 1ere

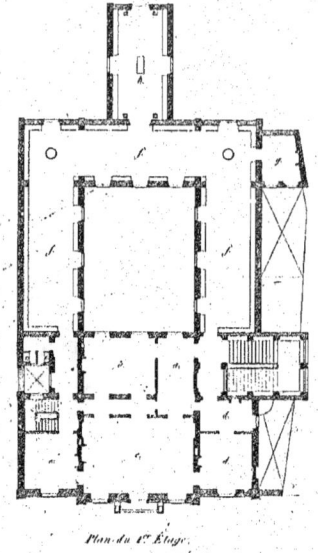

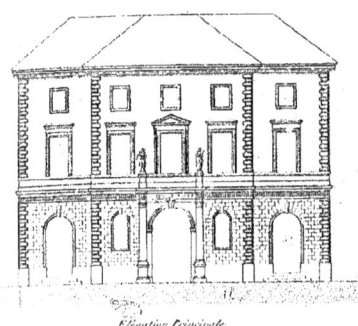

Élévation Principale.

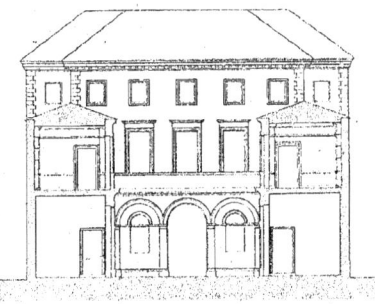

Élévation côté de la Cour.

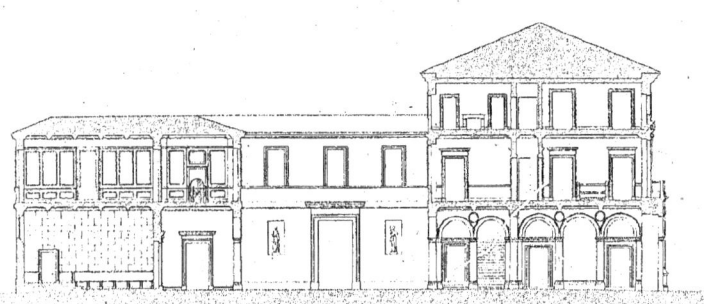

Coupe Longitudinale.

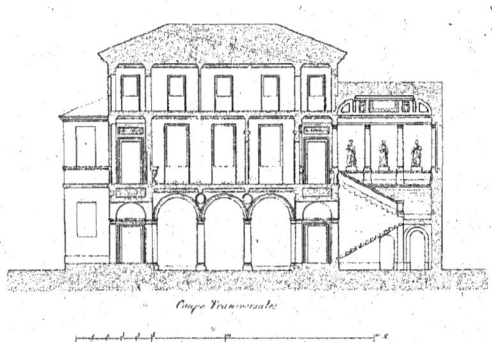

Coupe Transversale.

Hôtel-de-Ville exécuté à Quimper-Corentin. (Finistère.) Pl.che 2.me
(1829)

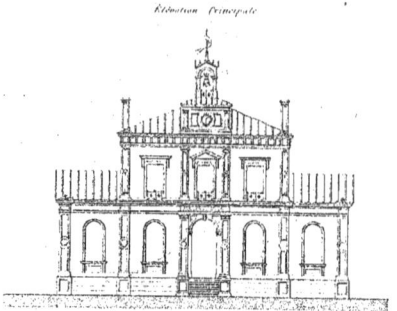

*Élévation Principale*

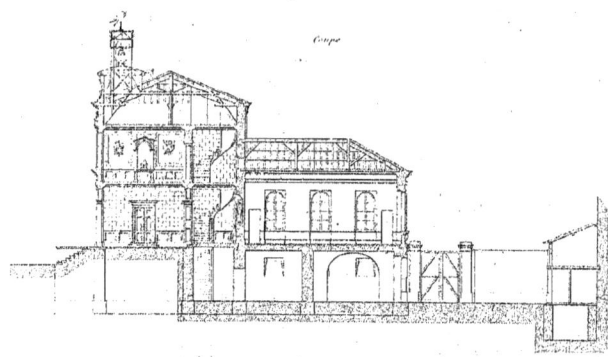

*Coupe*

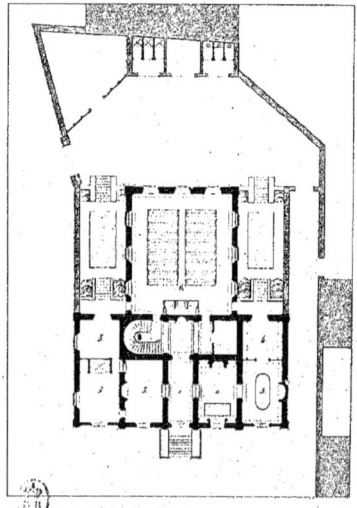

*Plan*

Hôtel-de-Ville et École à Grancey, (Côte-d'Or)
(1845)

# TROISIÈME SECTION.

# ÉDIFICES JUDICIAIRES.

### PALAIS DE JUSTICE,

A RHODEZ (AVEYRON);

Par M. BOISSONADE, architecte du département.

1834 à 1846.

2 planches numérotées 187 et 188.

Les fondations de cet édifice ont dû être poussées jusqu'à 6 mètres de profondeur et sont entièrement construites en moellons.

La façade principale et les deux pignons en retour sont tout en pierre de taille calcaire; quant aux autres murs de face et à ceux de refend, les socles, plinthes, corniches et chaînes d'angle ainsi que les encadrements des portes et croisées sont également en pierre, et le surplus en moellons.

Toute la charpente et la menuiserie sont en bois de chêne.

La couverture est en ardoise, à l'exception de la partie plane au-dessus des grandes salles d'audience qui est en zinc.

La dépense s'est élevée à 350,000 fr., compris deux calorifères établis dans les caves pour le chauffage des salles d'audience et du conseil.

### PALAIS DE JUSTICE,

A TOURS (INDRE-ET-LOIRE);

Par M. JACQUEMIN-BELLISLE, architecte.

Voir cet édifice, réuni à une *Caserne de gendarmerie* et à une *Maison d'arrêt*, sur les planches numérotées 360, 361, 362 et 363, classées à la dixième section (*Édifices mixtes*).

### TRIBUNAL DE PREMIÈRE INSTANCE,

A MORTAIN (MANCHE);

Par M. DOISNARD, architecte.

1834.

1 planche numérotée 325.

Cet édifice a été construit en granit de Louvigny, près Mortain, pour les soubassements, chaînes d'angle, chambranles de baies, bandeaux, corniches, etc., et le surplus en moellons gréseux pris à Mortain même. La couverture est en zinc.

L'acquisition de l'emplacement a coûté....... 12,000 fr.
Les constructions........................... 80,000
Et l'ameublement............................ 8,000
En tout........... 100,000 fr.

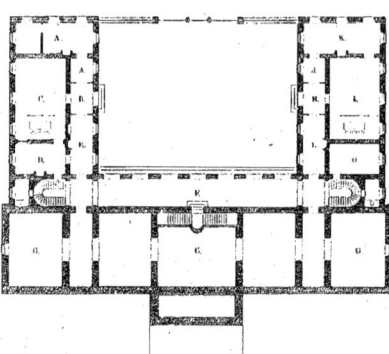

*Plan de l'Étage supérieur.*

*Plan de l'Étage inférieur.*

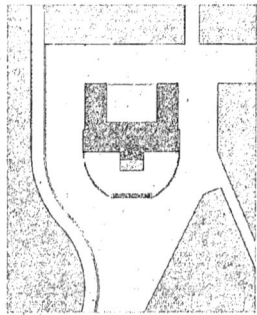

*Plan Général.*

Palais de Justice construit à Rhodez (Aveyron) (1855.)

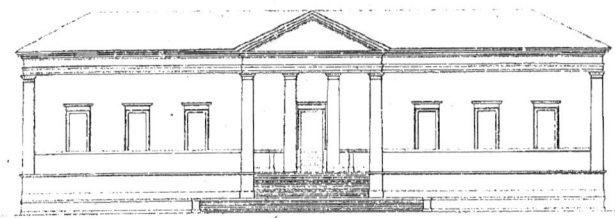

*Élévation Principale.*

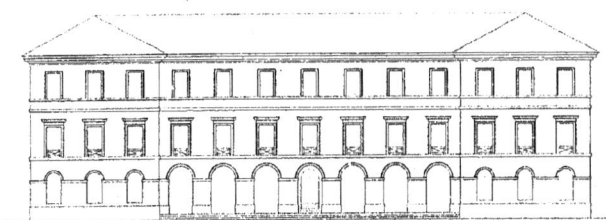

*Élévation du côté de la Cour.*

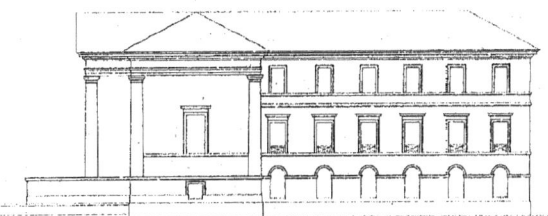

*Élévation Latérale.*

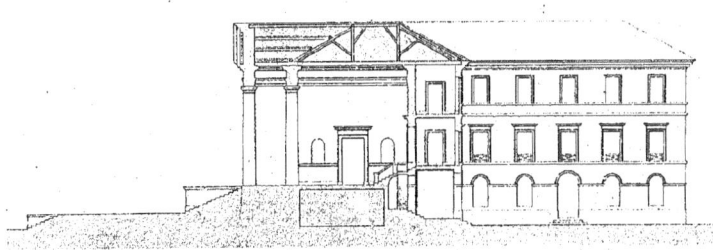

*Coupe.*

Palais de Justice construit à Rhodez (Aveyron). Pl.che 2.me (1855).

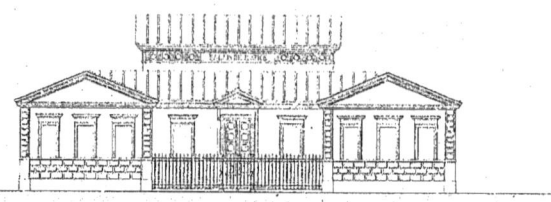
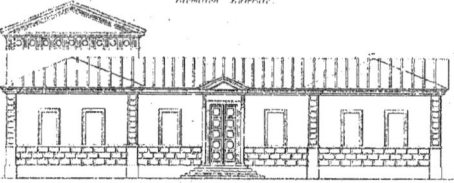
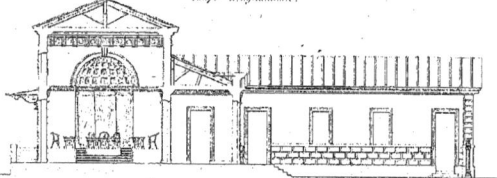
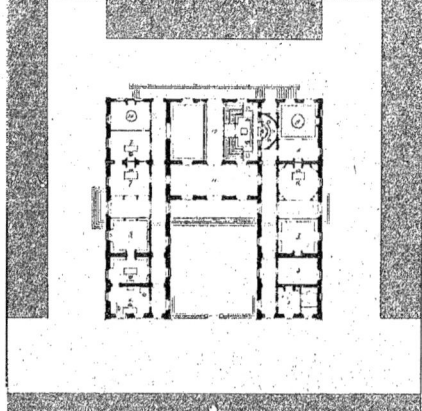

Tribunal de 1ère Instance construit à Mortain (Manche.)
(1845.)

# QUATRIÈME SECTION.

# ÉDIFICES D'INSTRUCTION PUBLIQUE.

### SALLE DES SÉANCES PUBLIQUES DE L'INSTITUT,

A PARIS (SEINE);

Par feu M. VAUDOYER père, architecte, membre de l'Institut et membre honoraire du conseil des bâtiments civils.

#### 1806.

1 planche numérotée 222.

On sait que, par son testament, le cardinal Mazarin avait ordonné qu'il serait fondé, au moyen des fonds légués par lui à ce sujet, un collége destiné à l'éducation de soixante gentilshommes ou principaux bourgeois, soit de l'état ecclésiastique, soit de l'Alsace, de Flandre ou de Roussillon, pays alors récemment conquis et réunis à la France; d'où ce collége prit le nom *des Quatre-Nations*, au lieu de celui de *Mazarini* que lui avait imposé son fondateur.

Il fut construit, à partir de 1662, sur l'emplacement de l'ancien hôtel de Nesle et de plusieurs autres propriétés, d'après les dessins de Levau et sous la conduite de d'Orbay.

L'Institut, fondé par la constitution de l'an III et organisé par une loi du 3 brumaire an IV, occupa d'abord le Louvre; mais en 1806, il fut transféré au collége des Quatre-Nations qui prit le nom de *Palais des Beaux-Arts*, et l'ancienne église de ce collége fut alors appropriée à la tenue des *Séances publiques de l'Institut*.

### SALLE DES SÉANCES DE L'ACADÉMIE DES SCIENCES, AU PALAIS DE L'INSTITUT,

A PARIS (SEINE);

Par M. HIPPOLYTE LEBAS, architecte, membre de l'Institut, et membre honoraire du conseil des bâtiments civils.

#### 1831 et 1832.

1 planche numérotée 204.

Cette salle a depuis été abandonnée, une autre salle pour les séances particulières des diverses académies ayant été établie dans des constructions élevées à cet effet en aile à gauche de la cour. L'établissement de cette salle a coûté 120,000 fr.

### ESCALIER DE LA BIBLIOTHÈQUE MAZARINE, AU PALAIS DE L'INSTITUT,

A PARIS (SEINE);

Par M. BIET, architecte, alors rapporteur, et depuis membre du conseil des bâtiments civils.

#### 1824.

2 planches numérotées 430 et 431.

La bibliothèque Mazarine, placée d'abord dans l'hôtel Mazarin (rue de Richelieu), actuellement occupé par la bibliothèque nationale, fut installée au collége des Quatre-Nations peu de temps après la construction de ce collége; et, dès l'année 1688, elle était ouverte au public.

On n'y parvenait que par un escalier mesquin et incommode qui a été remplacé par celui que nous donnons ici.

### COLLÉGE DE FRANCE,

A PARIS (SEINE);

Par M. CHALGRIN, architecte, décédé membre de l'Institut et du conseil des bâtiments civils.

#### 1774;

Et par M. LETAROUILLY, architecte,

#### 1831 à 1842.

4 planches numérotées 329, 330, 331 et 332.

Comme enseignement, la fondation du collége de France remonte à François I", et de nouvelles chaires y furent successivement instituées sous les divers règnes qui ont suivi jusqu'à nos jours.

Mais aucunes constructions spéciales n'avaient été entreprises à ce sujet jusqu'à celles qui furent ordonnées par Henri IV, et commencées sous Louis XIII sur l'emplacement des anciens colléges de Cambrai et de Tréguier, puis démolies et remplacées sous Louis XV, en 1774, par celles que représente le plan d'état primitif contenu sur la planche numérotée 329, et dû à M. Chalgrin.

Enfin, ce plan a été agrandi et complété de 1831 à 1842, sur les projets et sous la direction de M. Letarouilly, ainsi que l'indique le surplus de nos quatre planches.

La totalité des dépenses pour ces derniers travaux s'est élevée à environ 1,198,000 fr.

---

### ÉCOLE NORMALE,

A PARIS (SEINE), RUE D'ULM;

Par M. Alphonse DE GISORS, architecte, membre honoraire du conseil des bâtiments civils.

#### 1841 à 1847.

3 planches numérotées 382, 383 et 386.

L'École normale a été fondée sous le régime de la Convention par une loi du 9 brumaire an III (30 novembre 1795). Son but était de former des professeurs. Elle a d'abord été installée dans l'amphithéâtre du Muséum d'histoire naturelle. Lagrange, Laplace, Monge, Haüy, Daubenton, Berthollet, Thouin, Volney, Sicart, Bernardin de Saint-Pierre, Laharpe, etc., y donnaient des leçons improvisées qui étaient recueillies par des sténographes et publiées.

Supprimée après quelques mois seulement d'existence, cette école fut reconstituée par décret impérial du 17 mai 1808, et placée alors dans une maison de la rue des Postes; plus tard elle fut l'objet d'une réorganisation et occupa jusque dans ces derniers temps les bâtiments de l'ancien collège du Plessis-Sorbonne, rue Saint-Jacques.

La vétusté et l'exiguïté de ces bâtiments ainsi que la nécessité de donner de nouveaux développements à cette importante institution déterminèrent à cet effet l'acquisition d'un terrain rue d'Ulm et l'allocation d'un crédit de 1,978,000 fr. par une loi du 24 mars 1841.

Commencés en 1841 les travaux furent retardés par la découverte, dans le sous-sol, d'excavations nombreuses d'anciennes carrières et de fontis considérables. Indépendamment des travaux importants de consolidation qui ont été faits dans les carrières mêmes par les soins de l'administration des mines, il a été établi un massif général en béton d'un mètre et demi de hauteur régnant sous toute l'étendue des bâtiments, et formant un empattement de 60 centimètres de saillie sur le nu extérieur des fondations.

La construction a eu lieu tant en pierre qu'en moellon pour les divers murs de face et de refend, la charpente en bois de chêne, la couverture en ardoises.

La totalité des dépenses de construction s'est élevée à 2,133,000 fr.

L'école a été installée en 1847.

---

### BIBLIOTHÈQUE SAINTE-GENEVIÈVE,

A PARIS (SEINE), PLACE DU PANTHÉON;

Par M. Henri LABROUSTE, architecte.

#### 1843 à 1850.

3 planches numérotées 387, 388 et 389.

Après la suppression de l'ancienne abbaye de Sainte-Geneviève, les bâtiments en ont été affectés à l'*École centrale du Panthéon*, appelée depuis successivement *Lycée Napoléon* et *Collège Henri IV*.

La bibliothèque de l'abbaye, devenue publique, avait continué d'occuper le troisième étage des principaux bâtiments; elle était remarquable par sa disposition en forme de croix et ses belles boiseries.

Des craintes avaient été conçues depuis longtemps sur la solidité des planchers, ainsi qu'en raison des chances d'incendie que pouvaient occasionner les tuyaux de cheminée des étages inférieurs.

D'un autre côté, les bâtiments de l'ancien collège Montaigu, affectés dans ces derniers temps à un hôpital et à une prison militaires, devaient nécessairement être démolis tant à cause de leur vétusté que pour effectuer l'alignement de la place du Panthéon.

Par ces divers motifs, on décida de construire sur cet emplacement un local spécial pour la Bibliothèque Sainte-Geneviève.

Cette construction a été entièrement exécutée en matériaux incombustibles; les rez-de-chaussée sont voûtés en maçonnerie, les façades sont en pierre et les autres murs en moellons; la charpente est en fer, et la couverture en zinc.

La porte d'entrée principale est en bronze.

Sur les façades sont gravés les noms des écrivains les plus célèbres depuis les temps les plus reculés jusqu'à nos jours.

Le vestibule est décoré de peintures de M. Degoffe, et de bustes de MM. Elschoët, Merlieux et Malet.

Dans l'escalier principal est placée la copie de l'*École d'Athènes*, qui fait partie des copies faites au Vatican par MM. Balze frères, d'après la commande qu'ils avaient reçue sous le ministère de M. Thiers.

Le chauffage a principalement lieu au moyen de deux calorifères.

D'après une décision rendue sous le ministère de M. de Salvandy, cette Bibliothèque est ouverte le soir jusqu'à 10 heures et demie, et les moyens d'éclairage par le gaz ont été disposés à cet effet.

Nous donnons, comme formant *ensemble* avec cette bibliothèque :

1° Un bâtiment d'administration construit également par M. Henri Labrouste, de l'autre côté de la rue des Sept Voix;

2° Un autre bâtiment d'entrée au collège particulier dit *de Sainte-Barbe* (contigu à cette bibliothèque), et construit par M. Théodore Labrouste.

Les dépenses de construction se sont élevées, savoir:

| | |
|---|---:|
| Pour la Bibliothèque même, à | 1,495,000 f. |
| Et pour le bâtiment d'administration, à | 130,000 |
| Ensemble | 1,625,000 |
| Plus, pour acquisition de propriétés | 150,000 |
| En tout | 1,775,000 f. |

# ÉCOLE DES PONTS ET CHAUSSÉES,

ÉTABLIE A PARIS (SEINE), RUE DES SAINTS-PÈRES DANS UN ANCIEN HÔTEL;

Par M. **GARREZ**, architecte.

## 1846.

2 planches numérotées 354 et 355.

L'École des ponts et chaussées, dont la fondation remonte à 1747, avait été successivement placée dans différents quartiers de Paris.

L'hôtel qu'elle occupe maintenant, bâti dans le XVIIIe siècle par feu M. Antoine, architecte, avait été successivement affecté, dans ces derniers temps, à diverses administrations publiques.

Les anciens bâtiments ont été appropriés au service de l'École, et des constructions nouvelles ont été élevées sur la rue neuve de l'Université pour y placer les galeries de modèles.

# INSTITUTION DES JEUNES AVEUGLES,

A PARIS (SEINE), BOULEVARD DES INVALIDES;

Par M. **PHILIPPON**, architecte.

## 1839 à 1843.

6 planches numérotées 339, 340, 341, 342, 343 et 344.

Nous ne pouvons mieux faire que d'insérer ici l'extrait suivant d'une *Notice* publiée par M. Philippon, avec un tirage particulier des six planches que nous avons consacrées à son utile et intéressante création :

« L'institution fondée en 1784 par Valentin Haüy, et réunie en 1791 à celle des sourds-muets, dans le couvent des Célestins, occupa en 1795 celui des Catherinettes, rue des Lombards; puis, en 1801, une partie des bâtiments dépendants de l'hospice des Quinze-Vingts; et en 1815, l'ancien collége de Saint-Firmin, rue Saint-Victor, où elle est restée jusqu'en 1843, époque à laquelle elle a été transférée dans les nouveaux bâtiments, sur le boulevard des Invalides.

» Depuis longtemps, l'administration reconnaissant l'insuffisance des bâtiments de la rue Saint-Victor, leur insalubrité et leur état de délabrement, s'était vivement préoccupée de trouver un local plus convenable, et ce n'a été qu'après bien des recherches et bien des projets restés sans exécution, que l'emplacement actuel a été arrêté par M. de Montalivet, alors ministre de l'intérieur, comme offrant tous les avantages que l'on pouvait désirer.

» Il était réservé au règne de Louis-Philippe de voir s'élever un établissement de bienfaisance digne de sa haute sollicitude : c'est le 18 juillet 1836 que la loi statuant sur l'érection des nouveaux bâtiments a été rendue.

» Le 22 juin 1839, la première pierre a été posée par M. Dufaure, ministre des travaux publics, assisté de M. Vatout, directeur des monuments publics, en présence de M. le comte de Rambuteau, pair de France, préfet de la Seine, du directeur et des administrateurs de l'institution.

» Le 5 octobre 1843, l'édifice a été livré à sa destination par MM. Duchâtel, ministre de l'intérieur, et Teste, ministre des travaux publics, assistés de MM. A. Passy, Duricu et Denoue.

» Le 24 décembre suivant, la chapelle a été consacrée par M. l'abbé Dupanloup, grand-vicaire honoraire, les élèves étant déjà installés. Enfin, le 22 février 1844, la séance d'inauguration a eu lieu.

» Le terrain est entièrement isolé... De vastes et solitaires promenades et le bon air qu'on y respire sont favorables à la santé.

» Le nombre des élèves dans les bâtiments de la rue Saint-Victor était de 120, dont 90 garçons et 30 filles : d'après le programme il devait être porté dans les nouveaux bâtiments à 200 (1).

» Je me suis attaché dans l'étude des nouveaux bâtiments à faciliter les moyens de faire jouir des bienfaits de l'instruction le plus grand nombre d'aveugles possible, sans dépasser les crédits. L'institution pourra, au moyen de quelques modifications, sans accroître les bâtiments, atteindre le chiffre de 260 élèves. Déjà le nombre de ces élèves, qui, lors de l'installation, n'était que de 110, s'est accru successivement jusqu'à 187, y compris 15 professeurs aveugles.

» Ce serait commettre une grave erreur que de comparer des établissements qui n'ont aucune analogie entre eux, de juger de l'institution des jeunes aveugles par les colléges ordinaires, les hospices et les prisons, soit quant à l'étendue du terrain, soit quant à l'ordonnance et au chiffre de la dépense. Il n'y a que l'institution des sourds-muets qui puisse servir de terme de comparaison, et encore faut-il plus de local aux aveugles.

» La séparation des deux sexes nécessite pour l'institution des aveugles, comme pour celle des sourds-muets, une bien plus grande étendue de terrain que pour les colléges ; de plus, outre l'enseignement intellectuel, il y a dans les deux établissements l'enseignement industriel qui réclame de vastes ateliers. La musique, qui est pour les aveugles une si grande ressource, exige de nombreuses pièces et cabinets d'étude. Une grande salle d'exercices et une chapelle sont également indispensables, ainsi que de vastes promenoirs; de sorte qu'il faut trois fois plus d'espace pour un établissement de ce genre que pour un collége à nombre égal d'élèves.

» La disposition des bâtiments pour satisfaire convenablement à toutes les exigences du service était chose difficile. La grande différence entre le nombre des filles et celui des garçons semblait être un obstacle à donner à deux quartiers symétriques la même importance ; je la leur ai donnée, dans l'espérance que l'administration fera disparaître un jour cette inégalité, et que les mères ne seront plus éloignées d'envoyer leurs filles dans un établissement qui n'aura plus l'air d'un hospice.

» Déjà le nombre des demoiselles s'est accru dans une proportion qui des tiers est arrivée à la moitié de celui des garçons : il est donc raisonnable de prévoir qu'un jour la différence n'existera plus ; mais dans tout état de choses, ne voulant pas laisser une partie du bâtiment des filles inoccupé, j'y ai placé les services qui pouvaient le mieux se concilier avec les convenances, tels que la lingerie, le logement des sœurs, etc.; et si l'économat occupe une partie du rez-de-chaussée (avec une entrée distincte en dehors du quartier), ce n'a été que par suite de modifications faites dans les différentes parties des localités, car il faut dire que pendant le cours des travaux deux administrations se sont succédé.

» Tout le monde ne comprendra pas que l'on pût faire des bâtiments à plusieurs étages pour des aveugles ; on oubliait qu'il

---

(1) La différence qui existe dans le rapport entre le nombre des filles et celui des garçons vient en partie de ce que le gouvernement n'accorde de bourses que dans la proportion d'un tiers en faveur des filles ; d'un autre côté, les familles qui ont des filles aveugles tiennent beaucoup moins à les envoyer dans les maisons d'éducation que lorsqu'il s'agit de garçons.

4

s'agit non d'un hospice, mais d'un institut créé en vue de rendre, au sortir de leurs études, les élèves à la société, de les mettre par conséquent le plus possible dans la condition des voyants, et que pour cela il faut les habituer à monter et à descendre, ce qui du reste ne les embarrasse pas; cependant il y avait, à cause de la vivacité de leur âge, à les garantir de tout accident. Aussi me suis-je attaché à faire disparaître les vives arêtes partout où ils pouvaient se heurter. »

(Suivent des détails descriptifs que nous supprimons comme n'étant pas indispensables aux architectes qui ont nos planches sous les yeux. Nous conservons toutefois ceux qui suivent.)

» Les fosses d'aisances sont ventilées au moyen de conduits souterrains réunis dans la cheminée du fourneau de cuisine.

» Les jardins sont disposés et plantés de manière à faciliter aux élèves le plus grand parcours possible sans se heurter.

» Des appareils de gymnastique ont été disposés à l'extrémité de chacun des jardins.

» Cet établissement est chauffé dans toutes ses parties par des calorifères à circulation d'eau de Léon Duvoir.

» Le beau fronton représentant Valentin Haüy, inspiré par la charité et instruisant des aveugles, est dû au ciseau de M. Jouffroy.

» Les peintures de la chapelle (non encore terminées) sont exécutées par M. Lehmann (1). Ces travaux d'art, qui n'étaient pas compris au devis, sont dus à la bienveillante sollicitude du ministre de l'intérieur et du directeur des beaux-arts.

» J'ai cru devoir comparer le nouvel établissement à l'ancien, ainsi qu'à celui des sourds-muets afin que l'on pût se former une idée exacte de leur importance relative.

| ANCIEN ÉTABLISSEMENT, rue Saint-Victor. | NOUVEL ÉTABLISSEMENT, boulevard des Invalides. | ÉTABLISSEMENT DES SOURDS-MUETS, rue Saint-Jacques. |
|---|---|---|
| Superficie des bâtiments. | Superficie des bâtiments. | Superficie des bâtiments. |
| A quatre étages et dépendances, ci . . 770 | A deux et trois étages et dépendances. . . 2,850 | A quatre étages et dépendances . . . . 2,728 |
| Cours et jardins. . . 1,465 | Cours et jardins . . . 8,950 | Cours et jardins. . . 10,817 |
| 2,311 | 11,800 | 19,345 |

» *Nota.* Une partie de l'espace occupé par les jardins des Sourds-Muets n'est pas livrée à la circulation des élèves, mais leur procure de l'air. Le terrain du nouvel établissement des jeunes aveugles, quoique moins grand que celui des sourds-muets, offre des promenoirs au moins aussi étendus, et comme l'établissement est isolé, il y a compensation.

*Dépense.*

» Par la loi du 18 juillet 1838, il a été ouvert un crédit de 1,600,000 francs destiné, savoir:

» Pour acquisition de terrain. . . 300,000 fr. } 1,600,000 fr.
» Et pour les constructions. . . . 1,300,000

» Par la loi du 19 juillet 1843, il a été ouvert un crédit de 250,000 francs pour l'agencement et la fourniture du matériel, le chauffage, l'éclairage, l'ameublement et l'installation, ci. . . . . . . . . . 250,000

» Le total des crédits est de. . . . . . . . . . . . . . . 1,850,000 fr.

» Les dépenses n'ont pas dépassé ce chiffre.

(1) Elles représentent principalement le *Christ laissant venir à lui les petits enfants.*

» J'ai pensé qu'il serait convenable de faire connaître sommairement le régime de la maison, et l'éducation que reçoivent les aveugles.

» L'institution est administrée, sous l'autorité du ministre de l'intérieur, par un directeur responsable, assisté d'une commission consultative.

» L'instruction est donnée aux élèves, par un instituteur, assisté de dix maîtres aveugles pour les garçons, et par une institutrice, assistée de cinq maîtresses aveugles pour les filles.

» L'instruction intellectuelle est primaire et supérieure. — L'instruction primaire comprend la lecture, l'écriture en points saillants, l'arithmétique, la grammaire française et l'orthographe, des notions élémentaires d'histoire, de géographie et des sciences naturelles. — L'instruction supérieure comprend l'étude des langues, la littérature, les mathématiques, la cosmographie, la géographie politique, et des notions de droit.

» L'instruction musicale comprend le solfège, la vocalisation, l'harmonie et la composition, l'étude de tous les instruments pour les garçons et surtout du piano et de l'orgue; ces deux derniers à l'usage des garçons et des filles.

» L'instruction industrielle comprend: pour les garçons, le tissage, la vannerie, les arts du tourneur et de l'ébéniste; pour les filles, la filature, les tricots et divers ouvrages en paille; pour les deux sexes, la brosserie, les chaussons de lisière et de tresse, le filet.

» Un aumônier et un médecin sont attachés à l'établissement.

» Les enfants non catholiques reçoivent l'instruction religieuse de leurs pasteurs.

» Des sœurs sont préposées à la garde des deux infirmeries.

» L'institutrice est spécialement chargée des soins que comprend la sollicitude maternelle.

» Le prix de la pension est de mille francs, le trousseau de trois cents. Il est accordé des bourses et des demi-bourses aux frais de l'État ou des administrations publiques ou hospitalières au prix de six cents francs. La durée ordinaire de l'enseignement est de huit années.

» Au sortir de l'établissement, une partie des élèves rentrent dans leurs familles, d'autres tirent parti de leur talent intellectuel ou musical, surtout comme organistes; ceux qui sont réduits à vivre de leurs travaux manuels se tirent plus difficilement d'affaire. C'est pour venir au secours de ces derniers que le directeur de l'établissement, M. Dufau, dans sa sollicitude pour ces infortunés, a eu l'heureuse idée de former, en dehors de l'institution, avec le concours des amis de l'humanité, une Société de patronage pour procurer aux aveugles du travail, dans des ateliers disposés à cet effet, et où ils peuvent exercer leur état jusqu'à ce que l'on trouve à les placer convenablement.

» Je n'ai pas dû considérer seulement la création de cet établissement au point de vue artistique, mais encore au point de vue moral et philanthropique. L'état misérable dans lequel était tombée l'ancienne institution n'inspirait aux étrangers qui la visitaient que commisération; il fallait donc imprimer aux nouveaux bâtiments un caractère imposant, digne à la fois du gouvernement et de la nation.

» La création de cet édifice a été l'occasion des manifestations les plus bienveillantes de la part des diverses autorités qui y ont concouru. Des voix généreuses ont su plaider avec un plein succès auprès des Chambres la cause de l'infortune (1). Le concours le plus efficace a été donné par l'ancienne administration pour préparer les voies, et par la nouvelle pour l'organisation des services. Enfin, il eût été difficile de rencontrer plus de sympathie en faveur d'une belle pensée, qui, partie d'Haüy, a été recueillie par les divers gouvernements qui se sont succédé, et qui aboutit de nos jours à une complète fondation. »

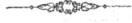

## OBSERVATOIRE

A TOULOUSE (HAUTE-GARONNE);

Par M. Urbain VITRY, architecte de la ville.

### 1844.

2 planches numérotées 351 et 352.

M. de Garipuy, ancien directeur des travaux de la province du Languedoc, s'occupait en outre d'études astronomiques ; il avait élevé sur sa maison, située rue des Fleurs près du Palais de justice, un observatoire qui, à sa mort arrivée en 1782, fut acquis par les États du Languedoc, et donné à l'Académie royale des sciences, inscriptions et belles-lettres de Toulouse.

Cet observatoire a eu pour directeur le célèbre Vidal, auquel l'astronome Lalande donnait le nom de *Trismégiste*, et qui dressa le catalogue de huit cent quatre-vingt-huit étoiles alors inconnues (2).

Après la révolution, cet observatoire devint la propriété de la ville. La direction en a été confiée en dernier lieu à M. Petit, élève de M. Arago et de l'Observatoire de Paris. En 1840, M. Petit obtint du bureau des longitudes les précieux instruments qui avaient servi d'abord à MM. Biot et Arago pour relier les Observatoires de Paris et de Londres, puis à MM. de Freyssinet et Duperrey, dans leur voyage autour du monde.

Une commission du conseil municipal, à laquelle furent adjoints M. Petit et M. Urbain Vitry, comme architecte de la ville, reconnut, sur les observations de M. Petit, que l'ancien Observatoire, placé au centre de la ville et à 80 pieds au-dessus du sol, ne pouvait offrir les conditions de stabilité indispensables pour l'entière exactitude des observations. Elle s'occupa dès lors de la recherche d'un emplacement convenable pour la construction d'un nouvel Observatoire ; et elle choisit à cet effet, en raison de sa situation élevée et parfaitement isolée, l'emplacement d'une grande redoute qui avait été établie lors de la mémorable bataille du 10 avril 1814. En creusant les fondations de l'Observatoire, on a retrouvé les fossés de la redoute, taillés dans le tuf et comblés en partie avec des cadavres et des débris d'armes et de projectiles.

Sur un petit plan topographique de cet emplacement, nous indiquons une pyramide élevée en mémoire de la bataille que nous venons de rappeler, et l'*École vétérinaire*, dont nous avons donné les dessins dans les planches 239, 240, 241, classées à notre second volume.

Les principales constructions de l'Observatoire ont été exécu-

---

(1) MM. Mellicurat, de Lamartine, Vatout, etc.
(2) De Toulouse et de Mirepoix où Vidal était né, on découvre une étendue céleste de 6 degrés de plus qu'à Paris.

tées tant en pierre de taille qu'en maçonnerie de brique et de cailloux ; les voûtes en poteries recouvertes en asphalte, etc.

La dépense s'est élevée à près de 100,000 fr., compris 6000 fr. pour établissement de trappes, et 8500 fr. pour réparation et mise en place des instruments, bibliothèques, etc.

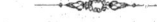

## MUSÉE-BIBLIOTHÈQUE,

AU HAVRE (SEINE-INFÉRIEURE),

Par M. Fortuné BRUNET DEBAINES, architecte de la ville et de l'arrondissement.

### 1845.

3 planches numérotées 353, 357 et 358.

On sait que le Havre doit, sinon sa fondation, du moins ses premiers développements à François Iᵉʳ, dont le nom est resté à une ancienne tour que nous indiquons dans un petit plan général, planche 357, et a également été donné à la place sur laquelle a été élevé l'édifice dont il s'agit ici.

Les statues en bronze de Bernardin de Saint-Pierre et de Casimir Delavigne, nés au Havre, doivent en décorer les façades : elles ont été confiées au talent de M. David d'Angers, membre de l'Institut.

L'édifice a été construit en pierre, brique, bois et fer. La grosse construction a coûté, compris calorifères... 545,000 fr.
Plus, sculptures par M. Syanet, de Paris, ...... 35,000

En tout ............ 580,000 fr.

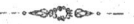

## COLLÈGE,

A SAINT-LÔ (MANCHE);

Par M. BOYSNARD, architecte du département.

### 1845.

2 planches numérotées 337 et 338.

Cet édifice devait être exécuté tant en granit et moellons du pays qu'en pierre calcaire de Bayeux, la charpente en chêne et sapin, les couvertures en ardoise, etc.; et la dépense, qui avait été adjugée, était estimée à 145,000 fr.

Mais, après de nombreuses discussions, l'autorité locale s'est décidée avec raison à construire ce collège dans un emplacement plus éloigné du bruit et moins restreint, et d'après un projet plus considérable, actuellement en cours d'exécution, et dont la dépense doit s'élever à 300,000 fr.

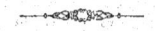

## ÉCOLE NORMALE PRIMAIRE,

A ALENÇON (ORNE),

Par M. DEDAUX, architecte du département.

### 1841 à 1845.

2 planches numérotées 303 et 304.

Toute la grosse construction de cette école a été exécutée en

1841, 1842 et 1843; quelques travaux complémentaires ont été exécutés dans les années suivantes ou s'achèvent en ce moment.

Les matériaux qui y ont été employés, sont :

Pour la maçonnerie, le granit, la pierre calcaire et la brique ;

Pour la charpente et la menuiserie, le bois de chêne et le sapin du Nord ;

Pour la couverture, le zinc et l'ardoise, etc.

La dépense totale s'élèvera à environ 160,000 fr. Le ministère de l'instruction publique y a contribué pour environ un cinquième, et le surplus a été supporté par le département, sauf quelques travaux acquittés sur les *fonds* de l'école.

Elle est habitée par le directeur, l'inspecteur, cinquante élèves-maîtres et quelques maîtres adjoints.

Elle est fréquentée en outre par environ deux cents élèves externes formant deux classes d'application annexées.

## ÉCOLES COMMUNALES ET SALLE D'ASILE,

A PARIS (SEINE), RUE DE CHARONNE ;

Par M. DURAND-BILLION, architecte.

### 1844.

2 planches numérotées 373 et 374.

Ces écoles et salles d'asiles ont été disposées d'après les indications du comité central d'instruction primaire pour le département de la Seine. Elles reçoivent 250 garçons, 220 jeunes filles et 210 petits enfants des deux sexes, en tout 680 enfants. Des appareils de chauffage par la circulation de l'eau bouillante et de l'air chaud entretiennent pendant l'hiver une température constante de douze degrés dans les classes et préaux; des orifices sont établis dans chaque préau pour entretenir en toute saison, au moyen d'un appel, la ventilation nécessaire pour la salubrité.

La dépense des constructions s'est élevé à 201,000 francs et celle pour appareils de chauffage, mobilier et frais d'installation à 72,250 francs; en tout 273,250 francs.

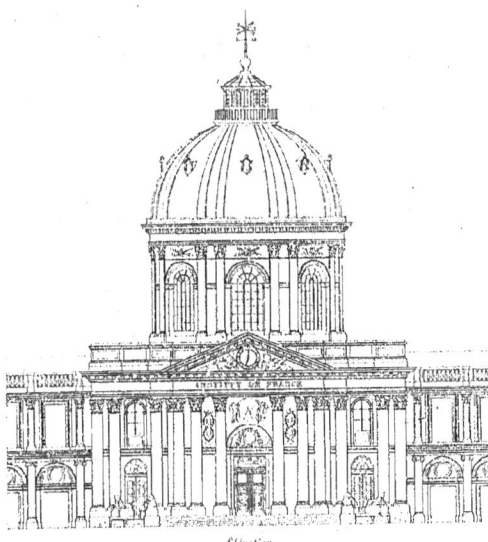

*Élévation.*

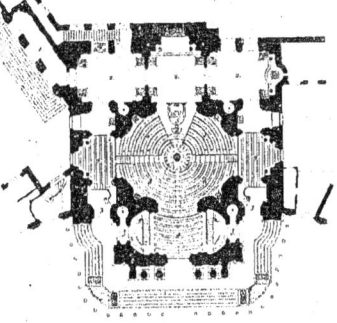

*Plan.*

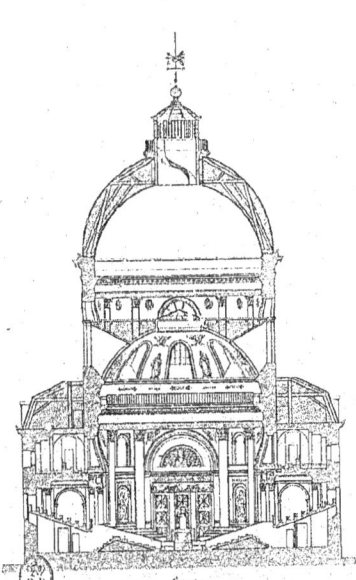

*Coupe.*

Salle des Séances publiques de l'Institut, dans l'ancienne Église des 4 Nations, à Paris. (Seine)
(1806)

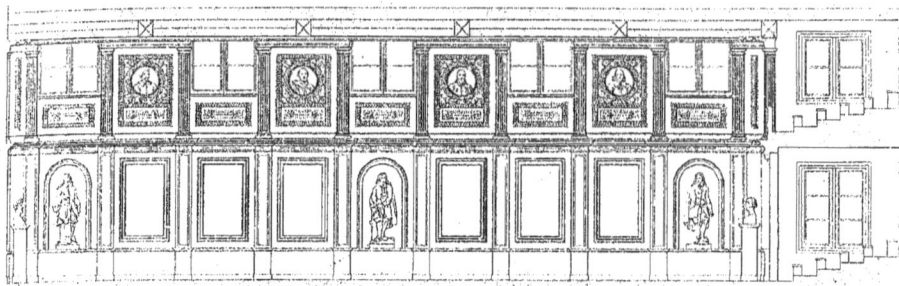

*Coupe Longitudinale.*

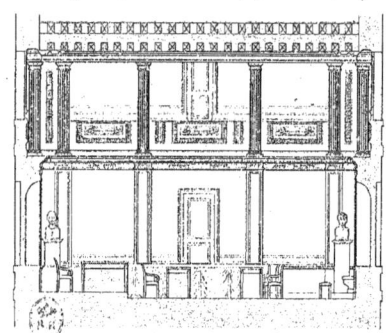

*Coupe Transversale.*

Salle des Séances de l'Académie des Sciences, au Palais de l'Institut à Paris. (Seine).

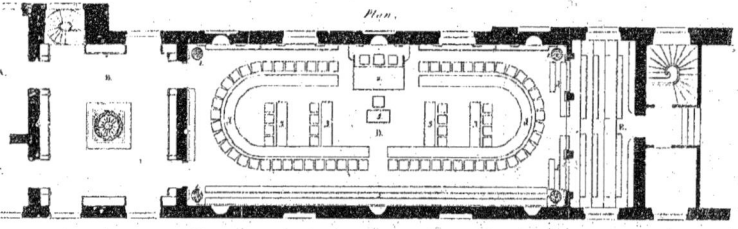

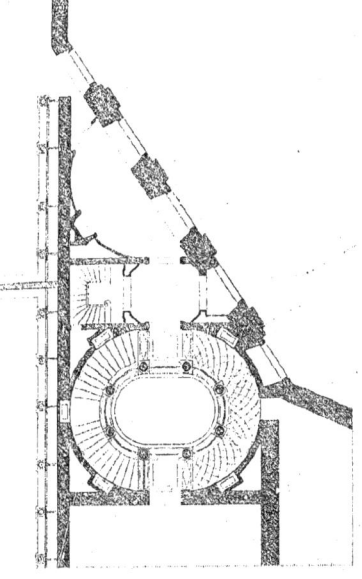

Plan du 1.er étage

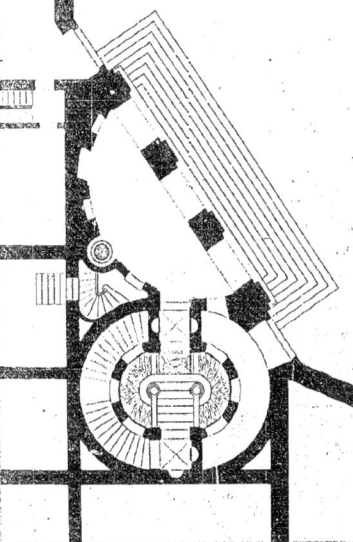

Plan du Rez-de-Chaussée

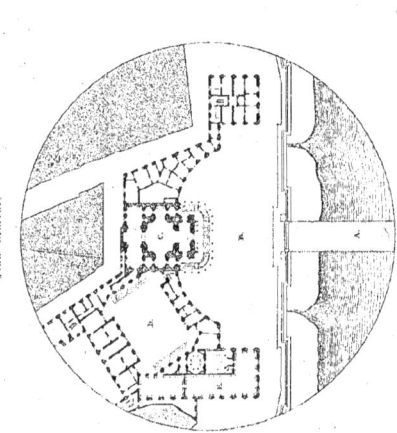

Plan Général

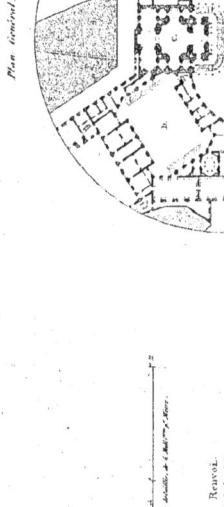

Renvoi.
A. Cour des sous
B. Place du Chantier
C. Salles de Chantier

Suite du Renvoi.
D. Cour d'entrée
E. Bibliothèque
F. Escaliers

Escalier de la Bibliothèque Mazarine, construit à Paris, (Seine) Plche 1.re (1644)

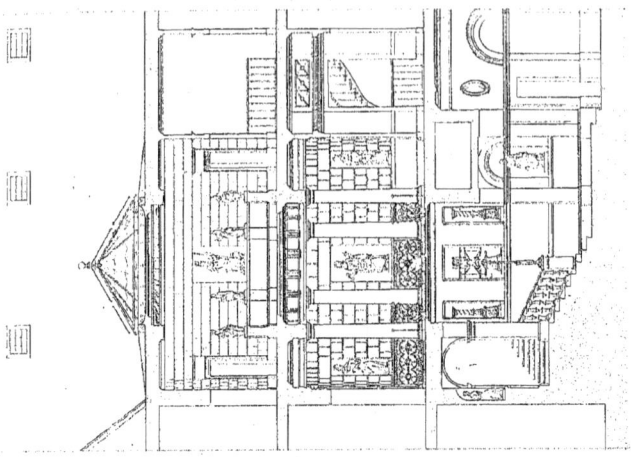
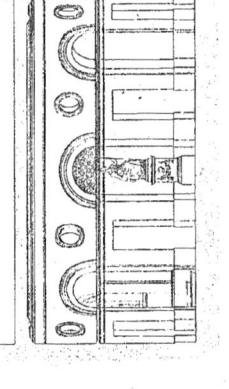
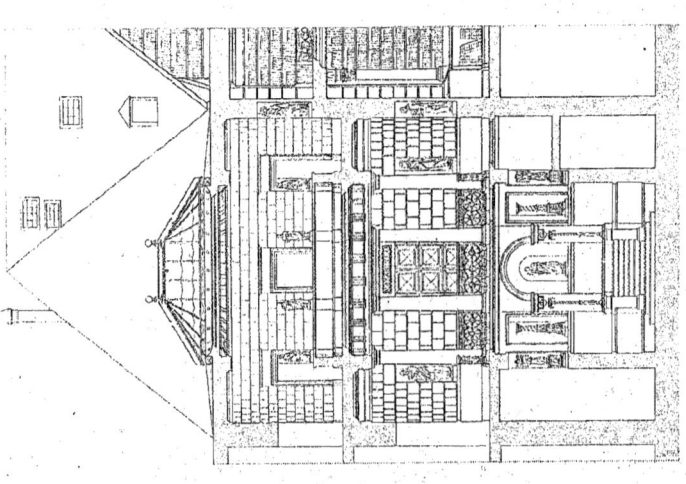

Escalier de la Bibliothèque Mazarine, construit à Paris. (Seine.) Pl. 2me (1824)

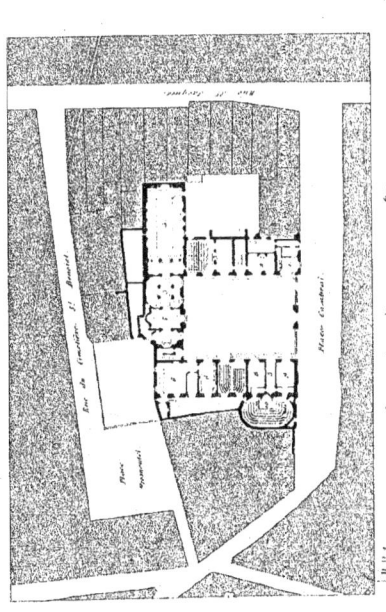

Collège Royal de France, à Paris (Seine). Plan 1er construit en 1774. — Agrandi et complété de 1831 à 1840.

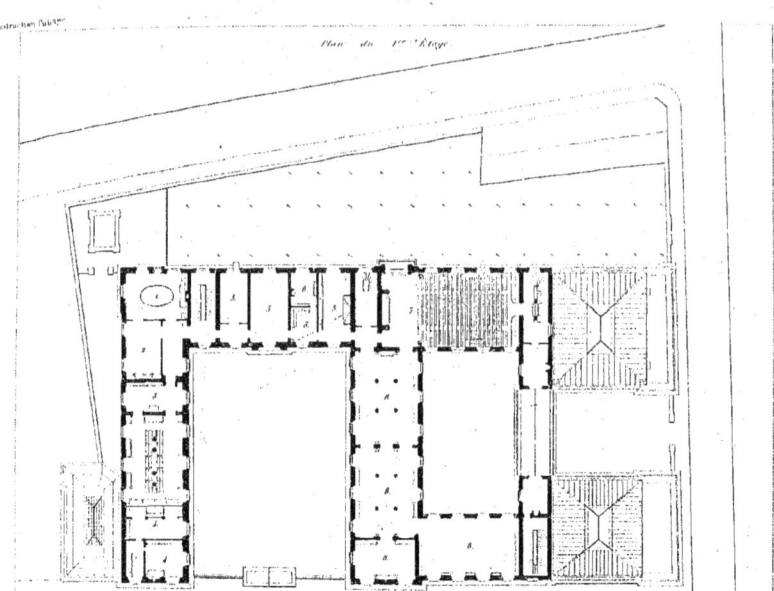
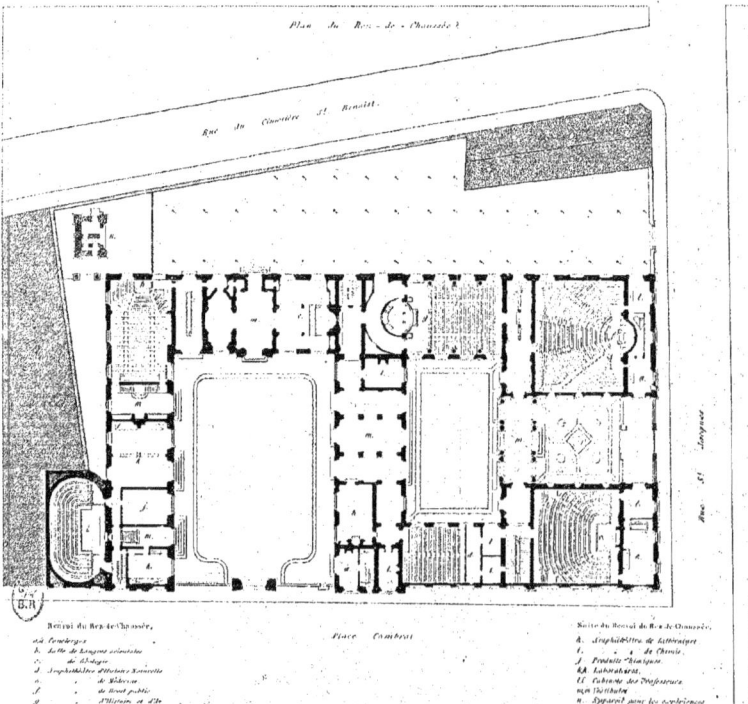

Collège Royal de France, à Paris. (Seine.)

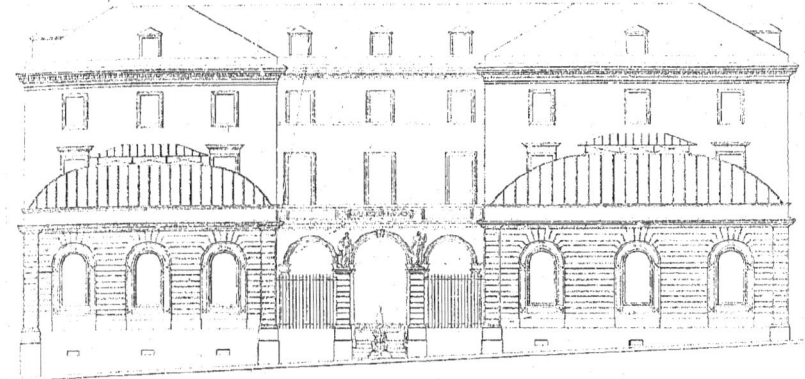

Élévation sur la rue St Jacques.

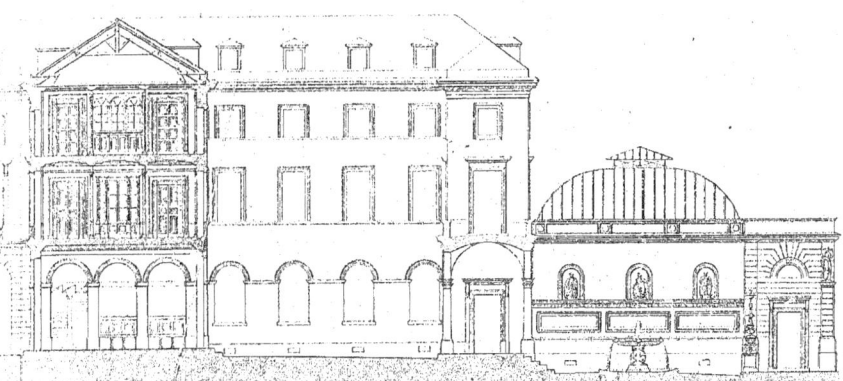

Coupe dans l'axe de l'entrée sur la rue St Jacques.

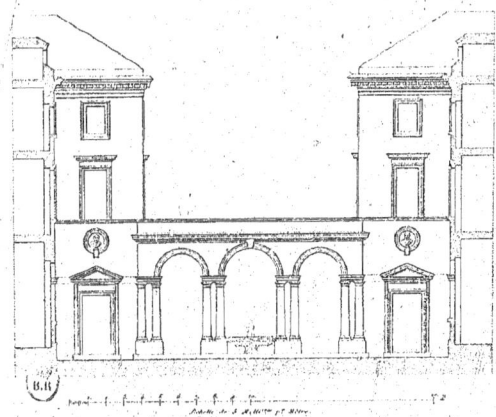

Portique d'entrée du côté de la rue St Jacques.

Collège Royal de France, à Paris (Seine), Pl. 3me
construit en 1774 — Agrandi et complété de 1831 à 1842.

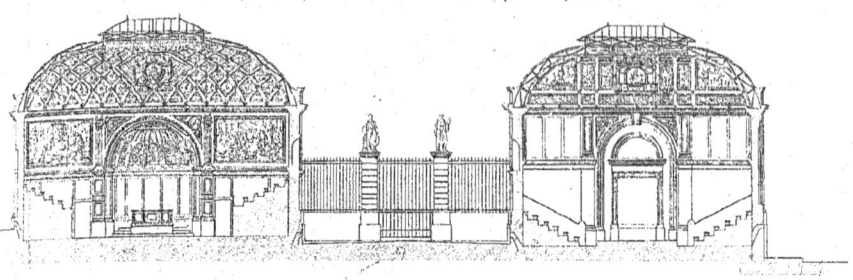

Coupe des 2 Amphithéâtres et de la Cour d'entrée sur la rue St Jacques.

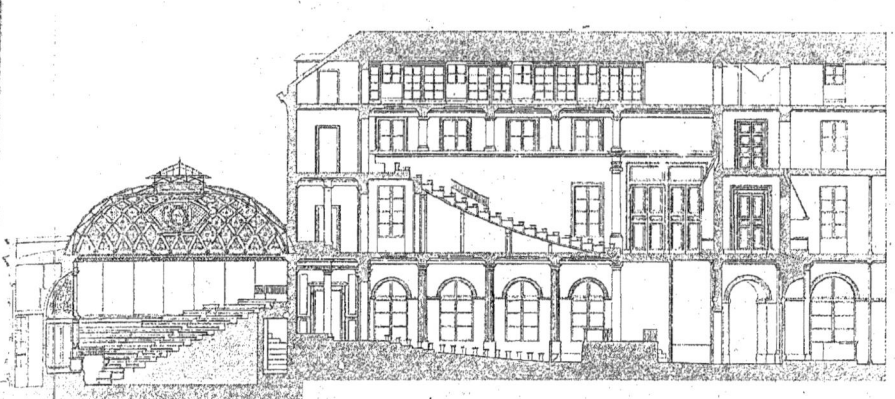

Coupe sur l'axe d'un des Amphithéâtres et dessins et de cour d'Histoire et de Physique.

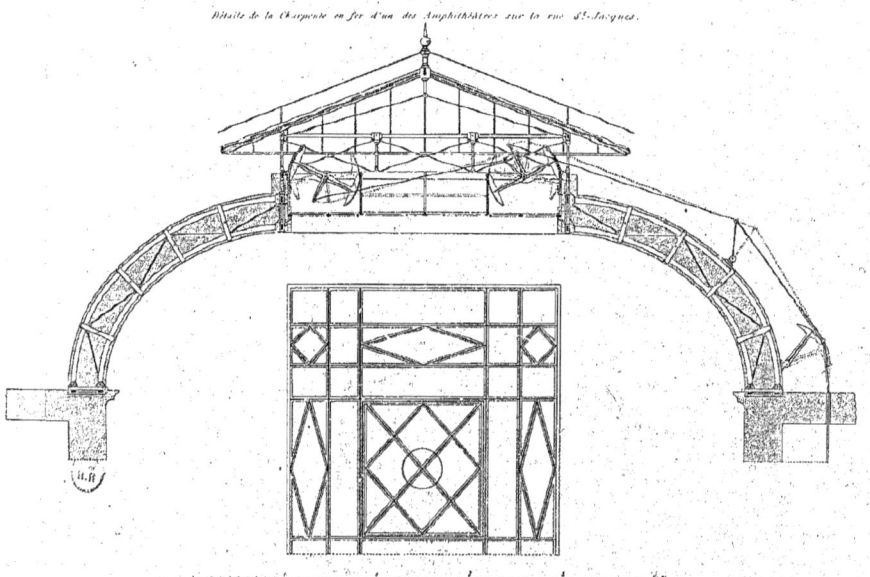

Détails de la Charpente en fer d'un des Amphithéâtres sur la rue St Jacques.

Collége Royal de France, à Paris, (Seine.)
construit en 1774 — Agrandi et complété de 1831 à 1844.

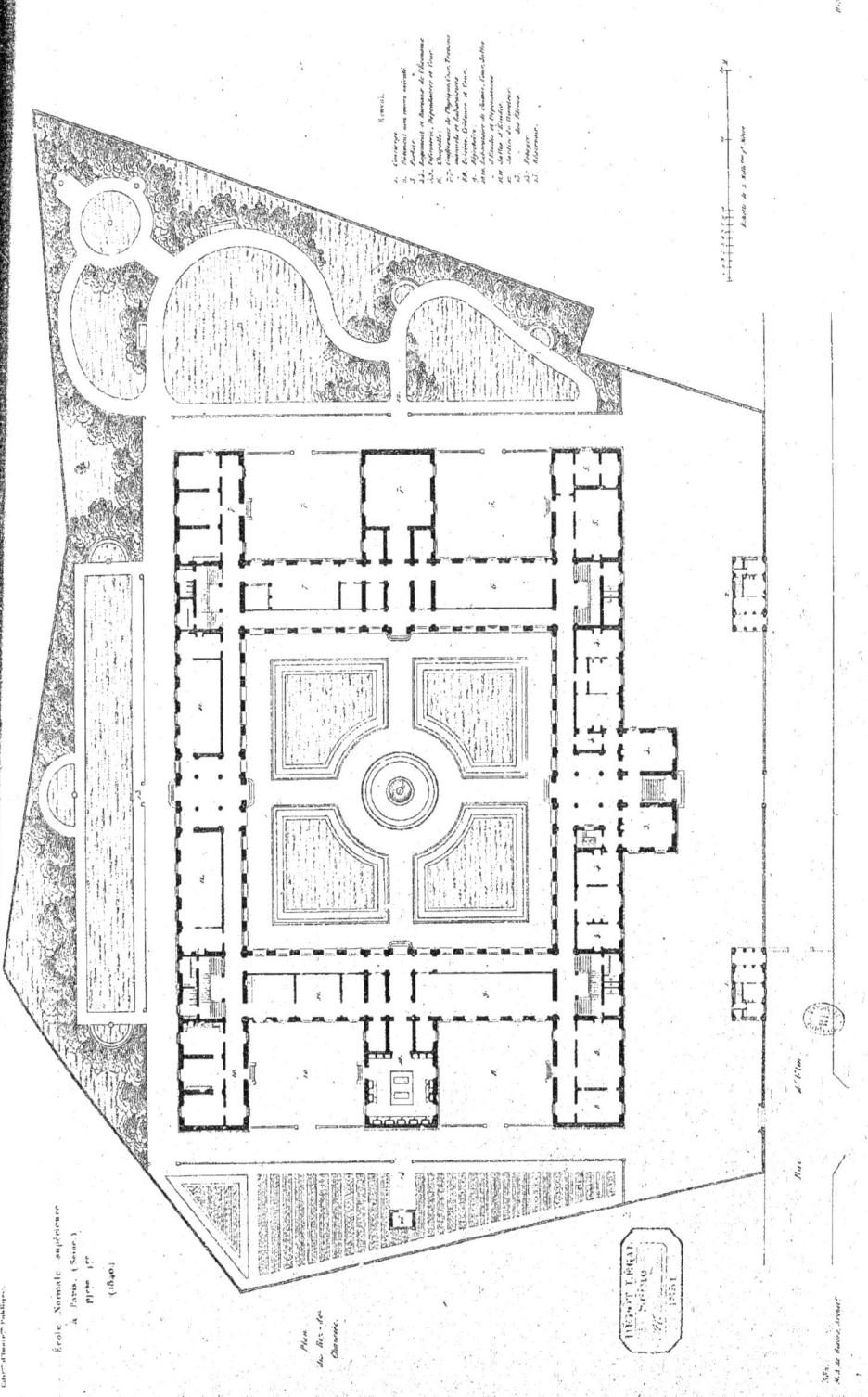

Plan du 2.me Étage.

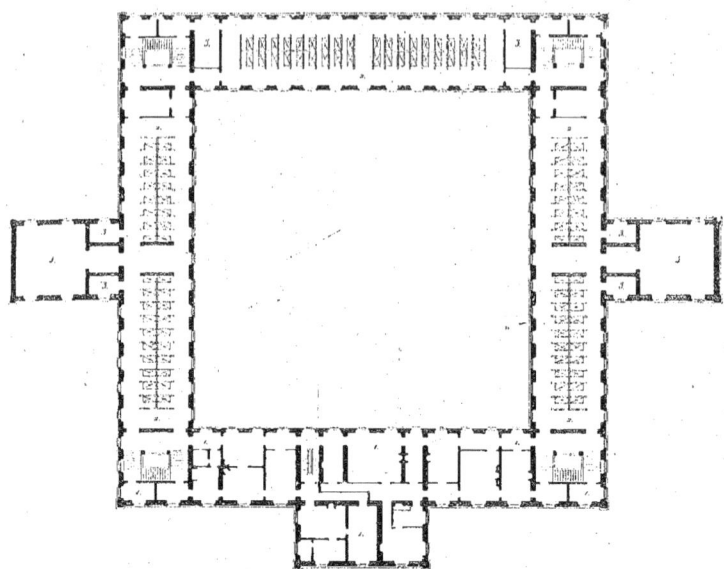

Renvoi du 1.er Étage.
1. Appartement du Directeur.
2. Salles d'Études.
3. Amphithéâtre de Chimie.
4. Cabinet de Chimie.
5. Minéralogie.
6. Zoologie.
7. Botanique.
8. Bibliothèque.

Renvoi du 2.me Étage.
1. Appartement des deux Sous-Directeurs.
2. Portiers.
3. Surveillants.
4. Dépendances.

Plan du 1.er Étage.

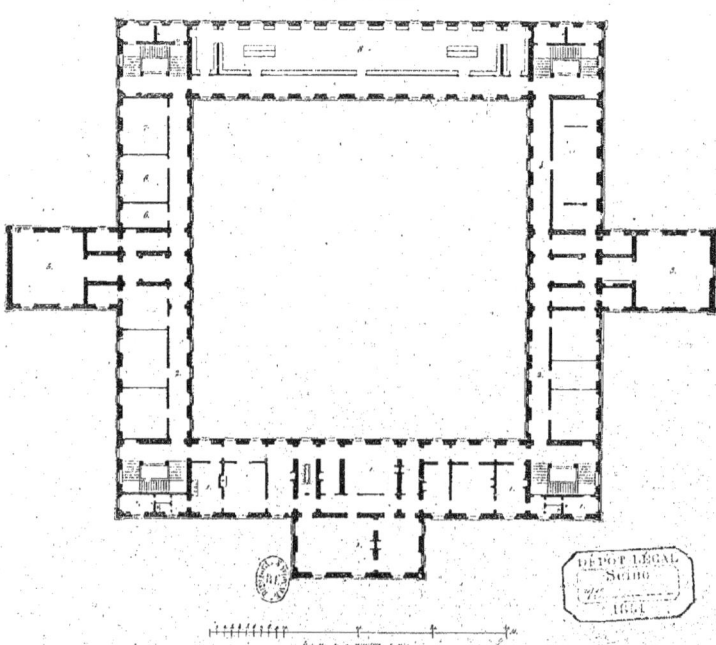

École Normale supérieure à Paris. (Seine.) Pl.che 2.me
(1840.)

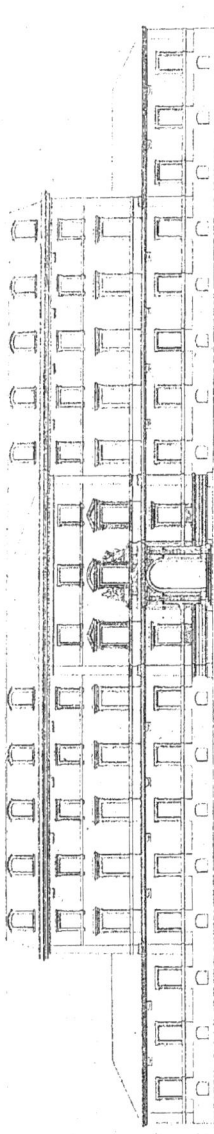

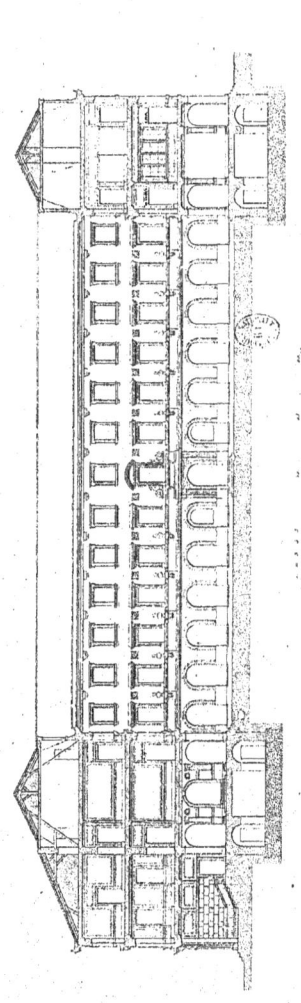

École Normale Supérieure, à Paris. (Séance 3 Tribe 5me 1844.)

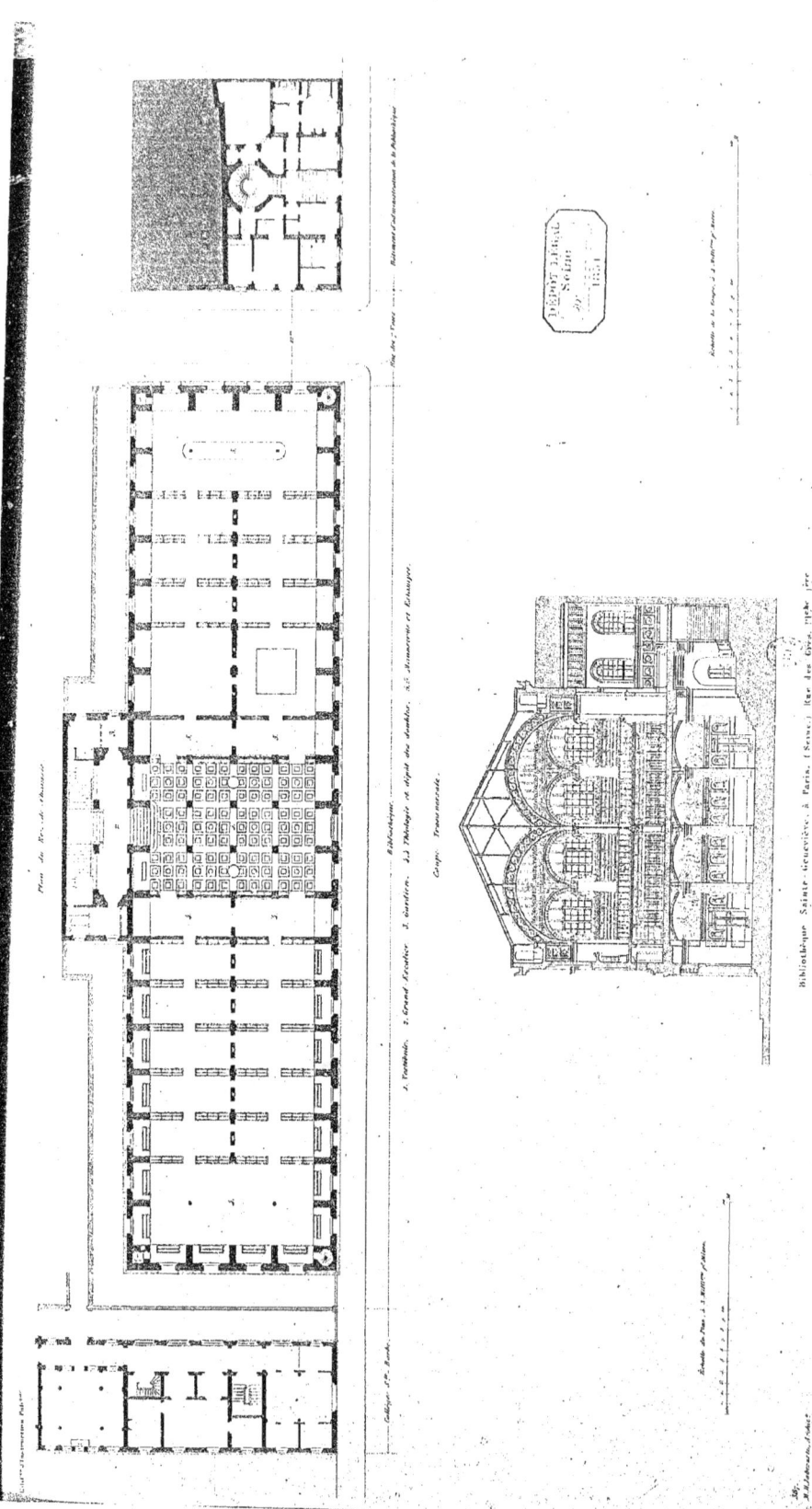

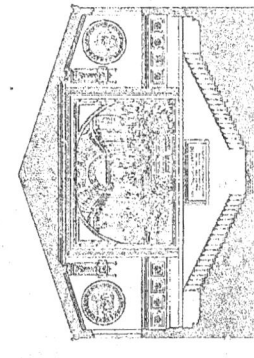

Bibliothèque Sainte-Geneviève, à Paris, Serie 3 Rue des bois, 1er 2eme
(1843 à 1850)

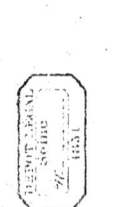

Bibliothèque Sainte-Geneviève, à Paris. (Seine.) Rue des Grès, 1er Arr. 5ème
(Mai 1850.)

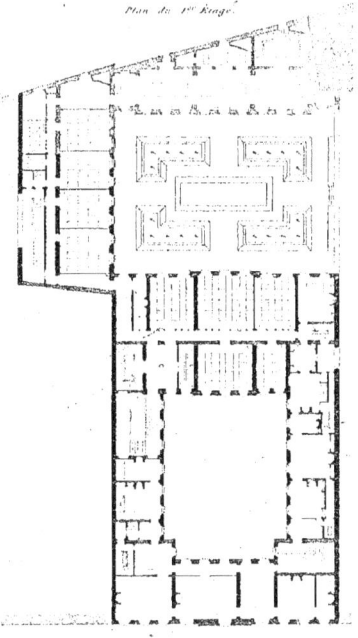

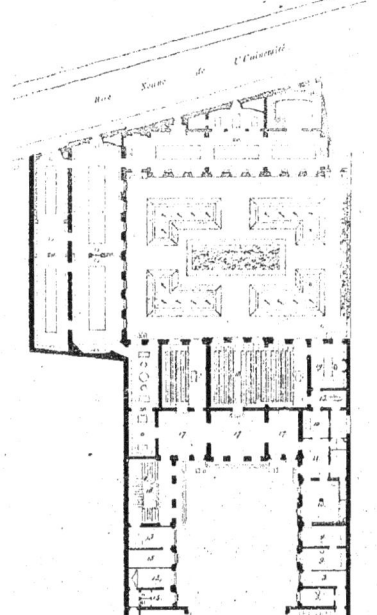

École Royale des Ponts et Chaussées, à Paris. (Seine.)
(1846.)

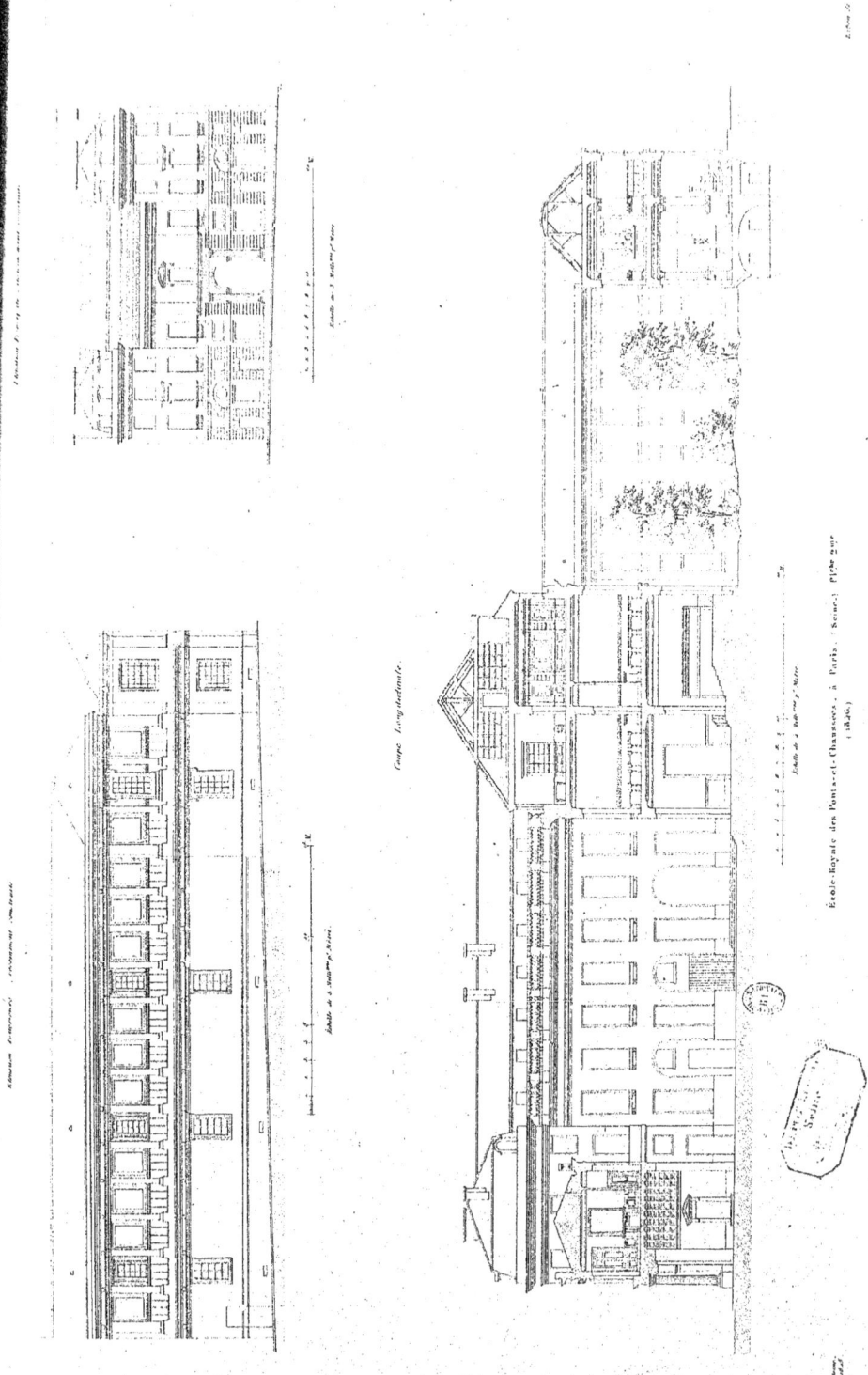

Institution Royale des Jeunes Aveugles à Paris. (Seine) pl. 16. f. 1er.— Plan Général à Rez-de-Chaussée.
(1846)

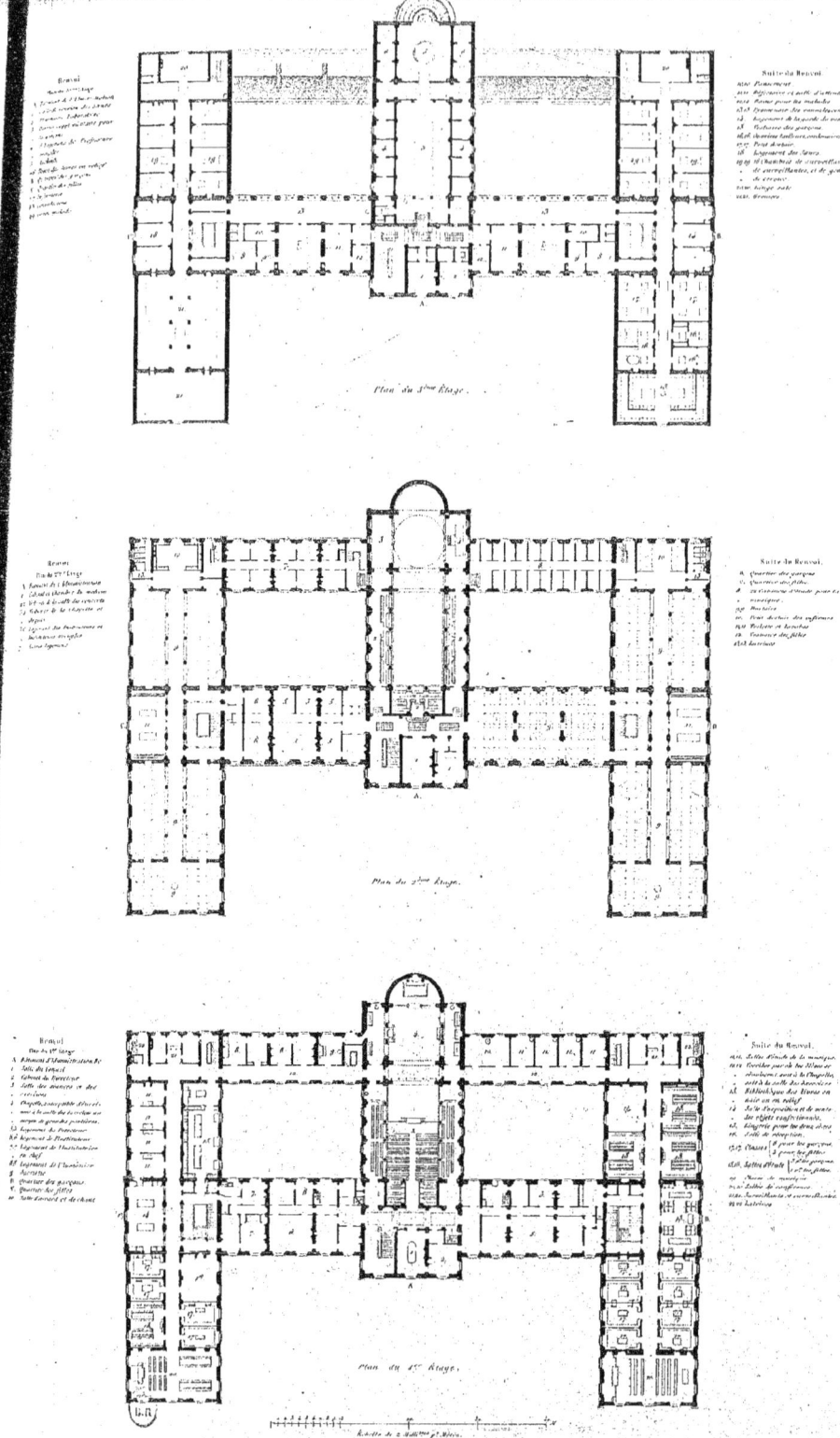

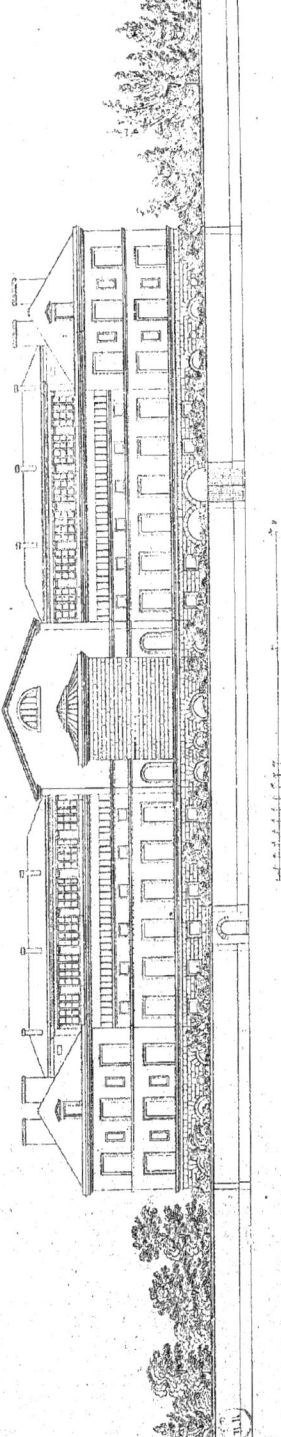

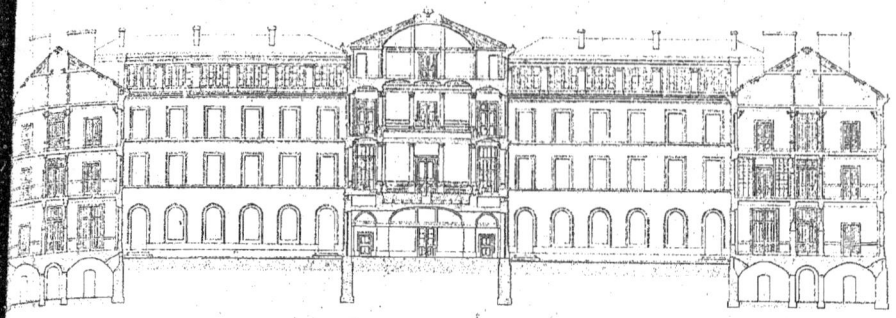

Coupe Transversale au droit de la Salle d'Assemblée en regardant l'Entrée.

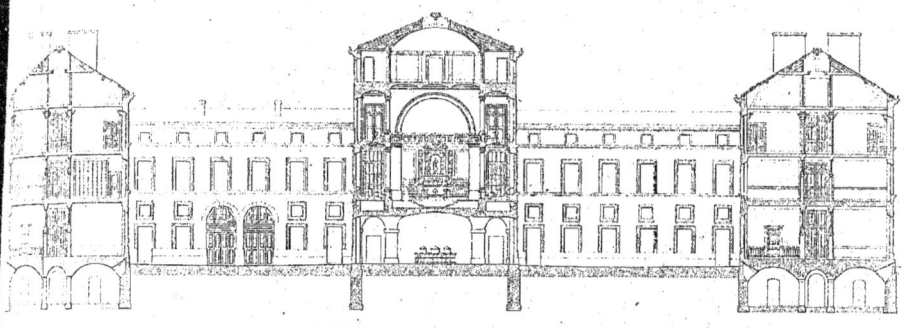

Coupe Transversale au droit de la Salle d'Assemblée en regardant la Chapelle.

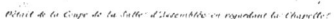

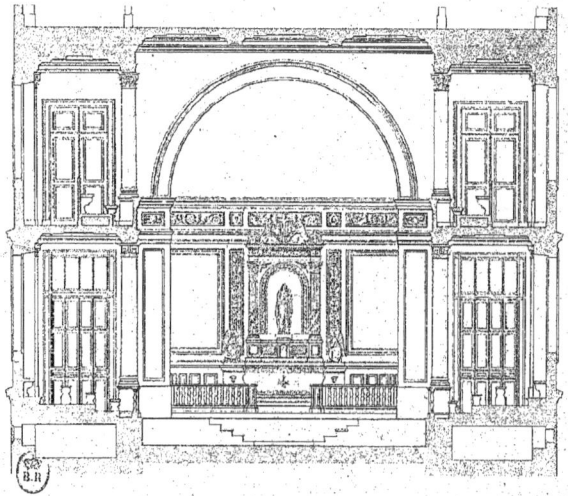

Détail de la Coupe de la Salle d'Assemblée en regardant la Chapelle.

Institution Royale des Jeunes Aveugles, à Paris. (Seine.) Pl.ch 4ème (1846)

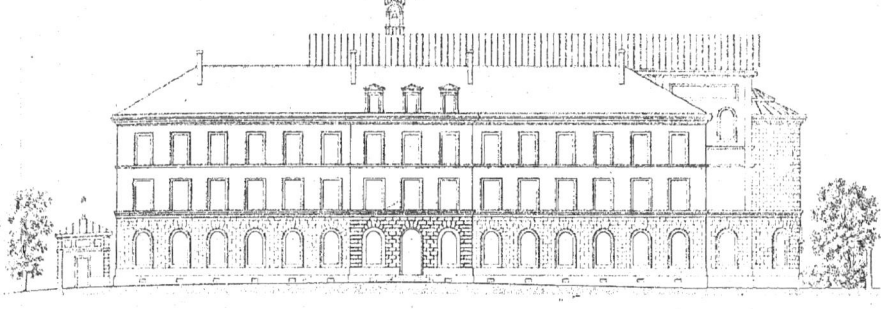

*Élévation latérale.*

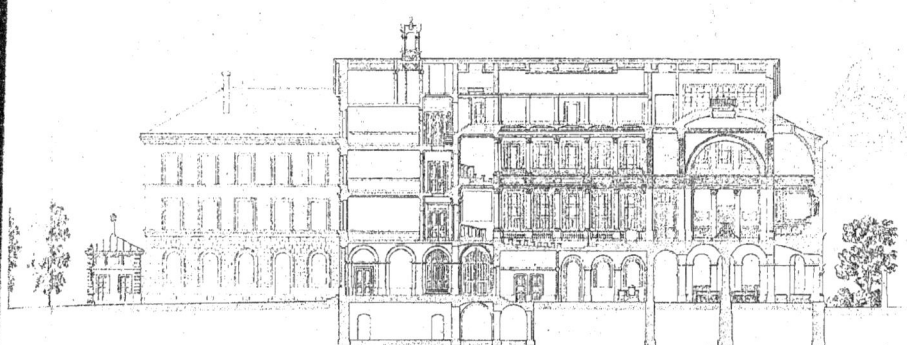

*Coupe dans l'axe principal passant par la Salle d'Assemblée et la Chapelle.*

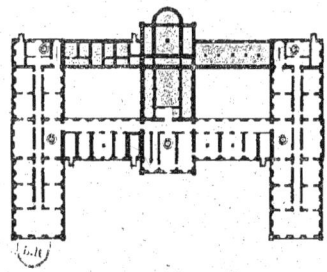

*Plan des Caves.*

Institution Royale des Jeunes Aveugles, à Paris. (Seine.)

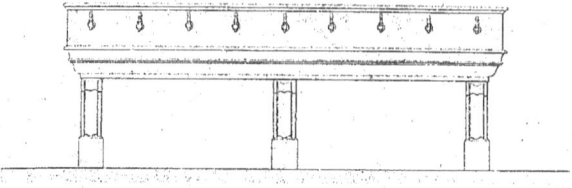

Lavabos dans les réfectoires, en marbre blanc.

Élévation.

Plan.

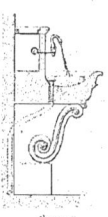

Coupe.

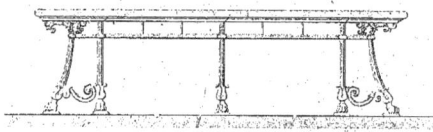

Tables des réfectoires en marbre, les pieds en fonte.

Élévation.

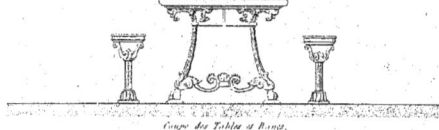

Coupe des Tables et Bancs.

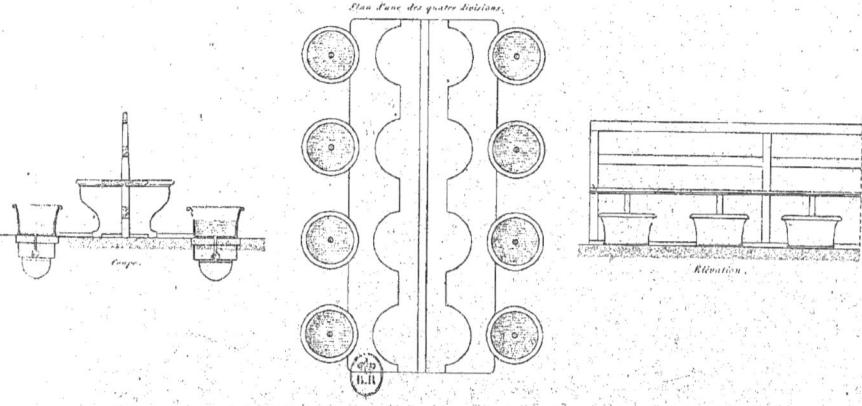

Bains de pieds dans la salle de Bains.
Plan d'une des quatre divisions.

Coupe.

Élévation.

Institution Royale des Jeunes Aveugles, à Paris (Seine).
(1846).

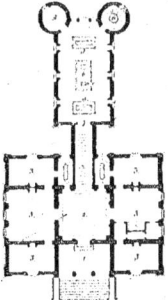

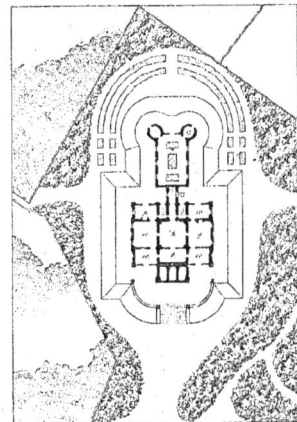

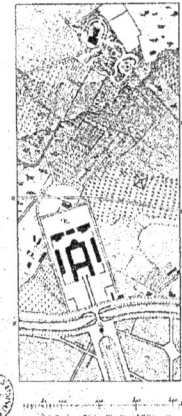

Observatoire à Toulouse (Haute-Garonne)

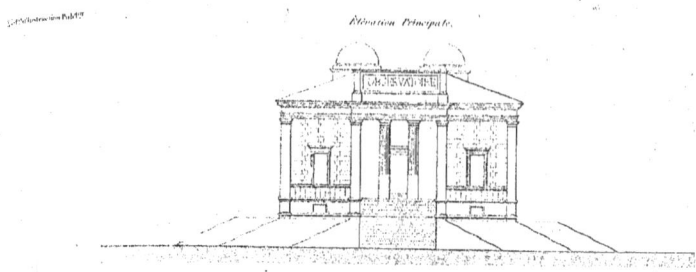
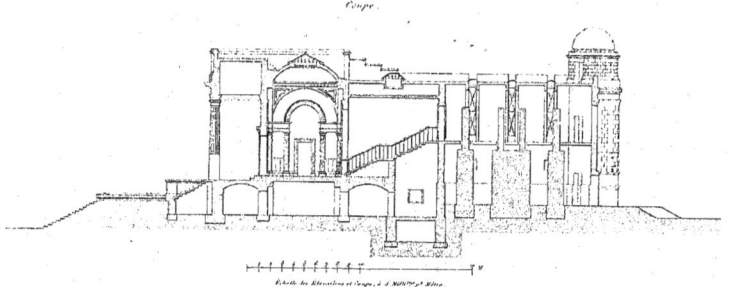
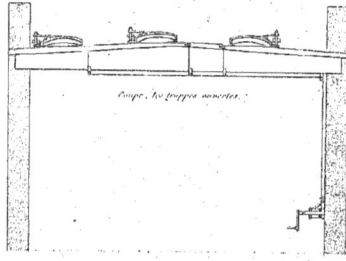
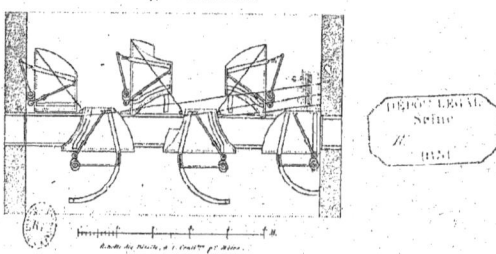

Observatoire à Toulouse (Haute-Garonne)

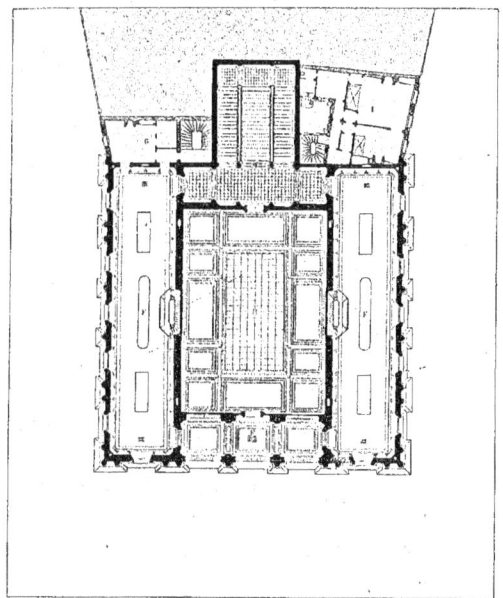

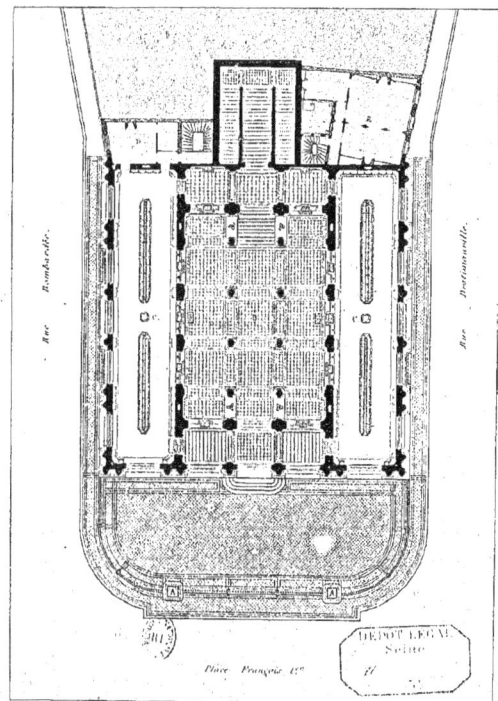

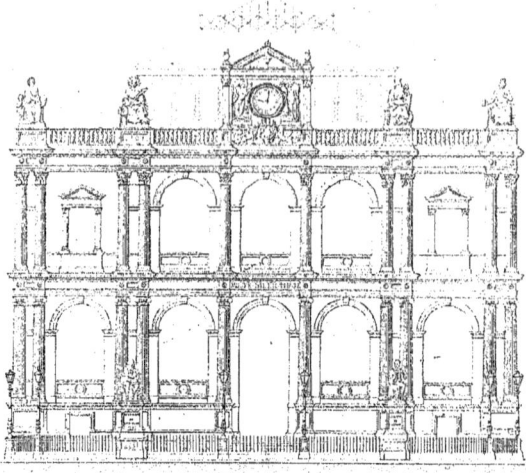

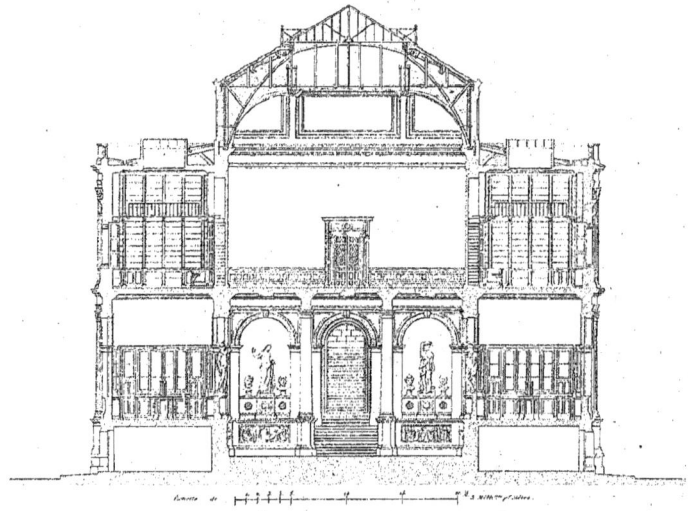

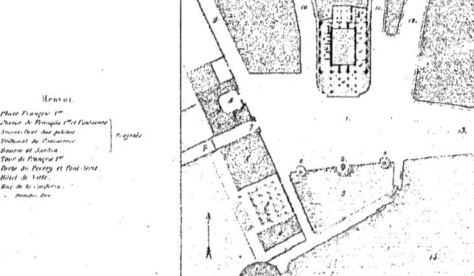

Élévation Latérale.

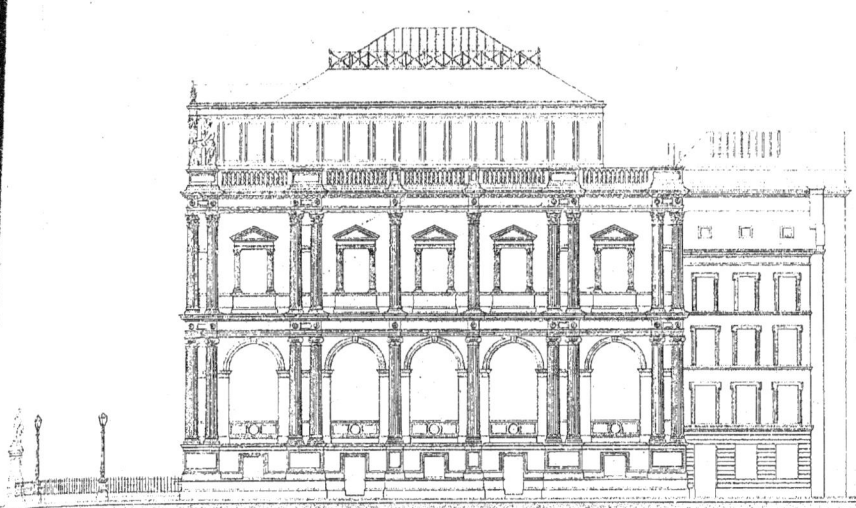

Coupe Longitudinale.

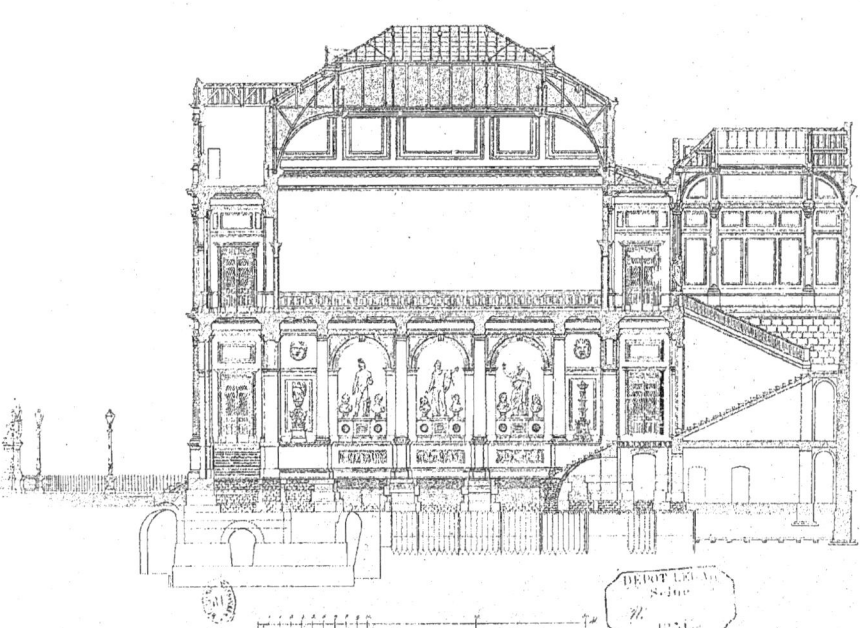

Musée-Bibliothèque construit au Havre. (Seine-Inférieure.)
(1845.)

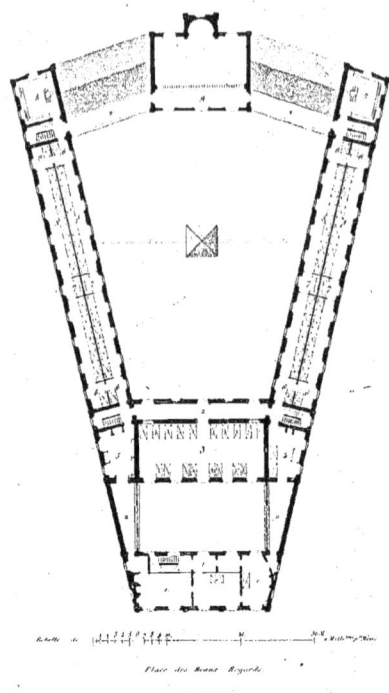
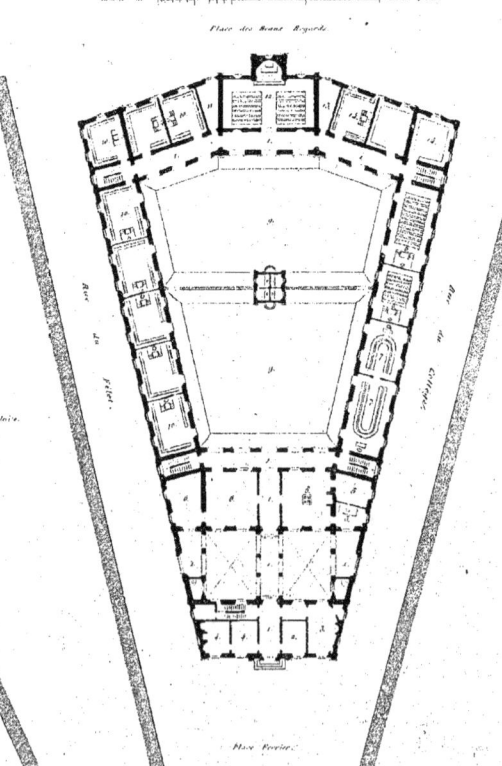

Collège à St-Lô (Manche). Pl. 1ère (1843.)

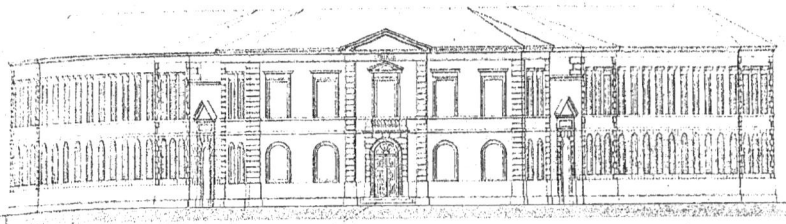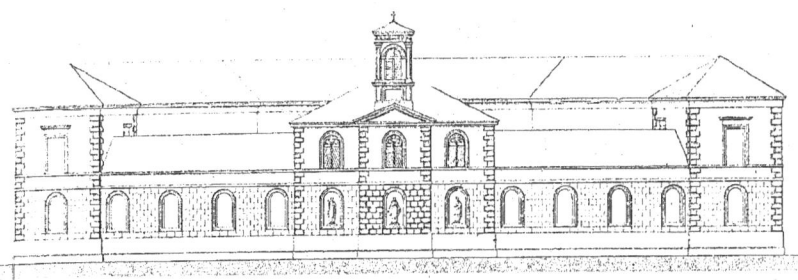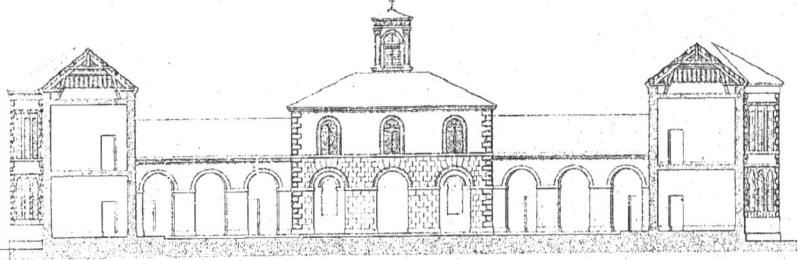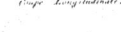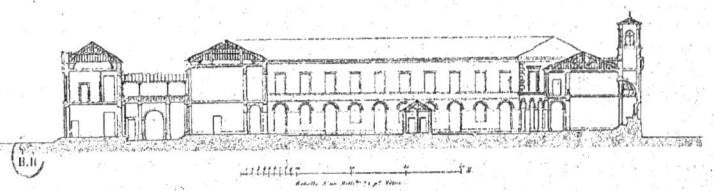

Collège à St-Lô (Manche)
(1845)

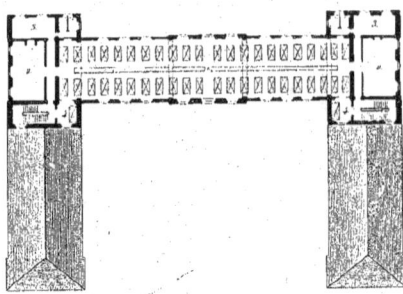

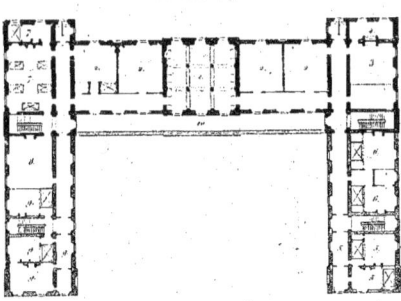

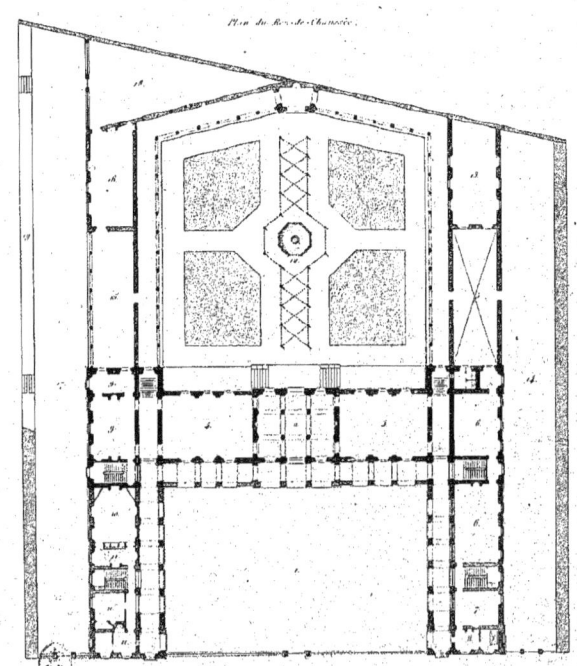

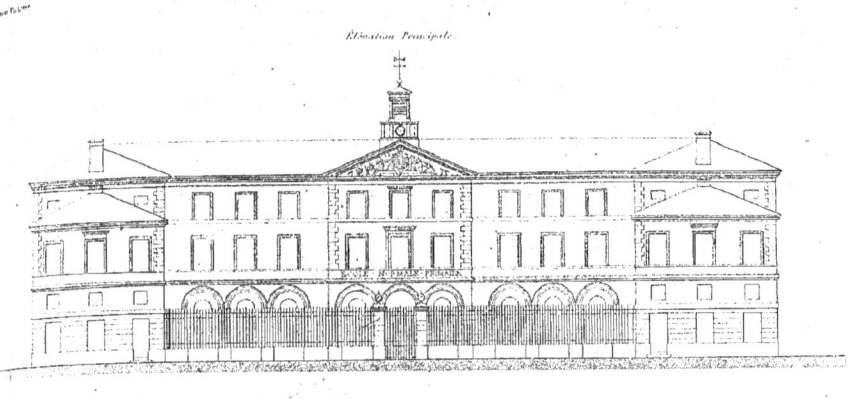

*Élévation Principale.*

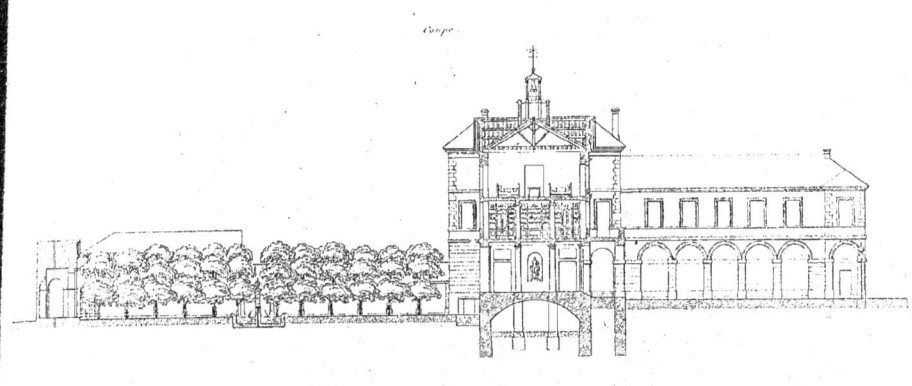

*Coupe.*

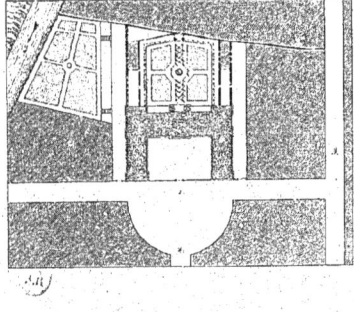

*Plan Général.*

École Normale Primaire construite à Mayenne. (Orne.) Pl. 2.
(1832).

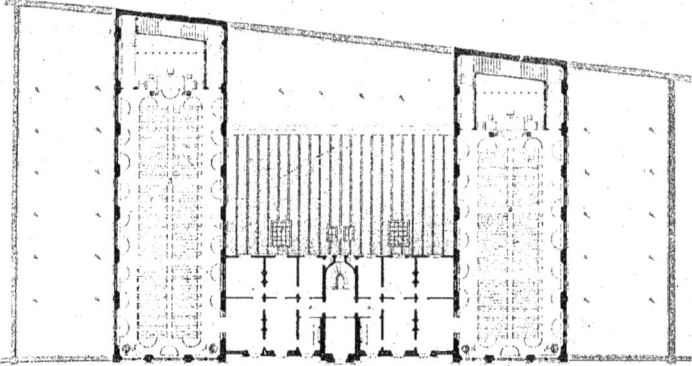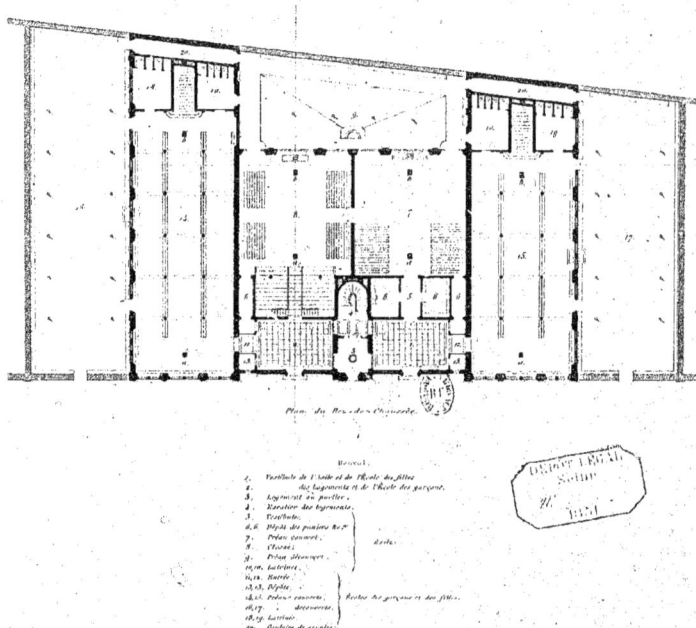

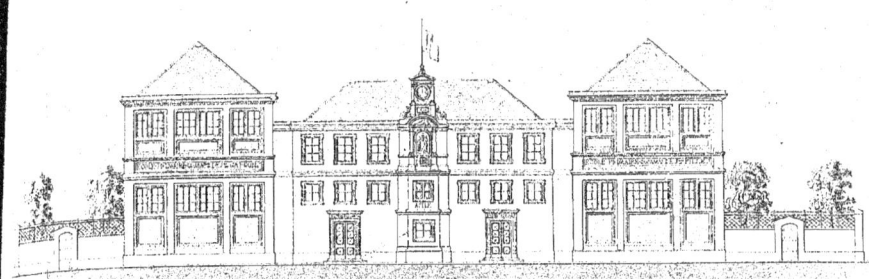

*Face Principale.*

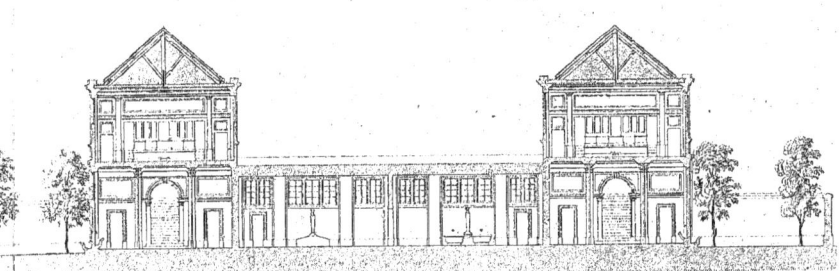

*Coupe Transversale.*

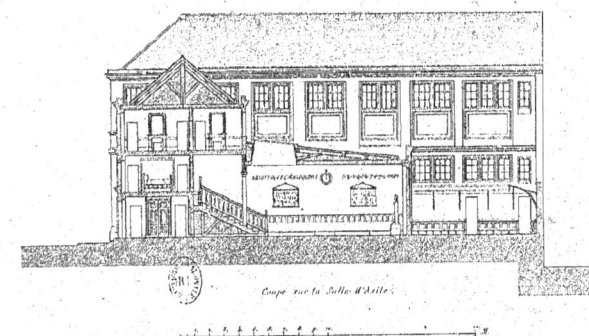

*Coupe sur la Salle d'Asile.*

Écoles Communales et Salle d'Asile, à Paris, (Seine) (Rue de Charonne)
(1844)

— 17 —

# CINQUIÈME SECTION.

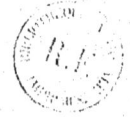

## ÉDIFICES SANITAIRES.

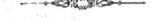

### HOSPICE DE LAROCHEFOUCAULD,
A MONTROUGE (SEINE);

Par M. VIEL, en 1781, et M. HUVÉ, en 1823, architectes.

2 planches numérotées 40 et 41.

Cet hospice, dont la partie principale a été exécutée en 1781 sur les projets et sous la direction de M. Viel, architecte des hospices et hôpitaux de Paris, a été augmenté et complété, à partir de 1823, par M. Huvé, également architecte des hospices, actuellement membre de l'Institut et membre honoraire du conseil général des bâtiments civils.

### HOSPICE GÉNÉRAL,
A NANTES (LOIRE-INFÉRIEURE);
Par MM. DOUILLARD frères, architectes.

1832 à 1836.

4 planches numérotées 311, 312, 313 et 314.

On sait que la partie principale de la ville de Nantes est située sur la rive droite de la Loire. L'hospice dont il s'agit ici occupe la pente d'un coteau sur la rive opposée, à l'extrémité des trois ponts qui réunissent les deux rives et les îles intermédiaires.

Ce grand établissement reçoit une population d'environ 1,500 individus, répartis à peu près comme il suit :

| | | | |
|---|---|---|---|
| Aliénés des deux sexes | | 550 | |
| Malades | idem | 70 | |
| Infirmes | id. | 180 | |
| Vieillards | id. | 360 | 1400 |
| Pensionnaires | id. | 50 | |
| Sourds-muets | id. | 40 | |
| Orphelins | id. | 150 | |
| Administration, aumôniers, service de santé, sœurs et frères hospitaliers et employés | | 100 | |

La dépense totale des constructions s'est élevée à environ 1,530,000 fr.

### ASILE DÉPARTEMENTAL D'ALIÉNÉS,
DANS L'ANCIENNE CHARTREUSE,
A DIJON (CÔTE-D'OR);
Par M. PAUL PETIT, architecte du département.

1840 à 1842.

3 planches numérotées 346, 347 et 348.

La chartreuse de Dijon avait été fondée, à la fin du XIVe siècle, par Philippe le Hardi, duc de Bourgogne, et Marguerite de Flandres, sa femme. Leurs statues ornent encore le portail de l'ancienne chapelle, lequel, de toutes les constructions primitives, subsiste seul avec le célèbre piédestal de Croix, dit le *Puits des Prophètes* ou *de Moïse*. Ces œuvres remarquables de sculpture sont dues à Claux Sluter, Flamand, et à Anthoniet, Français, *ymagiers*, qui ont travaillé aussi au tombeau des ducs de Bourgogne à Dijon. Elles ont été restaurées par notre habile statuaire M. Jouffroy.

D'autres bâtiments moins anciens ont été appropriés pour l'établissement de l'asile, et il y a été ajouté diverses constructions nouvelles, de façon à loger trois cents aliénés des deux sexes.

La dépense s'est élevée à près de 500,000 fr.

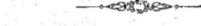

### ASILE D'ALIÉNÉS,
A LAFOND, PRÈS LA ROCHELLE (CHARENTE-INFÉRIEURE);
Par M. BROSSARD, architecte du département.

1824.

1 planche numérotée 175.

Depuis que cette planche a été gravée, cet établissement a reçu des modifications et des augmentations considérables.

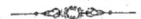

## QUARTIER DE FEMMES ALIÉNÉES,

### DANS LA MAISON DE SANTÉ,

### A CHARENTON (SEINE),

Par M. LEROUX (feu), architecte.

### 1823.

2 planches numérotées 43 et 44.

La maison de santé établie en l'an x, à Charenton-Saint-Maurice, pour le traitement des aliénés en état de payer une pension plus ou moins considérable, ne se composait primitivement que de bâtiments anciens et dont la distribution ne répondait aucunement à cette destination.

En 1823 on reconstruisit le quartier des femmes, suivant les dispositions indiquées par les deux planches que nous donnons ici, dispositions qui étaient celles adoptées alors pour ces sortes d'établissements.

Mais, depuis, de nouvelles dispositions ont été reconnues nécessaires; un projet de reconstruction de la totalité de la maison de santé de Charenton a été rédigé, d'après ces dernières dispositions, par M. Gilbert aîné, architecte, et exécuté en tout ce qui concerne le quartier destiné aux hommes.

La partie destinée aux femmes doit être exécutée ultérieurement à la place du quartier dont nous donnons ici l'indication.

Nous regrettons que l'important projet de M. Gilbert ne soit pas exécuté dès à présent dans son ensemble, et qu'il ne nous ait pas été possible de le comprendre dans notre publication.

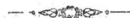

## ÉTABLISSEMENT THERMAL,

### A PLOMBIÈRES (VOSGES);

Par M. GRILLOT, architecte du département.

### 1800 à 1844 et années antérieures.

2 planches numérotées 305 et 306.

Cet établissement se compose de plusieurs bâtiments détachés, en partie assez anciens et dont quelques-uns sont dus au roi Stanislas. Nous avons cherché à en faire connaître l'ensemble et la situation tant par un petit plan topographique que par une vue pittoresque.

Indépendamment des travaux d'amélioration et d'appropriation exécutés à différentes époques dans les anciens bâtiments, M. Grillot a particulièrement fait construire le bain dit des Romains, parce qu'il occupe l'emplacement d'un bassin de construction romaine. Il est établi sur le pavé même de cette ancienne construction, au milieu et en contre-bas de la rue principale.

Au-dessous règne un réservoir contenant plus de 100 mètres cubes d'eau à la température de 62 degrés centigrades, et que l'abondance de la source permet de renouveler en vingt-quatre heures.

Le pavé en marbre des Vosges est chauffé par cette eau même, et entretient une température convenable dans la salle d'attente et dans les vingt-six cabinets qui l'entourent.

Les murs de ce bâtiment sont entièrement construits en pierre; le comble et les couvertures sont en fer, ainsi que les portes et les croisées.

Cette construction a coûté 50,000 fr., plus 8,000 fr. pour les baignoires en cuivre étamé, et le mobilier en fer creux.

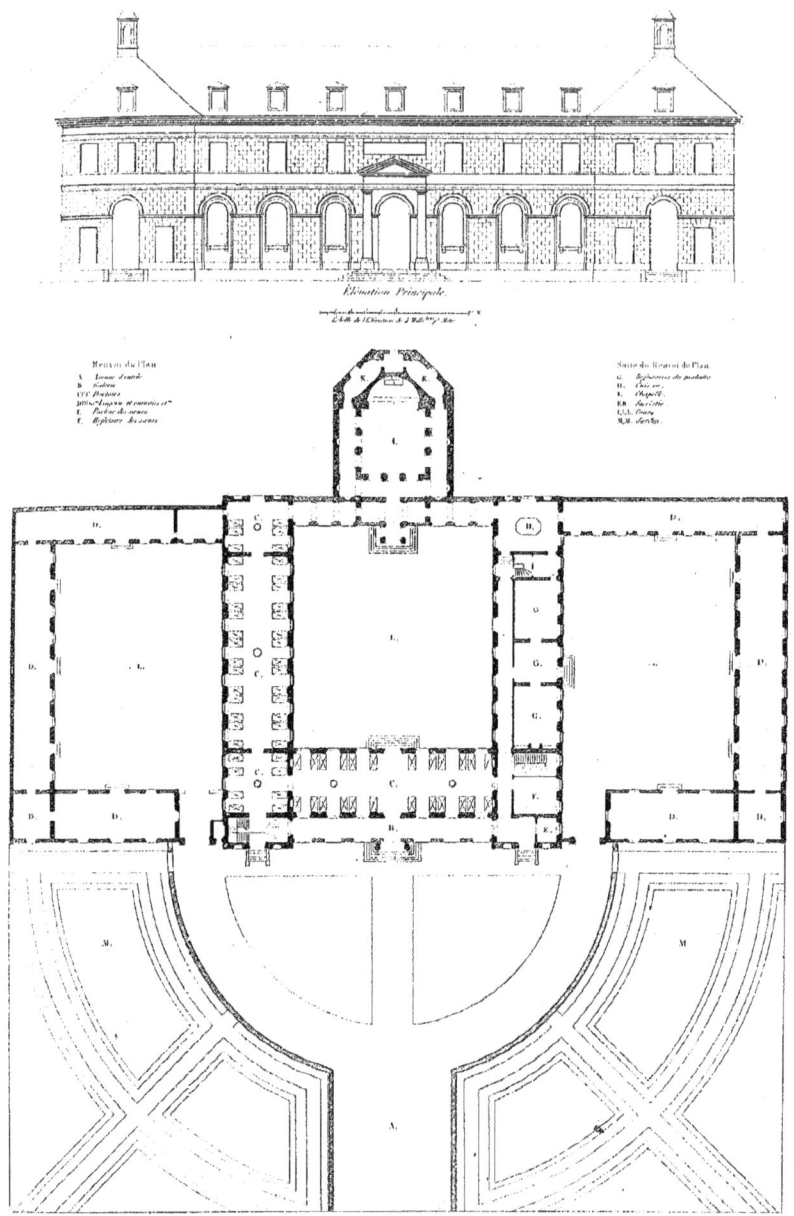

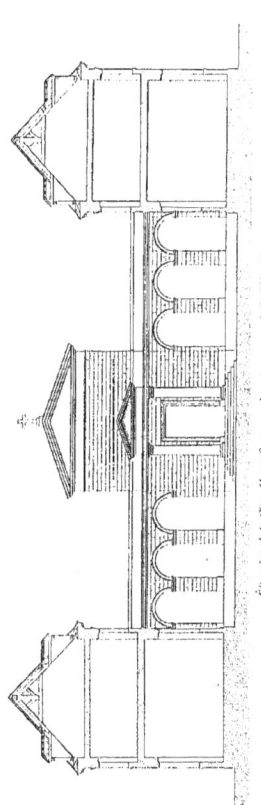
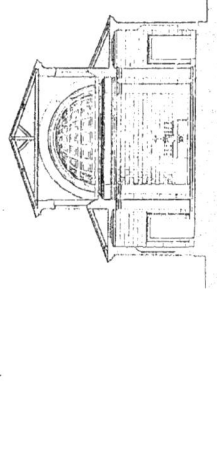
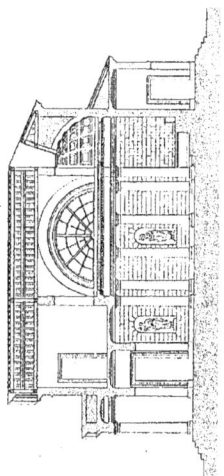

Hospice de Larochefoucauld construit à Montrouge (Seine), 1[?]re z[?]ne 1781 et 1825.

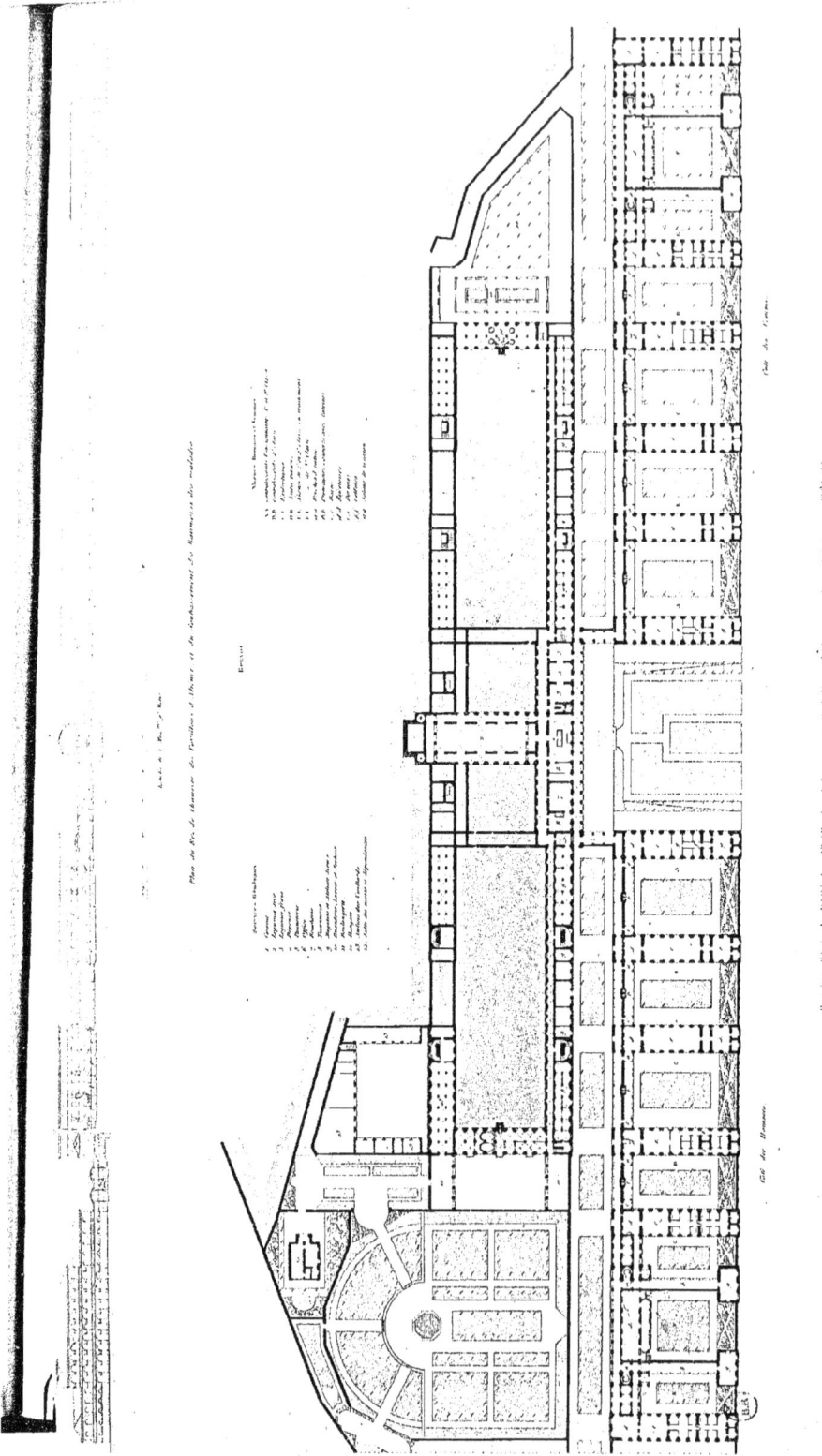

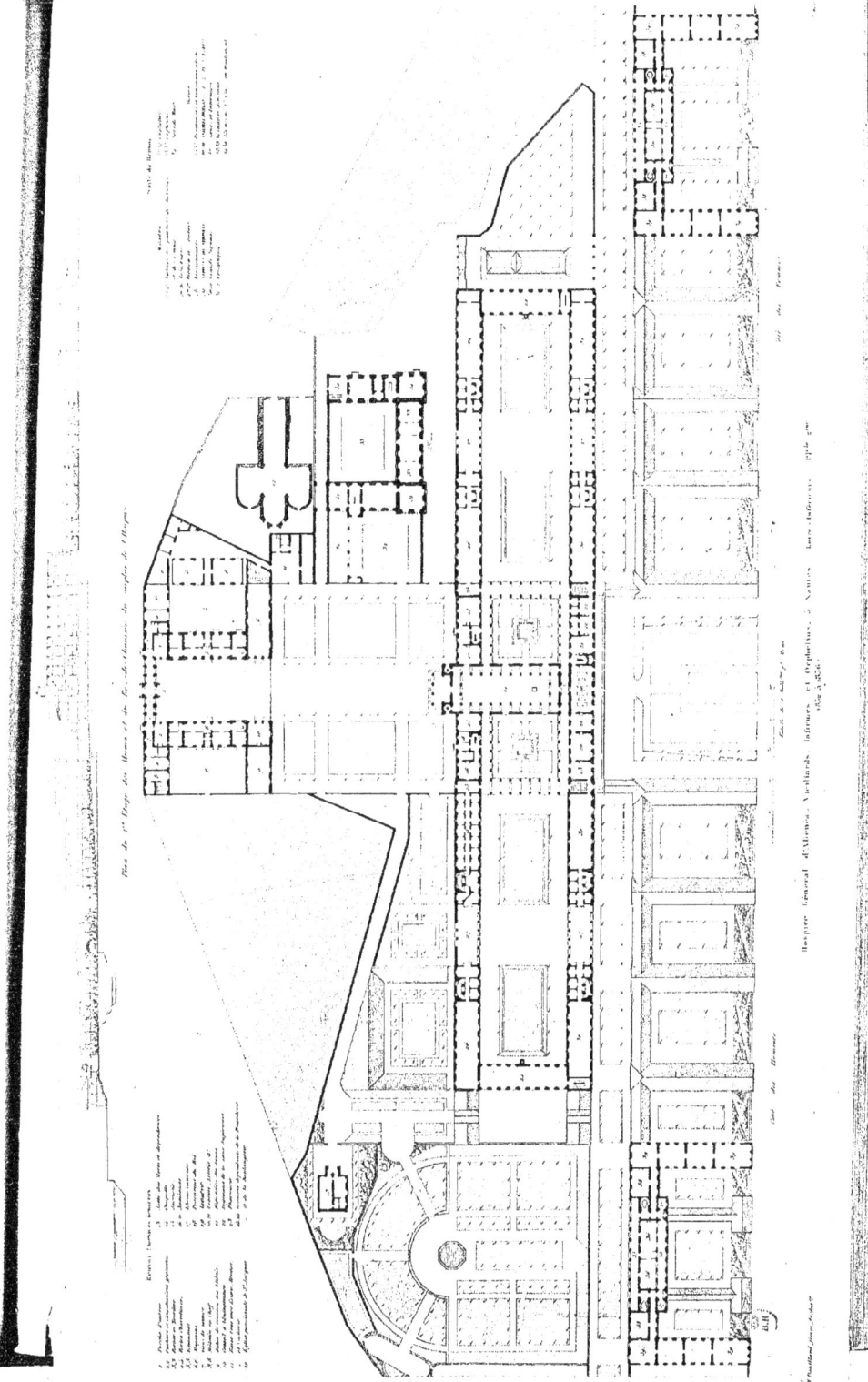

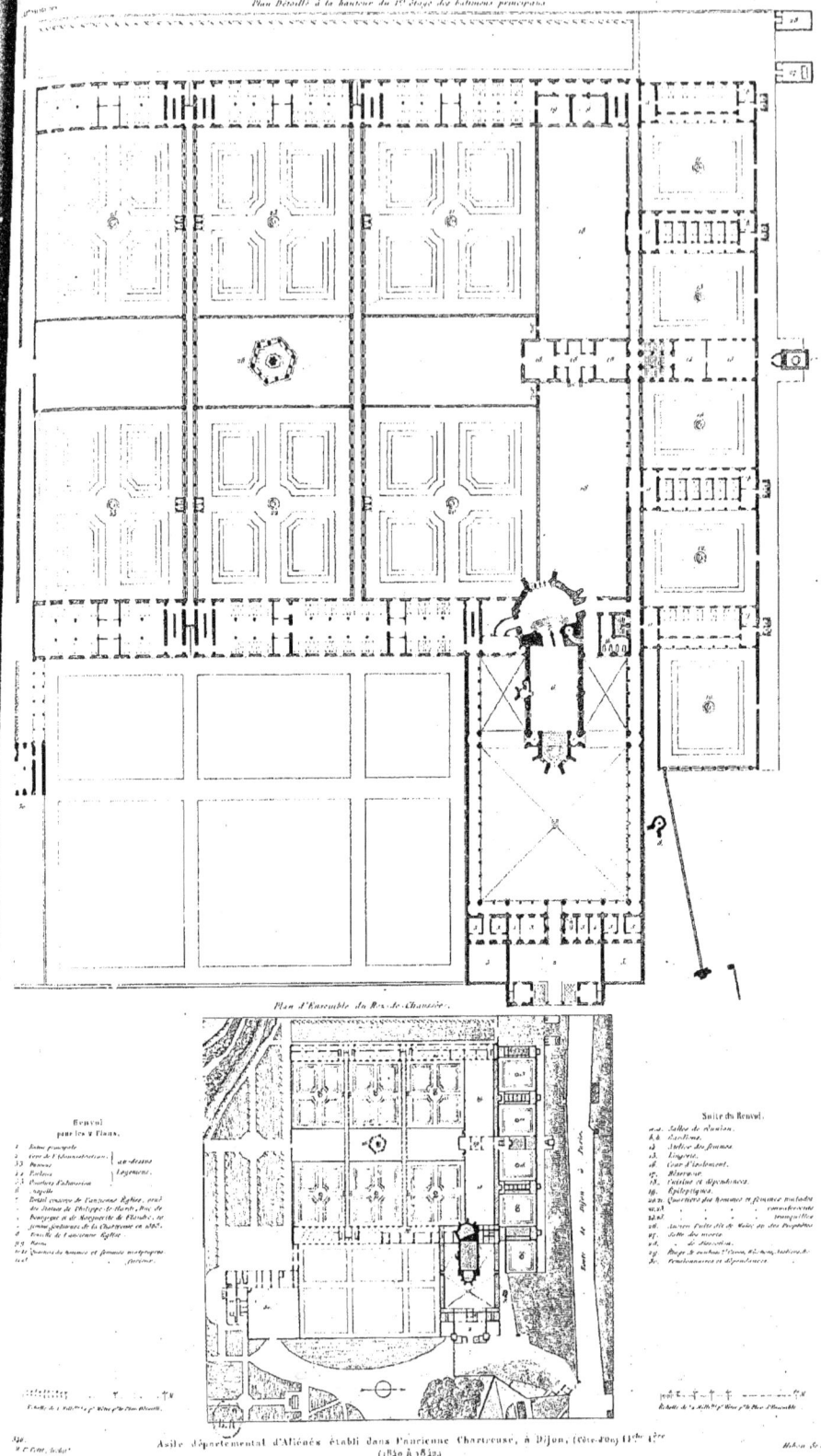

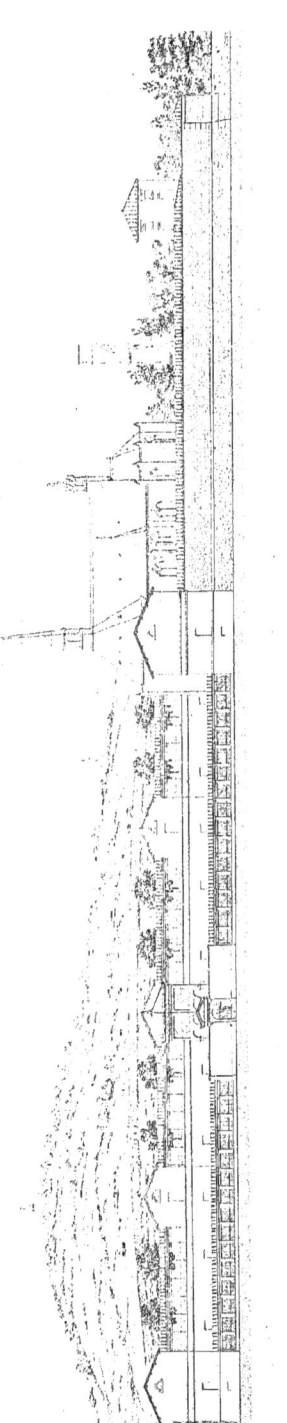

Élévation générale du côté des Jardins

Élévation générale du côté de l'entrée principale

Asile départemental d'Aliénés établi dans l'ancienne Chartreuse, à Dijon.

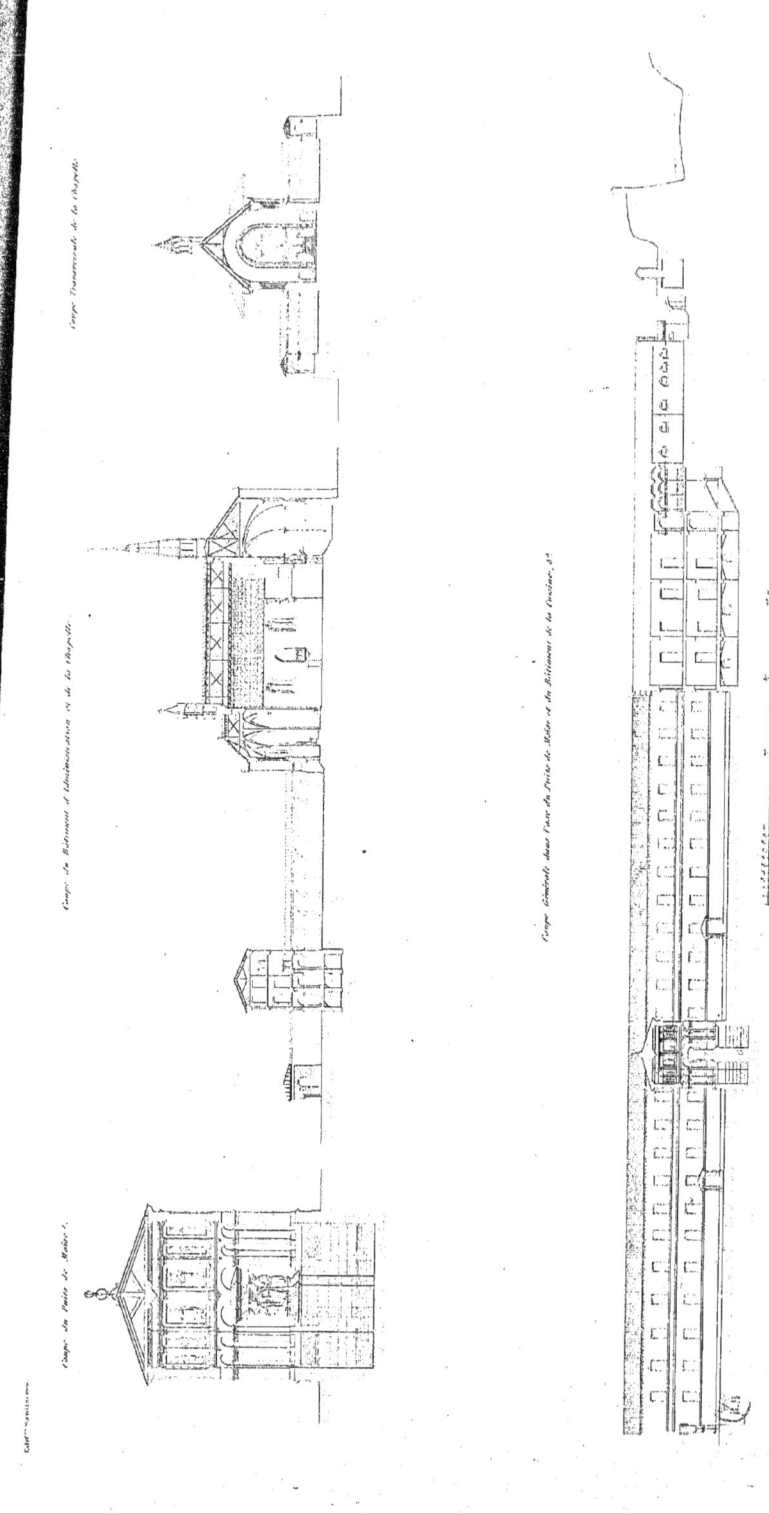

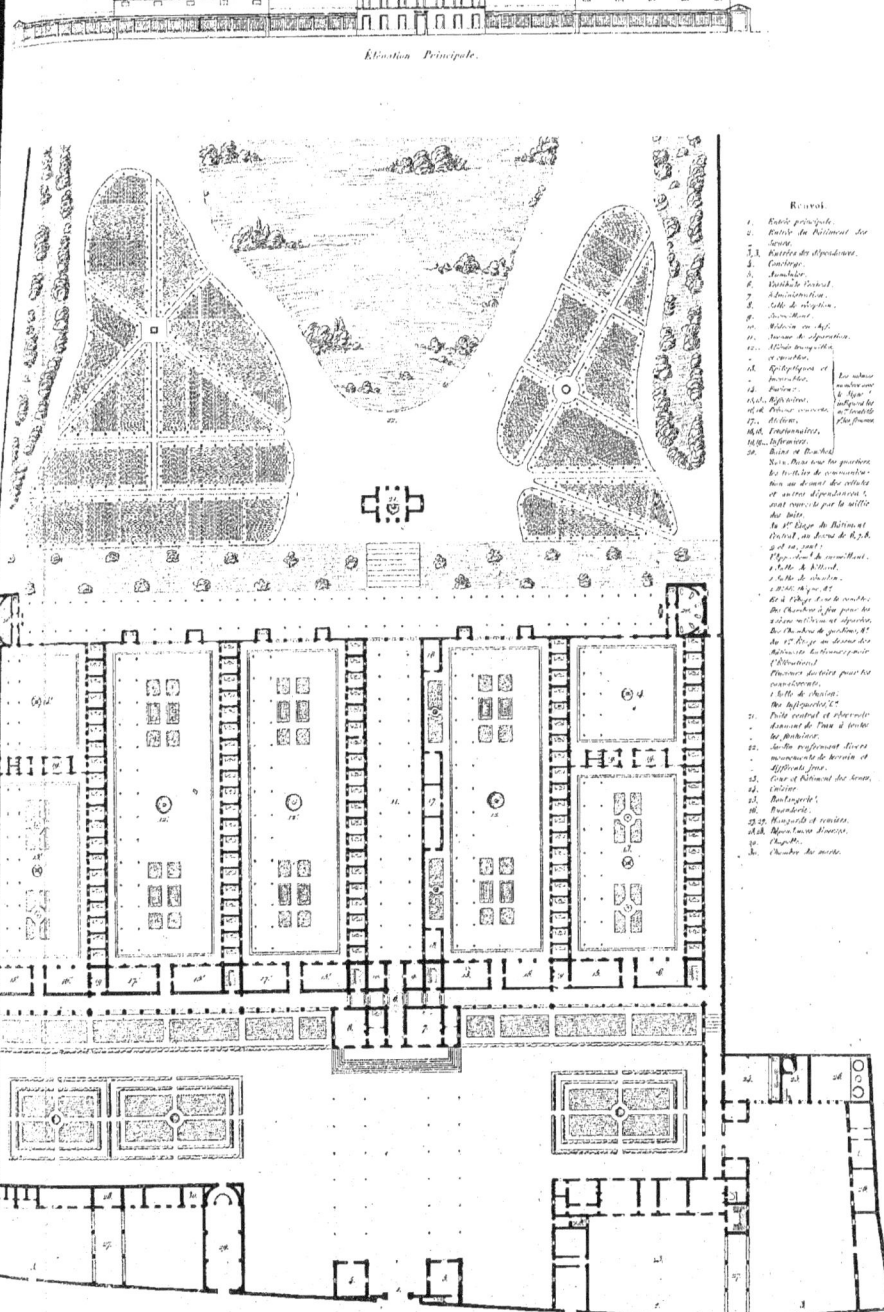

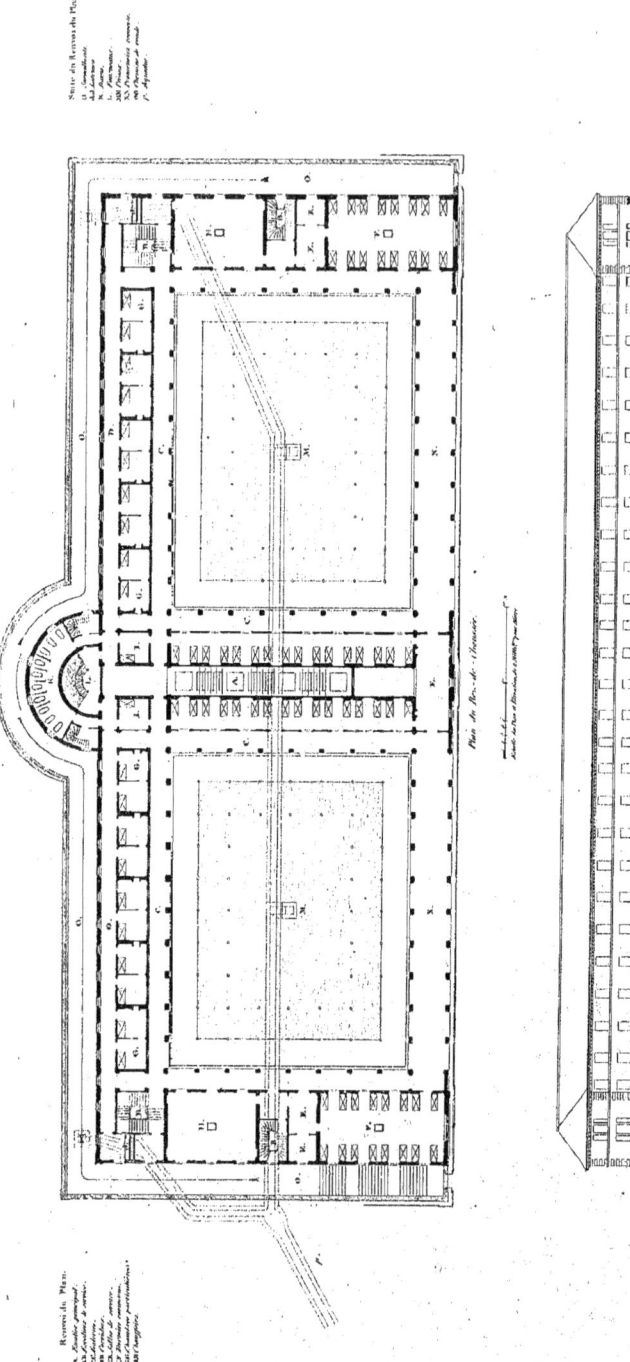

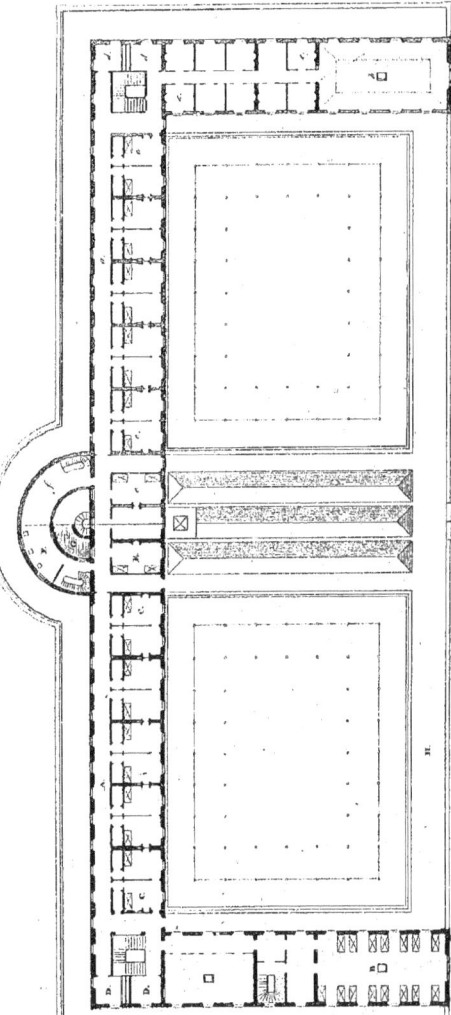
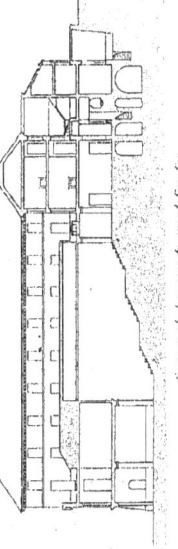
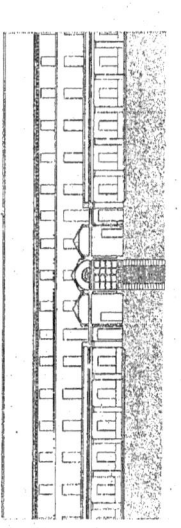

Nouveau Quartier de femmes aliénées pensionnaires exécuté dans la maison Royale de Santé à Charenton St Maurice (Seine) 1er 8bre 5em (1835).

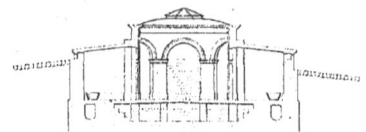

*Coupe Transversale du Bain neuf.*

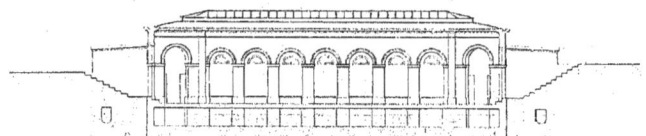

*Coupe Longitudinale.*

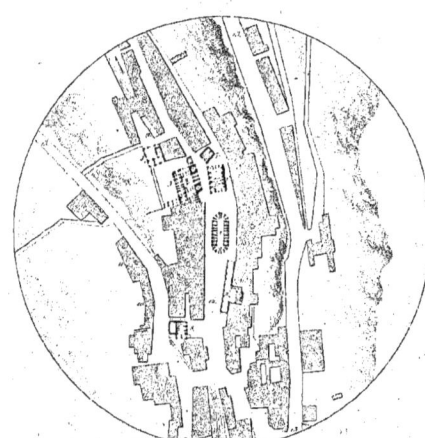

*Plan Topographique.*

**Renvoi.**
1. Bain des Dames ou des Bourgeois, actuellement reconstruit.
2. Boudoir et source du Crucifix, qui alimente le précédent Bain.
3. Bain Royal, reconstruit en 1812.
4. Pavillon des peintres avec petit bain.
5. Source du pavillon des peintres.
6. Bain tempéré, reconstruit en 1792.
7. Bain et source dite des Capucins.

**Suite du Renvoi.**
8. Bain dit des Dames, actuellement en reconstruction.
9,9. Hôtels de l'Angleterre, en construction, découverts en 1842.
10. Source découverte probable.
11. Source thermale (dite chaude).
12. Grande Rue de Plombières.
13,13,13,13. Route Royale de Besançon à Metz.

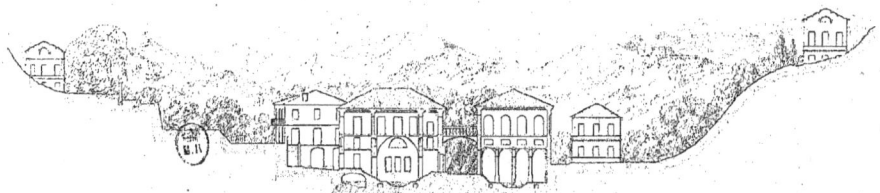

*Coupe générale prise au droit du Bain royal et du Bain tempéré.*

Établissement Thermal à Plombières. (Vosges) Pl. 1re
(1800 à 1844 et années antérieures)

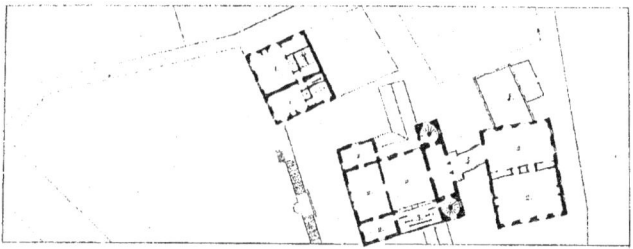

Plan détaillé du 1er Étage d'une partie des Bâtiments.

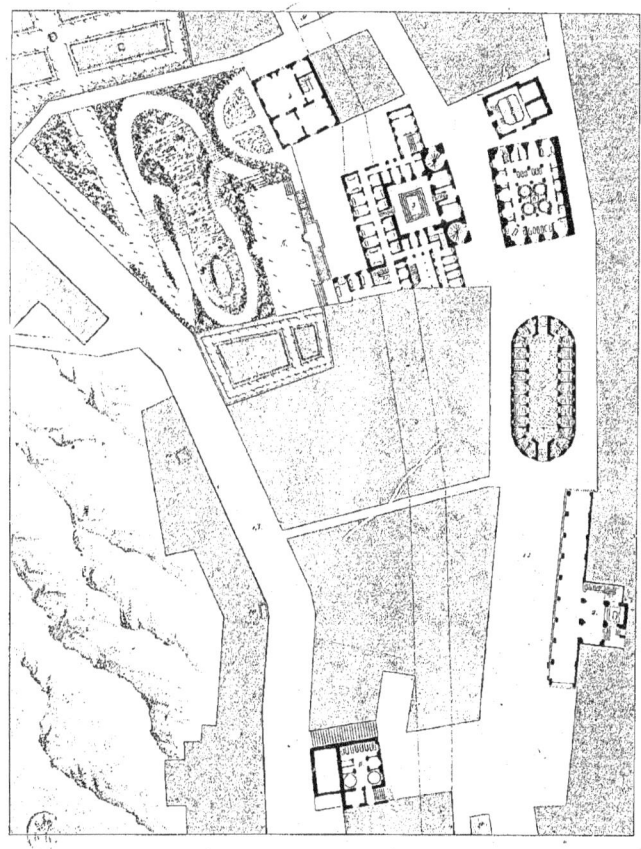

Plan détaillé du Rez-de-Chaussée.

Établissement Thermal à Plombières (Vosges).

# SIXIÈME SECTION.

# ÉDIFICES D'UTILITÉ PUBLIQUE.

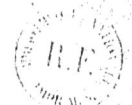

## GRENIERS DE RÉSERVE,

A PARIS (SEINE), BOULEVARD BOURDON,

### 1807 à 1848;

Par **M. DELANNOY**, architecte, décédé membre de l'Institut; remplacé successivement, en 1830, par **M. CARISTIE**, actuellement membre et vice-président du Conseil; en 1837, par **M. GOURLIER**, alors rapporteur et actuellement membre et secrétaire du Conseil; et à partir de 1839, par **M. JAY**.

2 planches numérotées 365 et 366.

A propos de l'*Abattoir de Villejuif* (classé à la section correspondante du premier volume de cet ouvrage), nous avons déjà eu occasion de mentionner l'importante coopération de feu M. Bruyère, comme *directeur des travaux publics*, de 1810 à 1820, à la création du vaste ensemble d'*édifices publics* dont la conception est due aux premières années de l'empire, et nous avons également cité l'ouvrage remarquable publié par M. Bruyère sous le titre d'*Études relatives à l'art des constructions* (Paris, 1823). Il y a donné (premier volume, deuxième recueil) les dessins des *Greniers publics et Halles aux grains* des principales villes de France et d'Italie (en grande partie d'après les documents que lui avait fournis M. Jay), et notamment les dessins des *Greniers* dont il s'agit ici, tels qu'ils avaient été primitivement projetés par M. Delannoy. Nous ne pouvons mieux faire que d'extraire du texte intéressant qu'il donne également sur cet important sujet, ce qui suit, en ce qui concerne spécialement les greniers de Paris :

« Les travaux des greniers de Paris, ordonnés par un décret, ont été commencés en 1807, et M. Cretet, ministre de l'intérieur, en posa la première pierre le 26 décembre de la même année.

» ... Suivant le projet primitif, ils devaient être élevés de six étages (y compris celui des combles) au-dessus du rez-de-chaussée, et contenir environ 25,000 mètres cubes de blé, approvisionnement qui, réuni à celui des farines à placer à rez-de-chaussée, était considéré comme pouvant suffire à la consommation de Paris pendant deux ou trois mois.

» ... Le rez-de-chaussée devait être voûté (comme le sont les caves), et avoir 6 mètres 50 centimètres de hauteur... Le sol, dont une partie avait formé autrefois le lit de la Seine, étant très-vaseux du côté de la rivière, présentait une résistance inégale qui exigeait de grandes précautions ; et, faute de les avoir prises, l'édifice a éprouvé dans cette partie un mouvement très-sensible, malgré le peu de hauteur qu'il a maintenant.

» ... On a employé 5 millions à élever l'édifice au point ou on le voit ; et cette dépense aurait doublé si le projet primitif avait pu recevoir son exécution, puisque la dernière estimation était de 9,600,000 fr.

» En 1814, époque à laquelle les travaux étaient suspendus, les constructions faites consistaient dans les fondations, les voûtes des caves et une partie des murs du rez-de-chaussée. Les voûtes restèrent toujours exposées aux pluies qui les pénétraient et auraient fini par les détruire. En 1816, le ministre de l'intérieur m'ayant fait connaître que les circonstances ne pourraient permettre d'assigner des fonds suffisants pour donner aux travaux une activité convenable, je me déterminai à lui représenter la nécessité d'établir promptement une couverture pour garantir les voûtes. J'ajoutai quelques considérations sur le peu d'utilité d'un approvisionnement de grains dans l'intérieur de Paris, et sur le besoin qu'on éprouvait de concentrer dans un même établissement les dépôts de farine disséminés dans les différents quartiers. Enfin, je terminai en proposant d'arrêter l'édifice à la hauteur actuelle; et comme les fonds n'auraient pas permis d'achever assez promptement les murs extérieurs, j'indiquai le moyen d'établir les couvertures sur des points d'appui provisoires, en se réservant de construire les murs un peu plus tard.

» Ce parti a été adopté, et les travaux ont été exécutés avec succès (1). J'avais eu, en le préférant, un autre motif sur lequel j'ai gardé le silence à cette époque ; c'était la nature du sol, dont j'ai rendu compte plus haut, et qui, à moins de changer les fondations d'une partie de l'édifice, rendaient l'exécution du projet très-hasardeux, si ce n'est même impossible, à en juger par la continuation des effets du tassement. »

M. Bruyère, après avoir rendu compte des effets obtenus, pour la conservation des grains, de leur enfouissement dans des

---

(1) Les greniers de Paris, dans leur état actuel, peuvent contenir 45,000 sacs de farine, ce qui équivaut à la consommation de cette ville pendant un mois. (*Note de M. Bruyère.*) — Par ordonnance de police du juillet 1836, l'approvisionnement obligé dans les greniers de réserve a été porté, pour les 601 boulangers de Paris, à 77,190 sacs.

*greniers souterrains*, *fosses* ou *silos*, tant en France qu'en divers autres pays, ainsi que de diverses expériences spéciales à ce sujet, faites par ses soins à Paris, et notamment dans les caves des greniers dont il s'agit, ajoutait quant à ces caves :

« On les a utilisées jusqu'à présent en y renfermant quelques vins ; mais il conviendrait mieux, si cela était possible, de les faire servir à contenir des grains, et c'est dans cette vue que j'y avais fait établir une petite fosse d'essai. »

Les vues de M. Bruyère à cet égard ont été remplies d'une autre manière, ainsi qu'on va le voir par l'extrait suivant d'une Note que nous devons à l'obligeance de notre confrère M. Jay, architecte actuel de cet établissement (1) :

« L'étendue du dépôt des farines ayant été reconnue insuffisante, l'administration municipale décida, en 1840, qu'il serait avisé à son agrandissement... Il fut question d'abord de le surélever de plusieurs étages ; mais l'énorme dépense qui en serait résultée, et les tassements qui s'étaient manifestés me firent penser que l'on pourrait peut-être utiliser les caves au même usage que les autres étages, si toutefois on parvenait à les assainir. Je proposai des essais à ce sujet, et je ne tardai pas à convaincre l'administration de la possibilité d'atteindre le but qu'on se proposait, tout en obtenant une économie considérable.

» Les travaux d'*assainissement* ont consisté, 1° dans le percement de nouveaux soupiraux et dans l'agrandissement des anciens, tous garnis de châssis en fer, vitrés et ouvrant à volonté, de façon à procurer tout le jour et l'air nécessaires ; 2° dans l'établissement, sur toute l'étendue du sol des caves, d'un massif en béton hydraulique, de 18 centimètres d'épaisseur, comprimé à la batte, d'une couche de bitume de 15 millimètres, et d'un plancher en frises de sapin sur lambourdes, de façon en même temps à intercepter l'humidité du sol, à empêcher l'introduction des rats et à faciliter le mouvement des sacs de farine et leur conservation ; 3° dans le revêtement des murs et piliers au moyen d'un lambris à claire-voie ; 4° dans la construction de cinq escaliers en pierre communiquant des caves au rez-de-chaussée ; 5° dans l'ouverture, au travers des voûtes et de chaque plancher au-dessus, de quatre passages avec treuils ; 6° dans le ravalement et le rejointoyement des murs et voûtes des caves, afin d'en enlever la poussière et les insectes ; 7° dans la formation, au pourtour des bâtiments, de vastes préaux pavés ; 8° enfin, dans la construction de pavillons de gardiens, grilles de clôture sur les voies publiques environnantes, fontaines et branches d'égout.

» Ces divers travaux, achevés en 1848, ont coûté 451,555 fr., compris les frais de direction.

» On avait proposé en outre d'isoler entièrement les murs extérieurs des caves des terrains environnants ; mais jusqu'ici, ainsi que cela résulte des procès-verbaux des visites faites par les facteurs de la vente en gros et par les syndics des boulangers, l'expérience a prouvé que les travaux exécutés étaient entièrement suffisants pour empêcher l'introduction des eaux de la Seine, de l'humidité et des insectes, et pour assurer la parfaite conservation des farines et la facilité du service.

» Le dépôt des sacs sur le sol des caves, sur celui du rez-de-

---

(1) Dans l'intervalle entre les premiers travaux d'achèvement et ceux dont il va être parlé, les bâtiments des greniers de réserve ont été affectés, en 1832, époque du choléra, à un grand hôpital temporaire, installé sous la direction de M. Gau, architecte, et qui a été alors de la plus grande utilité.

chaussée et sur les deux planchers au-dessus, a lieu sur un seul rang et occupe une surface totale de 26,182 mètres, qui, à 3 sacs et ¼ par mètre, contiennent 85,091 sacs. Ce nombre pourrait être augmenté des trois quarts en établissant un deuxième rang de sacs, ce qu'on doit le plus éviter autant que possible, d'abord sur des planchers, à moins qu'ils n'aient toute la force nécessaire, et, dans tous les cas, à cause de la moins bonne ventilation et des difficultés de service qui en résulteraient.

» Toutefois, l'approvisionnement des greniers de réserve pourrait facilement être porté à 100,000 sacs, et servir ainsi, à lui seul, aux besoins de cinquante jours, la consommation journalière étant de 1900 à 2000 sacs. Il existe d'ailleurs plusieurs autres dépôts à la douane, aux greniers à fourrage du faubourg Saint-Antoine, etc. ; qui équivalent ensemble à la consommation pendant un mois, indépendamment de ceux qui existent chez les boulangers mêmes, et qui sont à peu près de même importance.

» Si l'on voulait déterminer pour quelque autre ville l'étendue d'un grenier de réserve, on devrait nécessairement le faire en raison de sa population et du temps pendant lequel on jugerait utile d'assurer la consommation, en se servant des données qui précèdent et de celles qui suivent, sauf les variantes qui pourraient résulter des localités.

» Un sac de farine, pesant en moyenne (comme il a été dit précédemment) 159 kilogrammes, contient à peu près 157 kilogr. net.

» Il représente 2$^{hectol.}$ 50 de blé (chaque hectolitre pesant environ 80 kilogrammes, et donnant 60$^{kilog.}$ 66 de farine).

» On peut en obtenir 103 à 104 pains de 2 kilogrammes.

» Enfin, on peut le considérer comme équivalant à peu de chose près à la consommation moyenne d'un individu en une année.

» On pourra donc compter, pour une année d'approvisionnement, autant de sacs que d'individus, moitié seulement pour six mois, etc., et chaque sac occupant 0$^m$,308 de surface, il sera facile d'établir la surface totale nécessaire.

» Si, comme cela arrive quelquefois, on préférait que l'approvisionnement eût lieu non en farine, mais en blé, on pourrait statuer sur 2 hectolitres environ par individu pour une année ; et, le blé ne devant être entassé que jusqu'à 50 centimètres de hauteur lorsqu'il est nouveau, 60 centimètres au bout d'une année, 70 centimètres au bout de deux années, et jamais plus de 80 centimètres, ce sera, suivant ces différentes hypothèses, de 5 à 8 hectolitres par mètre carré, pesant de 400 à 640 kilogrammes.

» Dans un édifice de ce genre, il importe que le sol du rez-de-chaussée soit à la hauteur du dessus des essieux de voitures de transport, et que les fenêtres descendent jusqu'au sol de chaque étage, et soient garnies de persiennes à lames mobiles.

---

## ENTREPÔT POUR LES SELS, HUILES ET DENRÉES COLONIALES,

A LYON (RHÔNE).

Par M. BALTARD père (feu), architecte, membre honoraire du conseil des bâtiments civils.

### 1828.

3 planches numérotées 169, 170 et 171.

Le projet primitif de cet édifice ne comprenait que l'étage

inférieur, alors exclusivement destiné à l'entrepôt des sels, et cet étage a été entièrement exécuté en pierres inattaquables par le dépôt de cette matière. Il sert en outre à l'entrepôt des huiles.

La dépense importante exigée par cette première construction engagea la ville de Lyon à lui donner une double utilité en la faisant servir de soubassement à un deuxième étage destiné à l'entrepôt des graines, farines et denrées coloniales, et qui, en définitive, sert principalement de dépôt des consignations de farine imposées aux boulangers de la ville de Lyon.

La dépense totale s'est élevée à environ 1,200,000 fr.

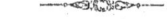

## ENTREPÔT DES LIQUIDES,

A LYON (RHÔNE);

Par M. DARDEL, architecte de la ville.

### 1838.

2 planches numérotées 288 et 289.

Les fondations sous les caves du grand bâtiment central ont été établies à 7 mètres au-dessous du sol actuel des rues environnantes, sur le gravier qui formait l'ancien lit du Rhône.

Le sol de tout le surplus de l'entrepôt a été remblayé, dans une hauteur moyenne de 4 mètres, en gravier qui, en peu de temps, est devenu incompressible et a résisté sans inconvénient à l'inondation de 1840.

Les bâtiments accessoires et la grille d'enceinte n'ont été fondés qu'à 50 centimètres de profondeur, dans le remblai en gravier, au moyen de tranchées en forme de coins de 80 centimètres de largeur dans le fond et de 1 mètre 20 centimètres dans le haut, remplies d'une couche de béton recouverte d'une assise de libages.

Ces libages sont en pierre de Villebois, ainsi que tous les soubassements; les murs au-dessus sont en moellons de Couzon, avec jambages et archivoltes des bayes en pierre de Tournu, ainsi que les archivoltes.

Les caves sont voûtées en maçonnerie ordinaire, et les magasins au moyen d'un double rang de briques à crochet posées en plâtre.

La dépense s'est élevée à environ 700,000 fr.

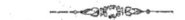

## MARCHÉ DE LA MARTINIÈRE,

A LYON (RHÔNE);

Par M. DARDEL, architecte de la ville.

### 1839.

1 planche numérotée 295.

L'exécution de ce marché a coûté environ 90,000 fr. Les colonnes sont chacune en un seul morceau de pierre de Crussol, près Valence. La couverture est en zinc.

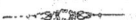

## HALLE DE DÉCHARGEMENT,

A PARIS (SEINE), RUE CHAUCHAT;

Par M. USSON, architecte.

### 1827.

2 planches numérotées 161 et 162.

Cette halle avait alors été construite pour le service de la douane qui était établie près de là; mais le transfèrement de la douane près de l'entrepôt de la place des Marais (voir la planche 277, classée au deuxième volume) a motivé l'abandon de cette halle. Les dernières travées en ont été détruites pour le prolongement de la rue Grange-Batelière, et les travées antérieures ont été utilisées pour l'établissement d'une *église protestante évangélique*, ainsi que nous l'avons fait connaître par la planche 326, classée à la fin de la 1<sup>re</sup> section de ce volume.

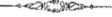

## HALLE,

A CASTRES (TARN);

Par M. LEBRUN (feu), architecte.

### 1830.

1 planche numérotée 110.

Cette petite halle est bâtie sur le bord d'un cours d'eau et en tête d'une place publique dont les constructions uniformes ont été établies par la ville.

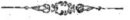

## ABATTOIR,

A ORLÉANS (LOIRET);

Par M. PAGOT (feu), architecte du département.

### 1823.

1 planche numérotée 46.

En raison d'excavations provenant d'anciennes carrières, la profondeur des fondations de cet abattoir a varié de 4 à 18 mètres.

Les murs en élévation ont été entièrement construits en pierres de diverses natures, dures dans les parties inférieures et tendres pour la partie supérieure.

La totalité des dépenses s'est élevée à 270,000 fr.

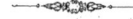

## DÉPÔT D'ÉTALONS,

A SAINT-LÔ (MANCHE);

Architectes: MM. BOISNARD, architecte du département, et JOLLIVET, inspecteur des bâtiments à des haras, etc.

### 1846.

2 planches numérotées 367 et 368.

Une partie des bâtiments de cet établissement existait anciennement.

Le pavillon d'administration, dont le projet avait été rédigé par M. Jollivet, inspecteur des bâtiments des haras, a été exécuté par M. Doisnard, alors architecte du département, qui a fait exécuter également sur ses propres projets les bâtiments destinés aux palefreniers, et l'agrandissement et appropriation des grandes écuries. Ces divers travaux se sont élevés à environ 225,000 fr.

Récemment M. Doisnard a été chargé de la rédaction de projets qui ont pour but d'augmenter de beaucoup l'étendue et l'importance de ce dépôt d'étalons, de déplacer le boulevard latéral à l'effet de réunir à l'établissement même les dépendances qui en sont actuellement incommodément séparées par ce boulevard, d'y construire un manége, etc.

# NOUVEAU QUARTIER,

A MULHOUSE (HAUT-RHIN);

Par MM. FRIES et STOTZ, architectes; le premier actuellement architecte de la ville de Strasbourg.

## 1826 à 1828.

1 planche numérotée 307.

Ce quartier, dont la fondation a d'abord été projetée par M. Nicolas Kœchlin, a été exécuté par une société d'actionnaires sous la raison Meriau, Kœchlin, Dollfuss et compagnie.

Le bâtiment principal, situé au milieu de la partie postérieure de ce quartier, est occupé par la société industrielle de Mulhouse, et par plusieurs autres établissements publics.

Le surplus des constructions est occupé par les principaux commerçants et autres habitants.

Élévation nouvelle

Plan

Échelle de 4 mètres p.r. mm.

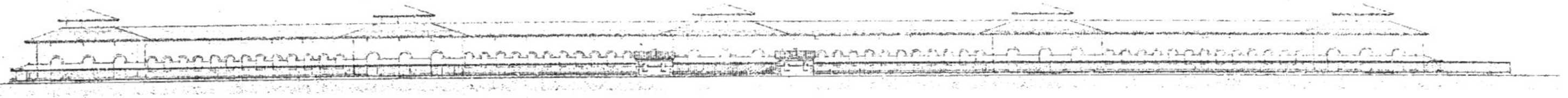

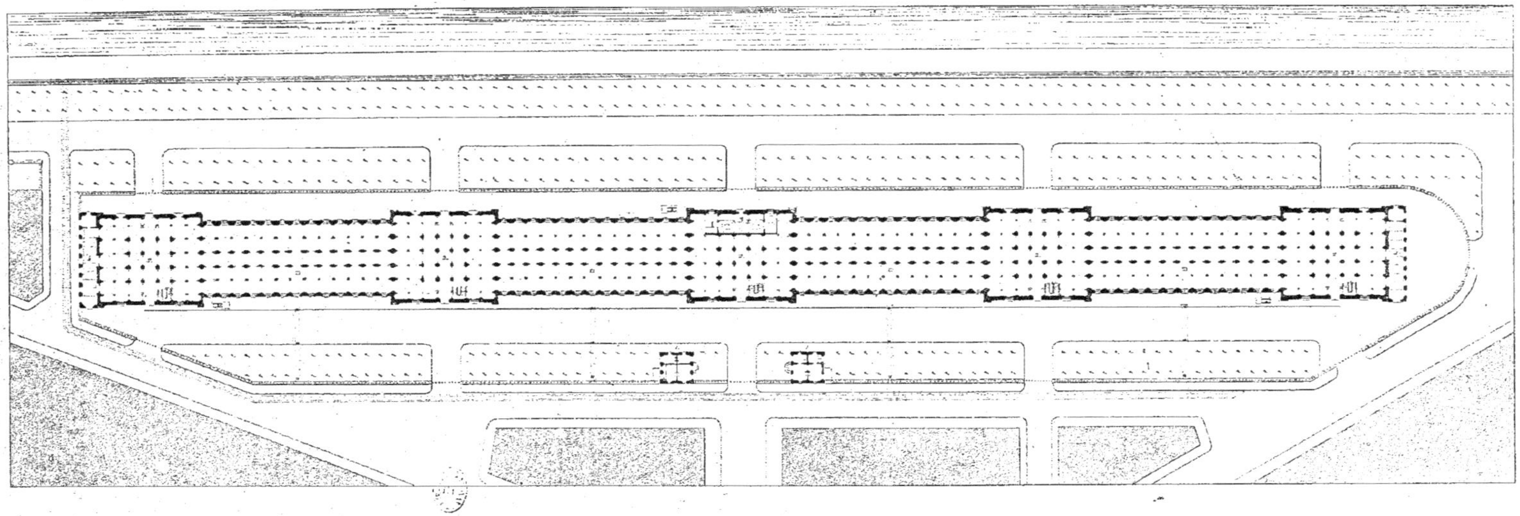

Renvois.
A Escaliers de service.
B Banques de chargement et déchargement.
C Latrines.
D Passeaux à l'étage inférieur.

Greniers de Réserve construits à Paris (Seine), Plate-forme (1807 à 1847).

Entrepôt pour les Sels, Grains, Farines et Denrées Coloniales, construit à Lyon. (Rhône) 9bre 1836.

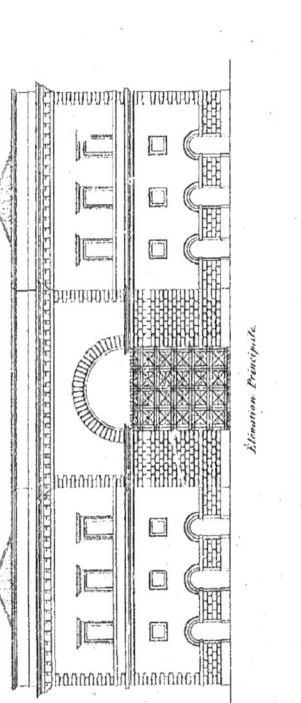

Élévation Principale.

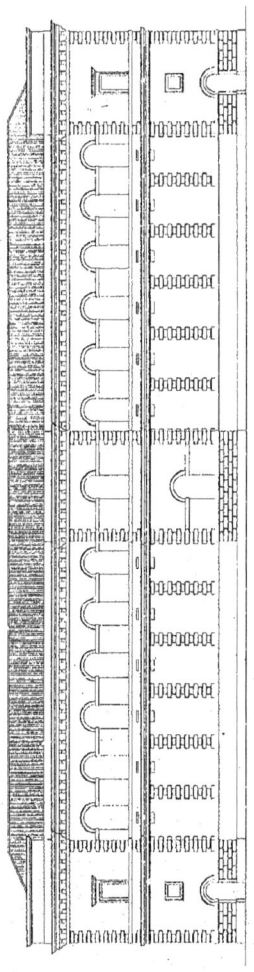

Élévation Latérale.

Entrepôt pour les Sels, Grains, Farines et Denrées Coloniales, construit à Lyon. (Rhône.) 1828.

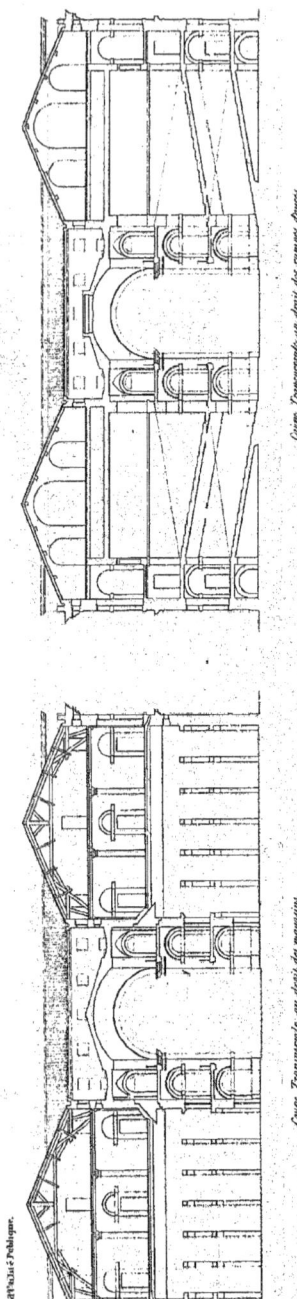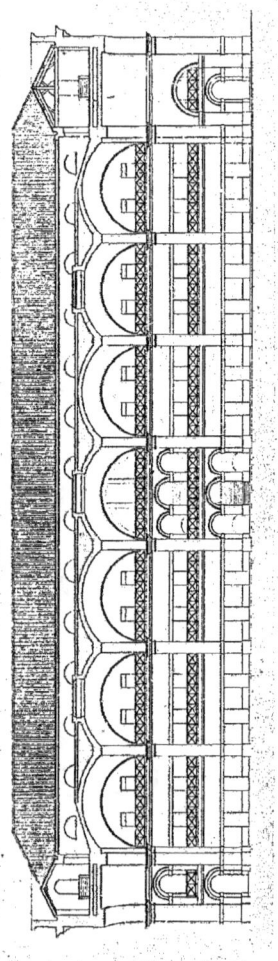

Entrepôt pour les Sels, Graines, Farines et Denrées Coloniales, construit à Lyon. (Rohault frère $S^{eur}$) (1848)

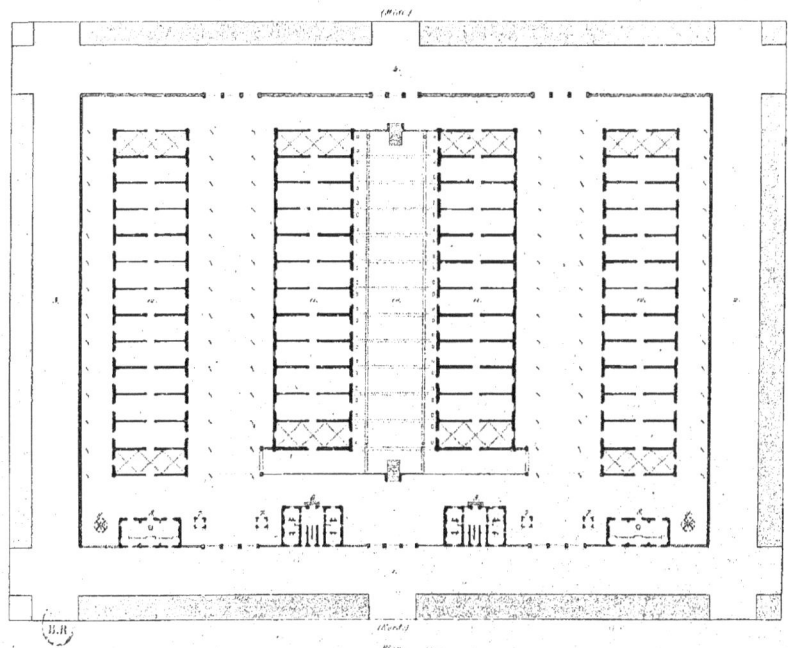

Entrepôt des Liquides construit à Lyon (Rhône).
(1858.)

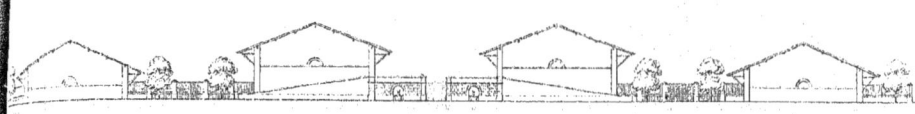

Élévation intérieure au devant des Pavillons.

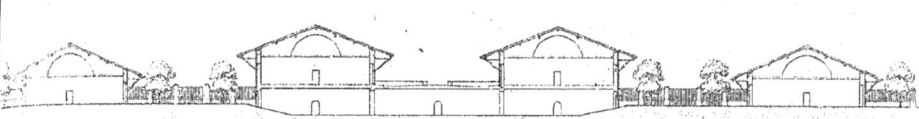

Coupe Longitudinale.

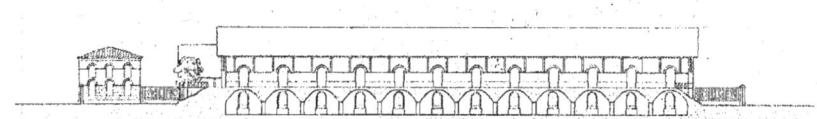

Coupe Transversale.

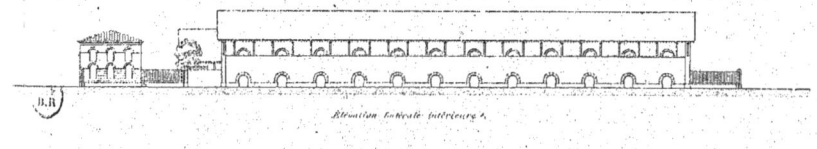

Élévation latérale intérieure.

Entrepôt des Liquides construit à Lyon. (Rhône.)
(1838)

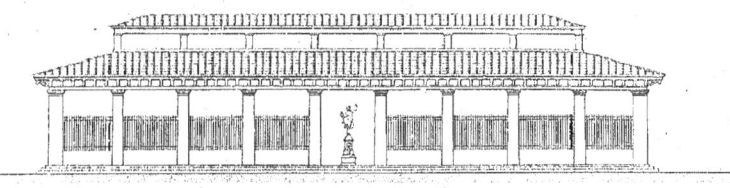

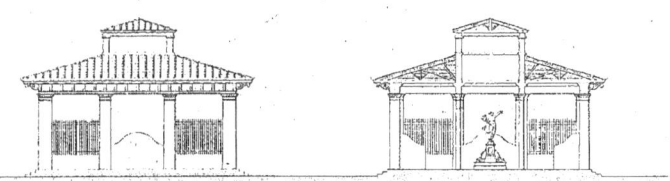

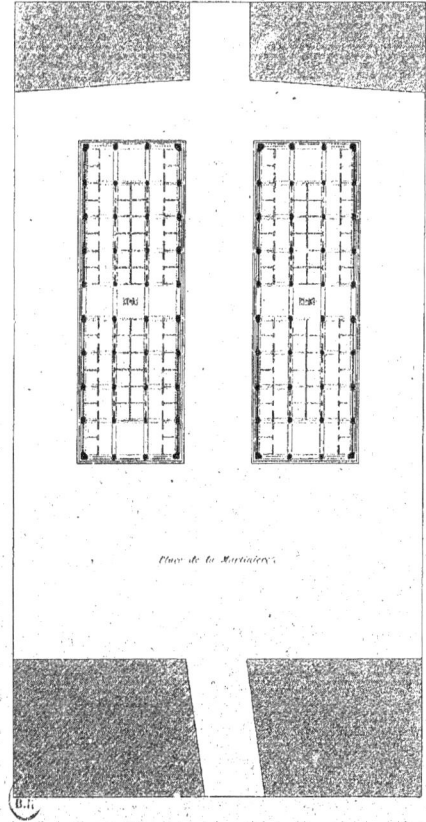

Édifices d'utilité publique.

Plan Détaillé.

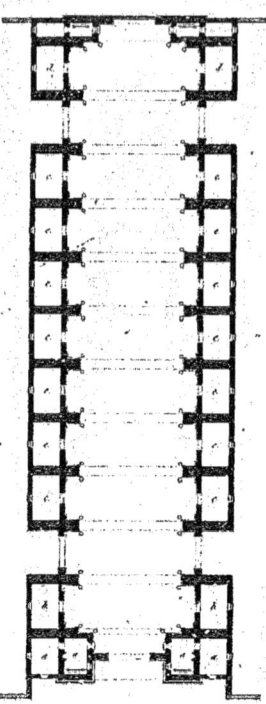

Renvoi du Plan Général.
1. Halle de déchargement.
2. Logement du Directeur et Bureaux.
3.3. Magasins projetés.

Renvoi du Plan Détaillé.
aa. Bureaux.
bb. Magasins des mattres.
cc. " " " violés.
dd. " " variés.
ee. " " en dépôt.

Plan Général.

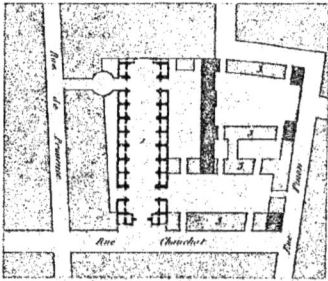

Douane ou Halle de déchargement construite à Paris. (Seine.) Pl.er 1re
(1827)

*Élévation Principale.*

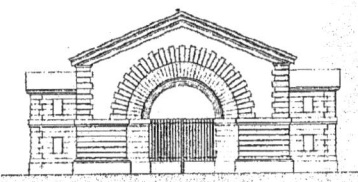

*Élévation Latérale.*

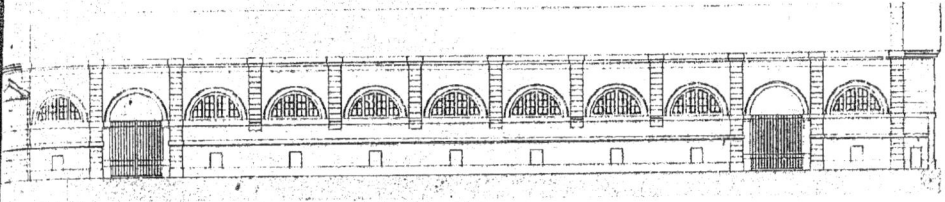

*Coupe Longitudinale.*

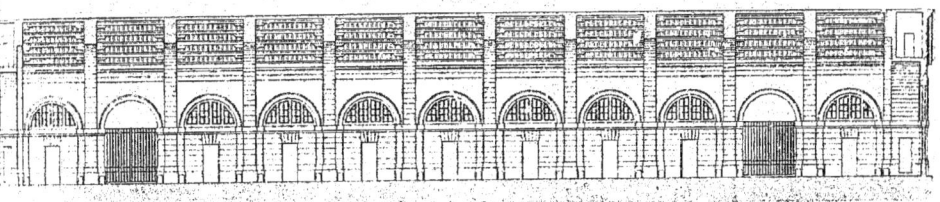

*Coupe Transversale.*

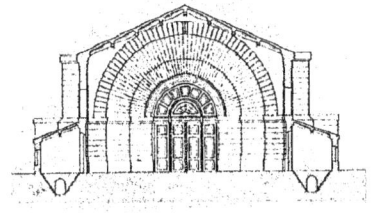

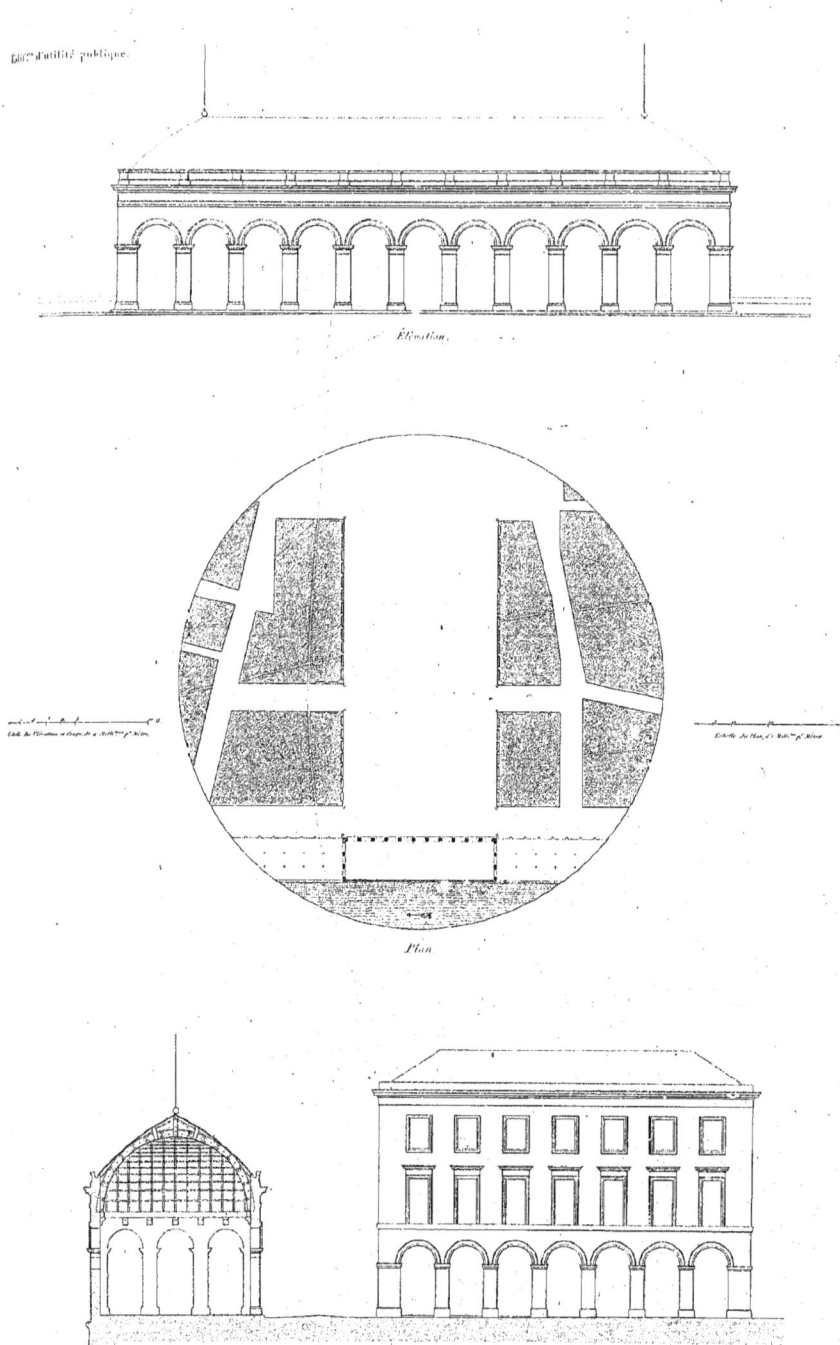

Halle et Place publique à Castres. (Tarn.) (1830.)

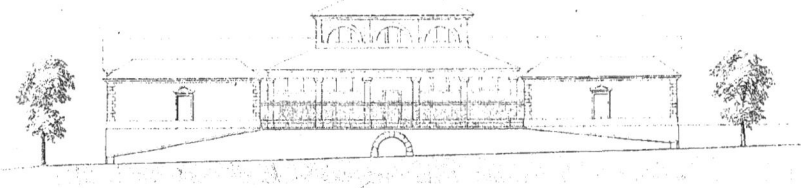

*Élévation Principale*

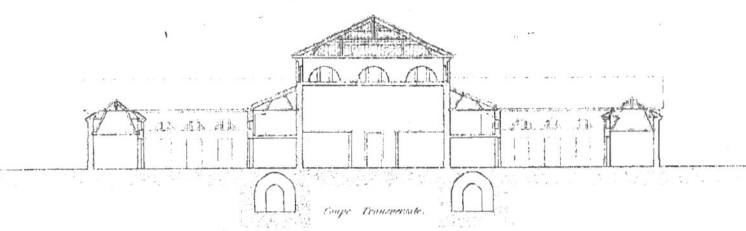

*Coupe Transversale*

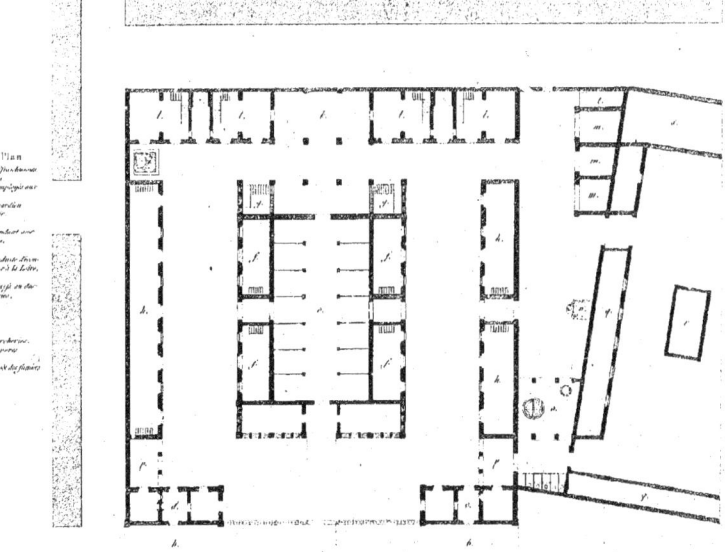

*Plan Général*

Abattoir exécuté à Orléans (Loiret)
(1825)

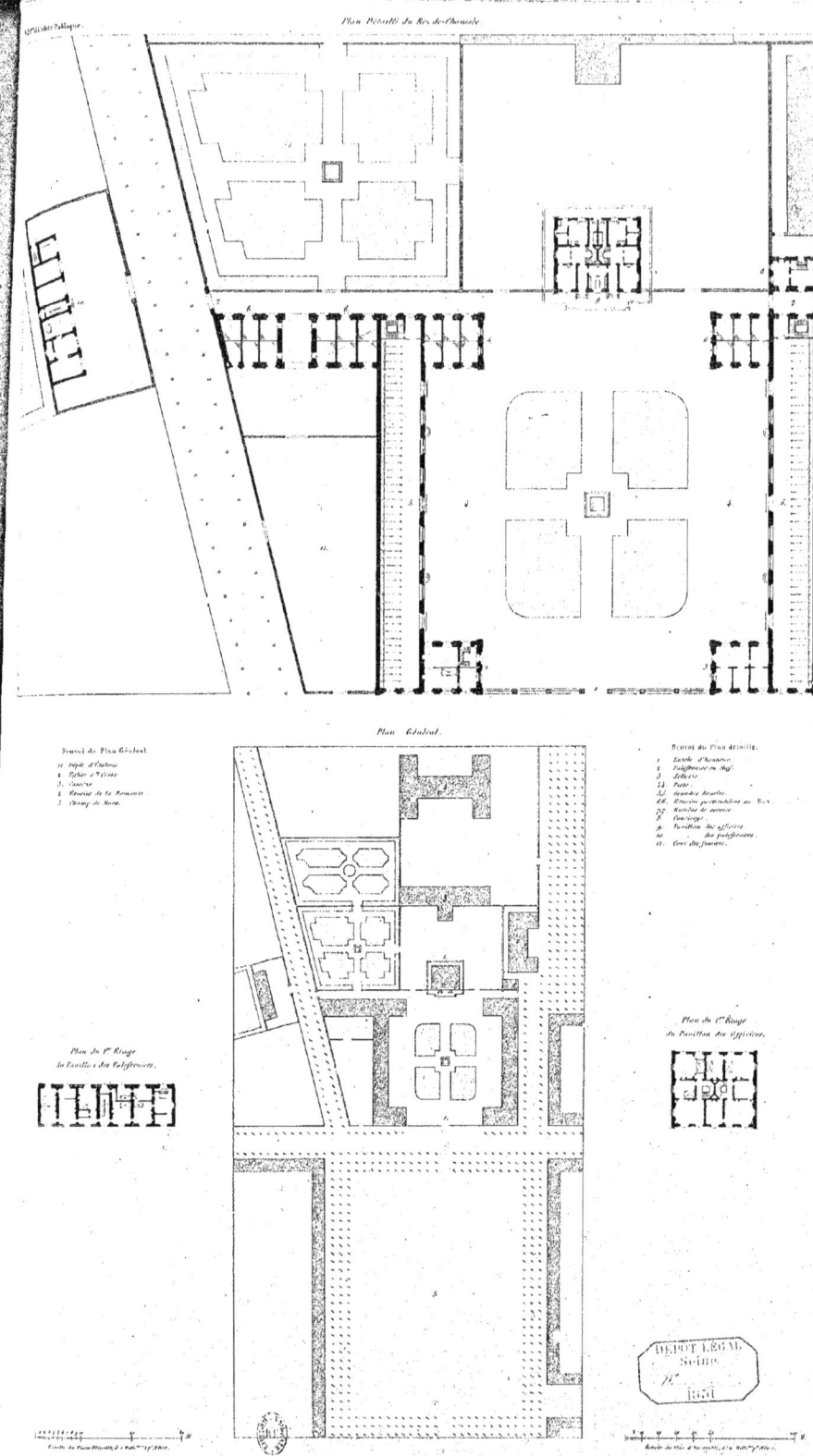

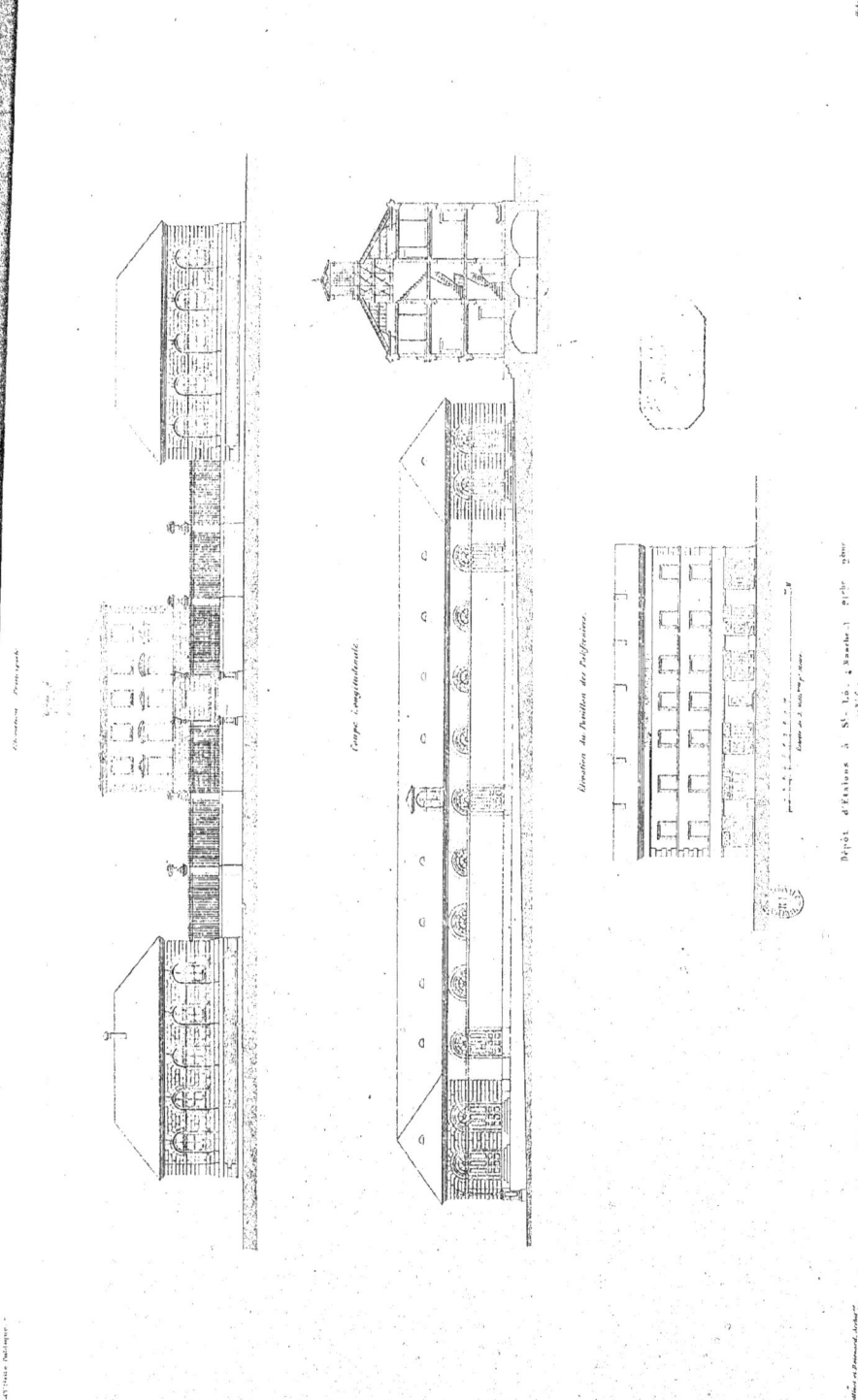

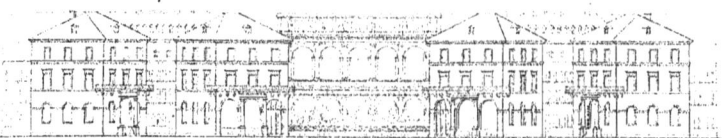

*Élévation antérieure.*

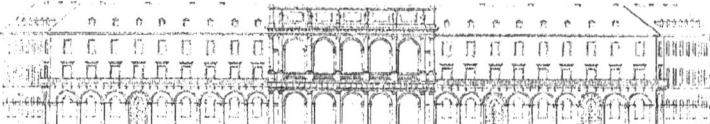

*Élévation du Bâtiment principal.*

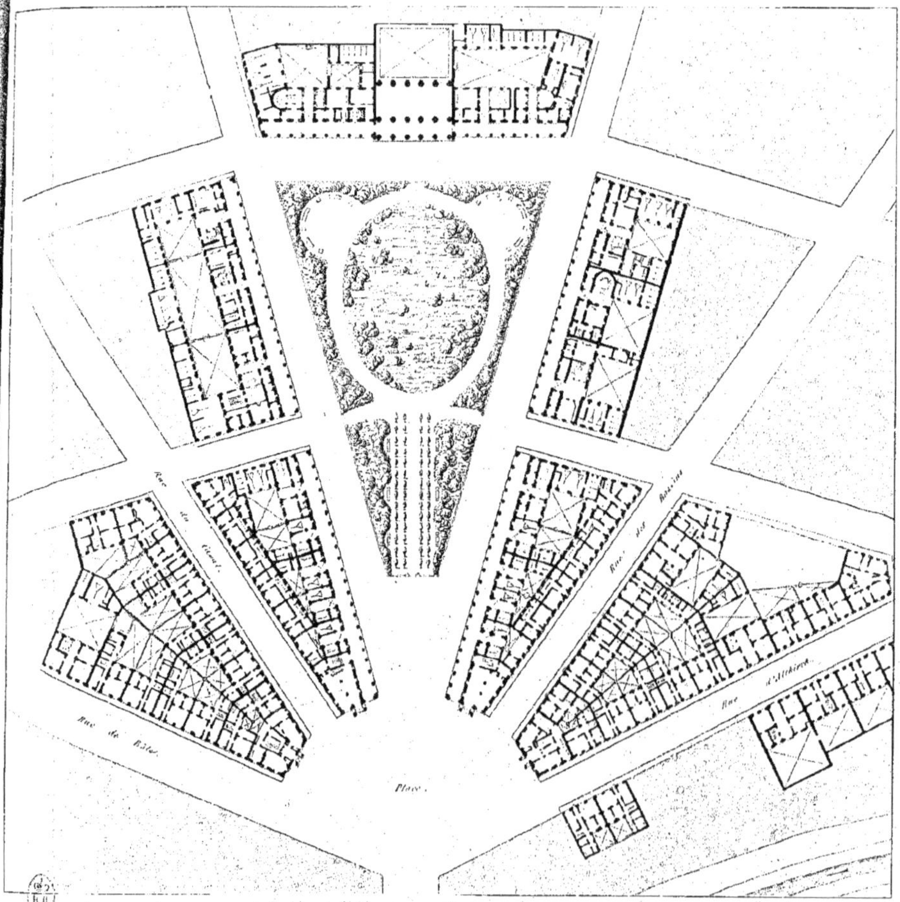

Nouveau Quartier construit à Mulhouse. (Haut-Rhin.)
(1826 à 1828.)

# SEPTIÈME SECTION.

# ÉDIFICES DE SÛRETÉ PUBLIQUE.

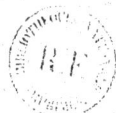

### MANUFACTURE NATIONALE D'ARMES,

A CHATELLERAULT (VIENNE);

Par M. PELLECHET, architecte, membre honoraire du conseil général des bâtiments civils.

18...

2 planches numérotées 318 et 319.

Bien que cet établissement sorte en partie du cadre habituel de ceux qui font spécialement l'objet de ce recueil, son importance et le haut intérêt qui s'y rattache nous ont engagé à profiter, pour l'y comprendre, de la complaisance avec laquelle notre collègue M. Pellechet a consenti à nous en communiquer les dessins avec l'autorisation de M. le ministre de la guerre.

Les divers bâtiments représentés sur les deux planches que nous y consacrons ayant été exécutés à diverses époques, ou n'étant même pas tous exécutés, ou du moins entièrement terminés, et la légende qui accompagne le plan étant suffisamment détaillée, nous n'avons à entrer ici dans aucun autre développement.

### CASERNE DE GENDARMERIE,

A AGEN (LOT-ET-GARONNE);

Par M. BOURIÈRES, architecte du département.

1840 à 1846.

1 planche numérotée 359.

Cette caserne, disposée pour 4 brigades de gendarmerie, a été construite sur l'emplacement d'un ancien couvent de cordeliers que la gendarmerie avait occupé jusqu'ici. Cet emplacement, étant exposé aux inondations de la Garonne, a été exhaussé au moyen d'un remblai de près de 3 mètres. Les fondations ont en outre été poussées jusqu'à la couche résistante de gravier, ce qui en a porté la hauteur à près de 9m,50; elles se composent d'abord d'une couche de béton d'un mètre de largeur et 2 mètres de hauteur, en galets de 5 à 8 centimètres de grosseur et en mortier hydraulique, et, le surplus de murs de 60 centimètres d'épaisseur en matériaux provenant de la démolition des anciens bâtiments.

Les murs en élévation sont construits tant en pierre qu'en moëllon et en brique; les soubassements, servant de caves et de buchers, sont voûtés en briques; les logements d'officiers sont planchéiés, et les autres étages carrelés.

La dépense totale des constructions s'est élevée à environ 193,500 fr., déduction faite de 40,500 fr. pour la valeur des vieux matériaux de démolition.

La construction de cette caserne a procuré en outre l'ouverture d'une communication importante entre le cours et le centre de la ville.

### CASERNE DE GENDARMERIE,

A COUTANCES (MANCHE).

Voir cet établissement, réuni à un hôtel de Sous-préfecture, classé à la dixième section (Édifices mixtes).

### CASERNE DE GENDARMERIE,

A TOURS (INDRE-ET-LOIRE).

Voir cet édifice, réuni avec un Palais de justice et une Maison d'arrêt, classé à la dixième section (Édifices mixtes).

### MAISON DES JEUNES DÉTENUS,

A PARIS (SEINE);

Par M. HIPPOLYTE LEBAS, architecte, membre de l'Institut et membre honoraire du conseil général des bâtiments civils.

1826 à 1836.

3 planches numérotées 215, 216 et 217.

En tête de la section correspondante de notre premier volume, nous avons fait connaître: 1° les bases principales qui avaient été posées en 1791 par l'Assemblée constituante pour le classement et la disposition générale des diverses sortes de prisons; 2° les modifications successives apportées dans ces sortes d'établissements, principalement à partir de 1819, par suite de la formation spontanée d'une Société pour l'amélioration des prisons, et des mesures prises à cet effet sous le ministère de M. de Cazes; 3° enfin, les modifications et améliorations plus importantes encore décidées, au moins en principe, à partir de 1830, et les missions confiées, d'abord par M. d'Argout, ministre de l'intérieur, à MM. de Tocqueville et de Beaumont, puis, sous le ministère de M. de Gasparin, à MM. Demetz et Blouet, à l'effet de se rendre aux États-Unis et d'y étudier les divers systèmes de détention, et notamment, en dernier lieu, les deux systèmes connus sous le nom d'Auburn et de Philadelphie.

Nous avons en outre indiqué, tant dans ce premier volume que dans la section correspondante du deuxième volume, les différents rapports et ouvrages publiés par suite de ces missions, ainsi que par M. Ch. Lucas, inspecteur général des prisons, par plusieurs architectes, etc.

Antérieurement aux dernières mesures précitées, au commencement de 1825, l'administration préfectorale de la Seine voulant faire construire une *Prison modèle*, fit préalablement prendre en Angleterre des renseignements à la suite desquels le préfet, M. de Chabrol, arrêta le *programme* d'une *Maison de correction pour 400 femmes condamnées* qui devaient être divisées ainsi qu'il suit :

PREMIÈRE DIVISION.

Condamnées correctionnellement à moins d'un an.
- Pour vol : de 16 à 22 ans, 20 ; au-dessus, 35
- Pour voies de fait et accidents, 15
- Pour débauche honteuse, 10
Total : 80

DEUXIÈME DIVISION.

Condamnées correctionnellement à plus de 2 ans : de 16 à 22 ans, 55 ; au-dessus, 145. Total 200
Condamnées à des peines infamantes : de 16 à 22 ans, 25 ; au-dessus, 75. Total 100

TROISIÈME DIVISION.

Jeunes filles au-dessous de 16 ans, . . . . . . . . . . . . . 20

Le rez-de-chaussée des bâtiments de détention devait être divisé en *réfectoires* et *chauffoirs*, et les étages supérieurs en *ateliers* et en *cellules* de chacune 2 mètres 30 centimètres en carré et à 2 mètres 80 centimètres de hauteur.

La forme panoptique, adoptée en Angleterre, sans être prescrite, était particulièrement recommandée *afin qu'à l'aide d'un point central ou d'une galerie intérieure la surveillance générale pût être exercée par une seule personne ou deux au plus. Comme il s'agissait d'une* PRISON MODÈLE, *il importait surtout de ne rien négliger sous le rapport de la salubrité, de la sûreté et de la classification.*

La superficie totale était limitée à 4400 mètres carrés, *et la dépense à un million.*

MM. Alavoine, Chatillon, Gauthier, Jay, Lebas et A. Leclerc furent désignés pour participer à ce concours. Il leur était accordé un délai de deux mois, qui fut ultérieurement porté à quatre. Les projets, non signés mais portant des épigraphes répétées dans des billets cachetés, devaient être jugés, sans exposition publique, en conseil des prisons, en présence du directeur des travaux de Paris et du président du conseil des bâtiments civils, assistés de gens de l'art.

L'exécution des travaux devait être confiée à l'auteur du projet préféré, et une indemnité de 1200 fr. était assurée à chacun des autres concurrents.

Cinq projets seulement furent présentés ; sur l'avis unanime d'une commission spéciale composée de MM. Fontaine, Huyot et Deferaudy, d'une commission administrative composée de MM. Chabrol, Delavau, Héricart de Thury, et du conseil des prisons, la préférence fut accordée au projet de M. Lebas.

Ce projet reçut d'abord quelques modifications de détail tant à la demande de l'administration même que par suite de l'examen du conseil des bâtiments civils. La première pierre fut posée le 4 novembre 1825, jour de la fête de Charles X, en présence du duc d'Angoulême, et l'exécution fut commencée en 1826.

Mais plus tard, de nouvelles modifications durent être faites au projet, l'administration ayant décidé que les constructions seraient affectées à une *maison centrale* ou *Pénitencier pour l'éducation correctionnelle des jeunes détenus* ; et, en dernier lieu, les dispositions du régime cellulaire y ont été appliquées, autant que le permettait la disposition générale primitive, d'abord pour les bâtiments destinés au coucher des détenus, puis à la chapelle, au moyen de cases qui, ayant été exécutées depuis la gravure de nos planches, n'y sont pas représentées (1).

Les fondations, les caves, les voûtes inférieures du bâtiment central et les divers murs de clôture, de face et de refend ont été construits tant en pierres qu'en moellons ; les cloisons de distribution des cellules en briques, et les planchers et combles en bois de chêne.

Les couvertures sont généralement en ardoise. Le comble au-dessus de la chapelle est en fer forgé et couvert en zinc.

Le terrain occupé par cet établissement, par la place et par les rues qui l'entourent, d'une contenance totale de 34,830 mètres, provenait de l'ancien couvent des Hospitalières de la Roquette supprimé en 1790, et avait été, comme propriété nationale, concédé à l'administration des hospices de Paris, par une loi du 16 vendémiaire an V ; il a été rétrocédé par cette administration au département de la Seine, pour la construction dont il s'agit, moyennant. . . . . . . . . . . . . . . . . . . . . . . . . . . . . . 450,000 fr.

L'ensemble des travaux de construction et appropriation s'est élevé à environ. . . . . . . . . . . . . . . 2,500,565

Ensemble. . . . . . . . . . . 2,950,565

En 1843, le département de la Seine a cédé le *Pénitencier des jeunes détenus* à l'État, pour le prix de. . . . . . . . . . . . . . . . . . . . . . . . . . . . . . . . . . . . 1,685,670 fr.

Dont :

Pour le terrain (réduit à 31,590 mètres en raison de ce qui avait été consacré aux voies publiques). . . . . . . . . . . . . . . . . . . . . . . . . . . 410,670

Et pour les constructions, . . . . . . . . . . . . . . . 1,275,000

Nous avons compris, dans le plan général représenté sur la planche 215, l'indication en masse du *Dépôt de condamnés*, construit, à partir de 1835, sur les projets et sous la direction de M. Gau, architecte.

---

(1) Plusieurs rapports adressés à M. le ministre de l'Intérieur en 1839, 1840, 1841 et 1843, par M. Delessert, préfet de police, contiennent les détails les plus intéressants, tant sur les résultats avantageux obtenus quant à la santé des jeunes détenus par la substitution à l'emprisonnement en commun de l'encellulement et de la séparation continue que sur les autres parties du régime de cette maison, du système d'éducation, du travail, etc. Nous renverrons principalement au rapport du 6 février 1843 inséré alors au *Moniteur* et dans les principaux journaux.

## MAISON D'ARRÊT CELLULAIRE,

À REMIREMONT (VOSGES);

Par M. GRILLOT, architecte du département.

### 1846.

2 planches numérotées 349 et 350.

Nous venons de rappeler les études et les recherches faites, par ordre de l'administration, quant au mode d'emprisonnement qu'il convenait d'adopter en France.

Malheureusement cette grande et importante question, si fortement controversée, n'a pu alors être vidée, et la révolution de 1848 est venue en ajourner la discussion (1).

Toutefois, la convenance du système cellulaire quant à son application aux maisons d'arrêt avait dès lors été à peu près généralement reconnue ; comme nous l'indiquions dès 1841, des *instructions*, accompagnées de *programmes* et de *projets* composés par plusieurs architectes, avaient été publiés par M. le ministre de l'Intérieur pour être suivies lors de la construction de nouvelles maisons d'arrêt; et un assez grand nombre de ces maisons ont été en effet construites d'après ces prescriptions.

Telle est la maison d'arrêt de Remiremont que nous donnons ici.

Les murs en sont construits tant en pierre de taille qu'en moellons granitiques, et les voûtes en briques; les balcons au devant des portes des cellules sont également en pierre, et leurs garde-corps en fer. La ferrure de ces portes est disposée de manière qu'elles puissent rester entr'ouvertes pendant le service divin, et que chaque détenu puisse apercevoir l'autel. Le chauffage et la ventilation ont lieu au moyen de quatre calorifères et de deux fourneaux d'appel; la ventilation des cellules se fait à travers la caisse des sièges d'aisance, et ces

---

(1) C'était, sans aucun doute, d'après les intentions les plus louables envers les classes laborieuses que, immédiatement après la révolution de 1848, le gouvernement provisoire avait ordonné la cessation du travail dans les prisons; mais, par là, les détenus se trouvaient privés en même temps de la distraction et des légers avantages que leur procurait le travail, et dès lors, il devenait d'autant plus difficile de maintenir la discipline parmi eux.

Enfin, on ne tarda pas à reconnaître le peu d'importance qu'avait en définitive la masse de travail qui pouvait être effectuée dans les prisons, comparativement à celle qui s'effectue dans l'ensemble de la France par les ouvriers libres. Nous croyons utile d'extraire à ce sujet ce qui suit d'un rapport présenté à l'assemblée constituante le 18 août 1848:

En 1846, la population totale des maisons centrales était de 17,297 individus.
Il faut d'abord déduire pour malades, vieillards, infirmes et individus en punition, tous inoccupés . . . . 2,248 —
        Reste pour ceux occupés . . . . 15,049 —
Dont le travail a produit . . . . . . . . 2,066,257 francs.
Ces deux sommes doivent se décomposer d'abord ainsi qu'il suit:
Travaux et services intérieurs . . . . . . . . . . { 2,051 individus. 274,664 francs.
Industries diverses (au nombre de 60 seulement) . . . { 12,998 individus. 1,791,593 francs.
Enfin, pour ces deux dernières sommes, on doit faire encore la répartition suivante:
HOMMES . . . . . . . . . . { 10,413 détenus. 1,500,586 francs.
FEMMES . . . . . . . . . . { 2,585 détenues. 265,667 francs.

De ce qui précède, il résulte que cet ensemble de détenus n'a produit que comme 6,000 ouvriers libres.

Enfin, 2 détenus occupés correspondent à 1,050 ouvriers libres.

Le travail dans les maisons de détention est payé aux mêmes prix que pour les ouvriers libres, sauf remise de 20 p. cent à l'entrepreneur. L'État fournit à ce dernier des ateliers, mais l'entrepreneur fournit les outils, et il est tenu d'occuper tous les détenus en état de travailler ou de les indemniser.

Ce qui précède ne comprend du reste que les maisons centrales; quant aux maisons d'arrêt, nous les détenus sont loin de pouvoir être occupés en raison du peu de temps qu'ils y séjournent, de la difficulté de trouver un genre d'occupation qu'ils puissent pratiquer, etc. ; mais d'ailleurs tout individu *prévenu* seulement doit être réputé innocent et ne pourrait en conséquence, sous aucun rapport, être considéré comme travaillant au détriment des ouvriers libres.

---

sièges sont garnis de vases clos dont le transport et la vidange dans les lieux d'aisance des préaux cellulaires sont opérés par les détenus eux-mêmes lors de leur promenade journalière.

La dépense totale s'est élevée à environ 157,000 fr., dont 12,000 fr. pour les appareils de chauffage et de ventilation.

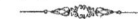

## MAISON D'ARRÊT CELLULAIRE,

À TOURS (INDRE-ET-LOIRE).

Voir cet édifice réuni avec un *Palais de justice*, et une *Caserne de gendarmerie*, classés ci-après à la dixième section. (*Édifices mixtes.*)

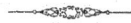

## COLONIE AGRICOLE ET PÉNITENTIAIRE,

À METTRAY (INDRE-ET-LOIRE);

Par M. BLOUET, architecte, précédemment inspecteur général des bâtiments pénitentiaires; actuellement membre honoraire du conseil général des bâtiments civils et membre de l'Institut.

### 1839 et années suivantes.

3 planches numérotées 315, 316 et 317.

Nous avons rappelé précédemment (à propos de la *Maison de jeunes détenus*) l'honorable mission remplie aux États-Unis par MM. Demetz et Blouet pour l'étude des divers systèmes de détention, ainsi que les utiles publications et les notables améliorations qui en ont été la suite; mais M. Demetz et Blouet ne s'en sont pas tenus là.

En 1839, il a été formé, sous la présidence de M. de Gasparin et la vice-présidence de M. Demetz, une *Société paternelle* ayant pour but : « d'exercer une tutelle bienveillante sur les en-
» fants acquittés comme ayant agi sans discernement qui lui
» seront confiés par l'administration; de procurer à ces enfants,
» mis en état de liberté provisoire et recueillis dans une *Colonie*
» *agricole* (1), l'éducation religieuse ainsi que l'éducation pri-
» maire et élémentaire; de leur faire apprendre un métier; de
» les accoutumer aux travaux de l'agriculture, et de les placer
» ensuite, à la campagne, chez des artisans ou des cultivateurs;
» enfin, de surveiller la conduite de ces enfants et de les aider
» de son patronage pendant trois années après leur sortie de la
» colonie. » L'administration de la société fut confiée à un conseil de vingt-cinq membres, dont faisaient partie notamment M. Blouet et M. Bretignères de Courteilles qui fit offre à la société d'une propriété, à Mettray près Tours, réunissant tous les avantages désirables pour l'établissement de la colonie projetée.

Immédiatement après furent ouvertes et remplies des listes de souscripteurs au nombre desquels on compte le roi et la famille royale, les ministres, des membres des deux chambres et de tous les corps administratifs, judiciaires, etc., ainsi qu'un grand nombre d'honorables particuliers. Parmi ces derniers on distingue pour un don de 140,000 fr. M. Léon d'Ourches, de Metz, décédé depuis, et dont la colonie possède le buste en bronze, œuvre désintéressée de M. Mezzara, habile sculpteur de Paris.

---

(1) À l'instar de celle déjà établie à Horn, près de Hambourg, et de plusieurs pénitenciers agricoles existant aux États-Unis et en Angleterre.

La Colonie fut aussitôt fondée sous la direction de MM. Demetz et Brétignères de Courteilles, et les constructions furent exécutées successivement sur les projets et avec la coopération, aussi entièrement désintéressée, de M. Blouet.

Aussitôt après l'achèvement des constructions les plus indispensables, de jeunes détenus ont été amenés de diverses maisons centrales, et ils ont coopéré aux travaux subséquents de terrassement, de nivellement, etc.

Les matériaux employés ont été autant que possible ceux du pays, la pierre, la brique, la tuile, le bois.

L'ensemble des constructions a coûté environ 394,000 fr., qui se répartissent ainsi qu'il suit :

| | |
|---|---|
| Chapelle et quartier cellulaire de soumission.... | 95,300 f. |
| Pavillon d'administration et d'habitation du directeur.................................. | 50,000 |
| Dix maisons contenant chacune une *famille* composée de 40 colons, 1 chef et 2 contre-maîtres..... | 76,000 |
| Bâtiment de la classe........................ | 16,300 |
| Vacherie.................................. | 25,500 |
| Laiterie, écuries, grange, porcherie............ | 43,800 |
| Magasin des instruments aratoires............. | 7,700 |
| Hangards et dépendances..................... | 53,800 |
| Pavillon de surveillance..................... | 1,500 |
| Moulin.................................... | 24,100 |

Aux termes des statuts, les *noms des fondateurs sont inscrits à perpétuité* dans la chapelle.

On trouve, tant dans les comptes rendus de la *Société paternelle* publiés chaque année (soit à Paris, soit à Tours), que dans plusieurs écrits de MM. Gatian de Clérambault, Augustin Cochin, etc., sur la *Colonie de Mettray*, les détails les plus intéressants quant au régime intérieur de la colonie, au *prix de revient* de nourriture, d'habillement, de travail, etc., pour chaque colon; aux résultats physiques et moraux obtenus; à la conduite des colons pendant et après leur séjour; enfin aux services notables rendus par cette utile et généreuse institution, et aux institutions analogues dont elle a provoqué la formation.

Au 1er janvier 1850, la colonie avait reçu depuis sa fondation 1184 enfants; 546 y étaient alors présents, et leur nombre s'était élevé jusqu'à 563.

M. Demetz s'occupe de la rédaction d'un *Manuel à l'usage des établissements de bienfaisance*, qui contiendra tout ce qui a rapport à Mettray. Cet ouvrage, dont on ne saurait trop désirer la prompte publication, couronnera dignement tout ce que son auteur a déjà fait pour la cause philanthropique à laquelle il s'est si noblement dévoué.

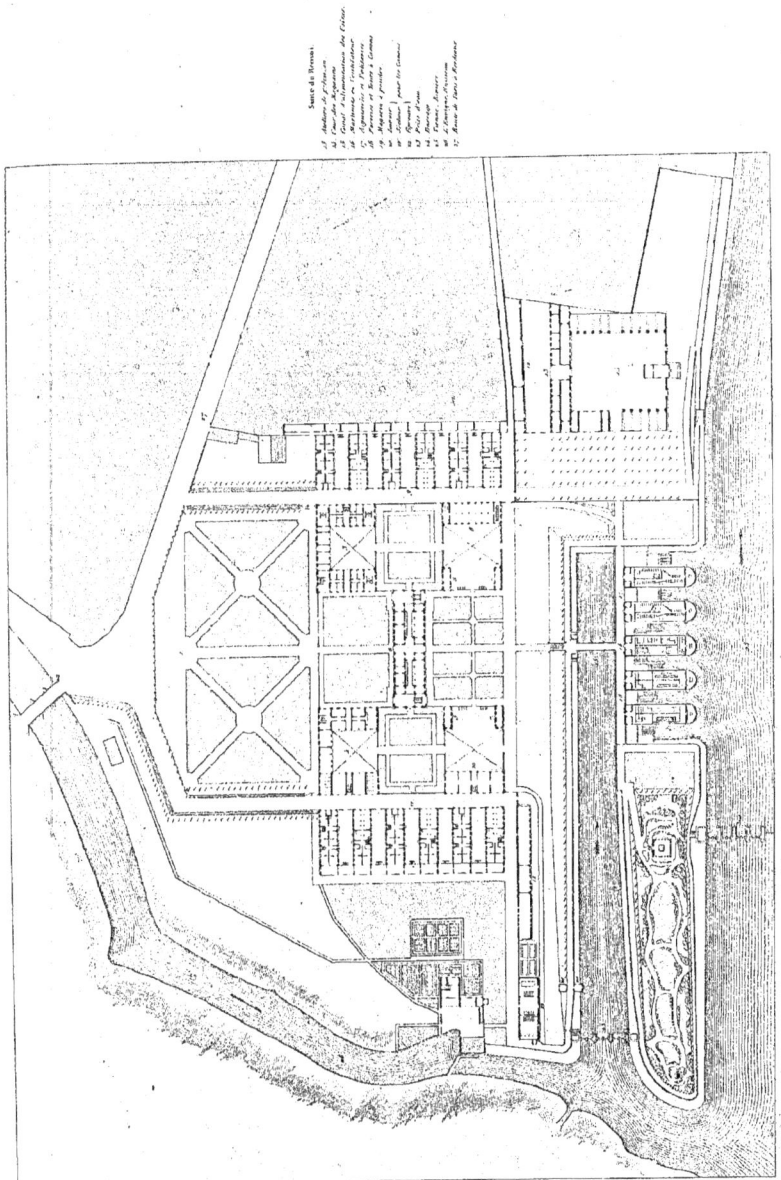

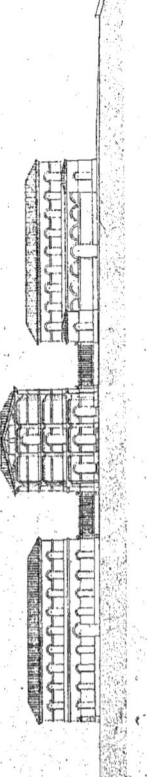

Manufacture Royale d'Armes à Châtellerault. (Vienne.)

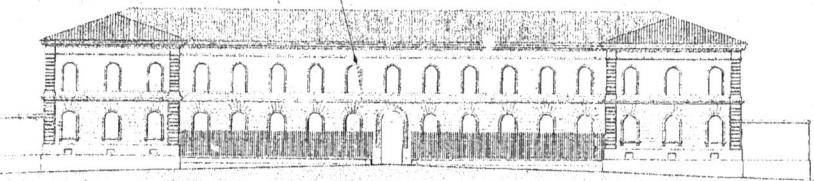
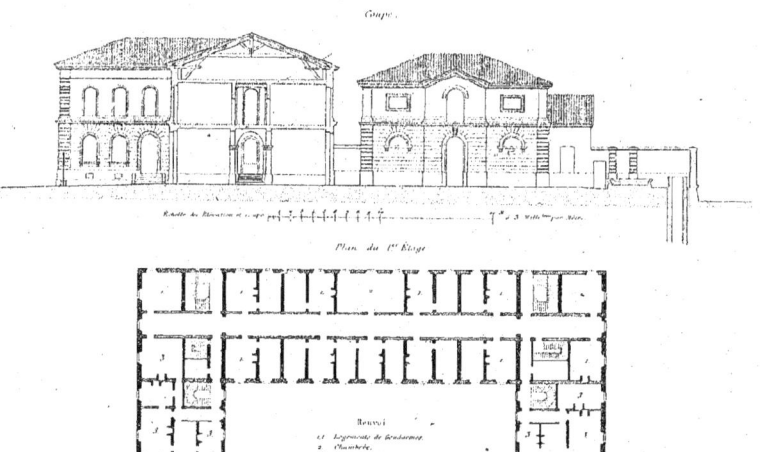
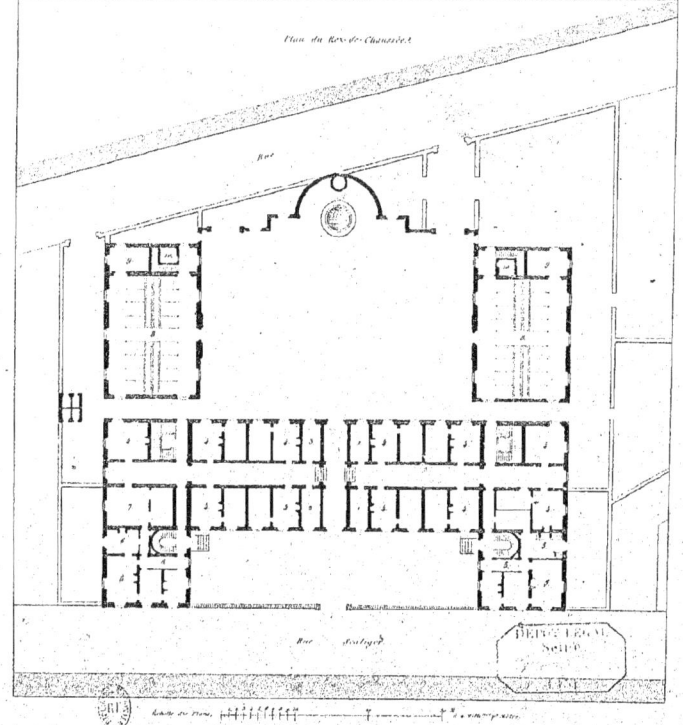

Caserne de Gendarmerie construite à Agen, (Lot-et-Garonne.)

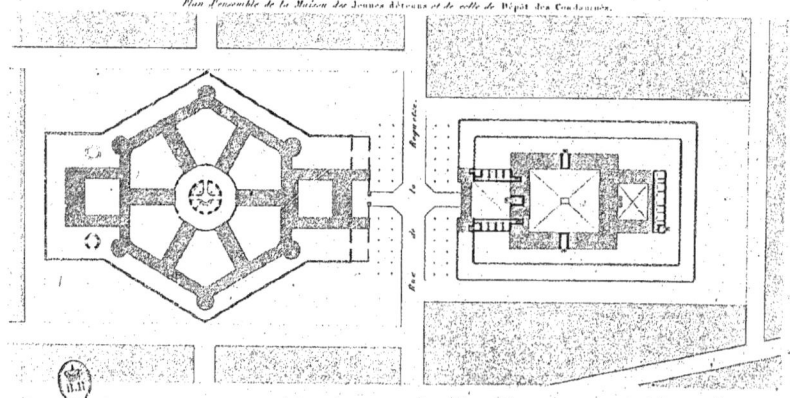

Maison des Jeunes détenus, à Paris. (Seine.)
(1836.)

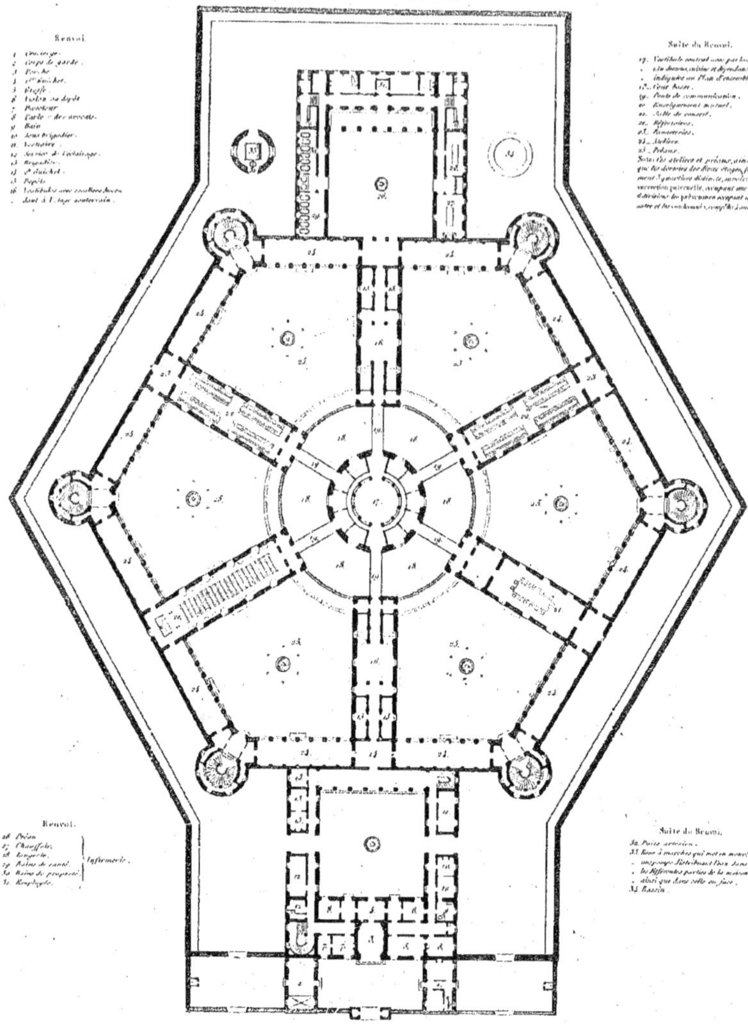

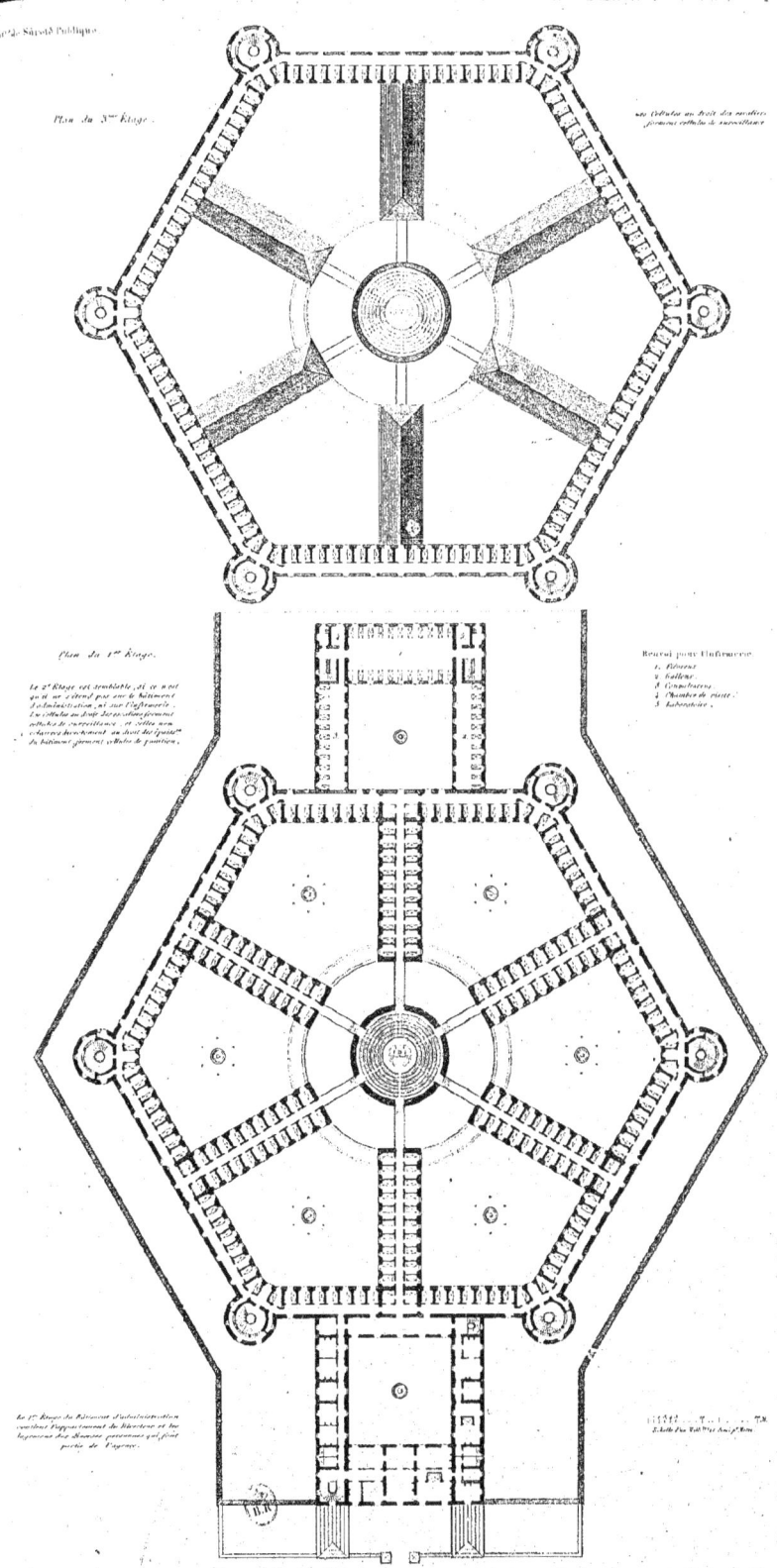

Maison des Jeunes détenus à Paris (Seine) Pl. N° 2 me (1836).

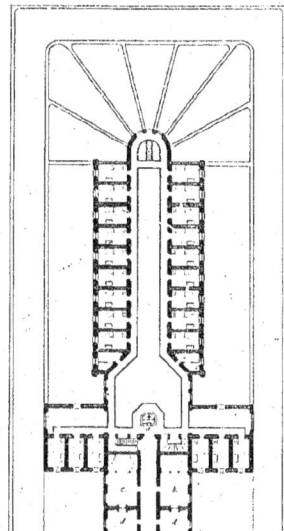
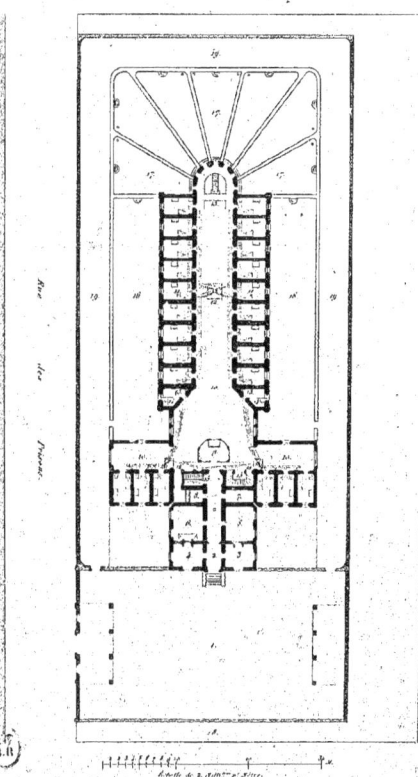

Maison d'Arrêt Cellulaire à Remiremont. (Vosges.)

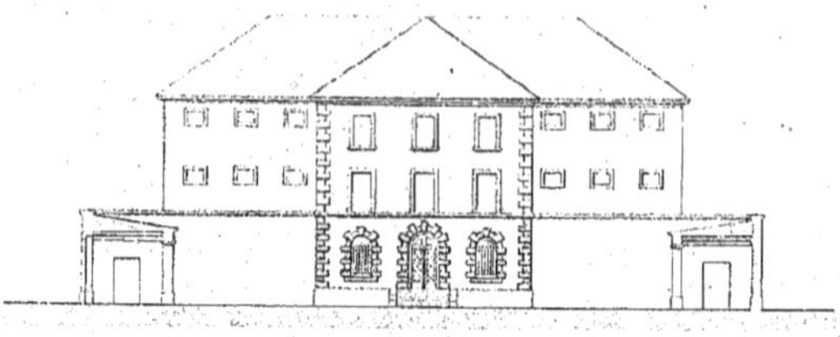

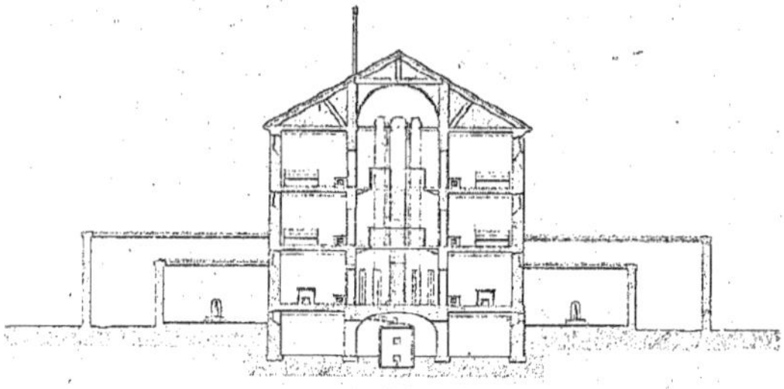

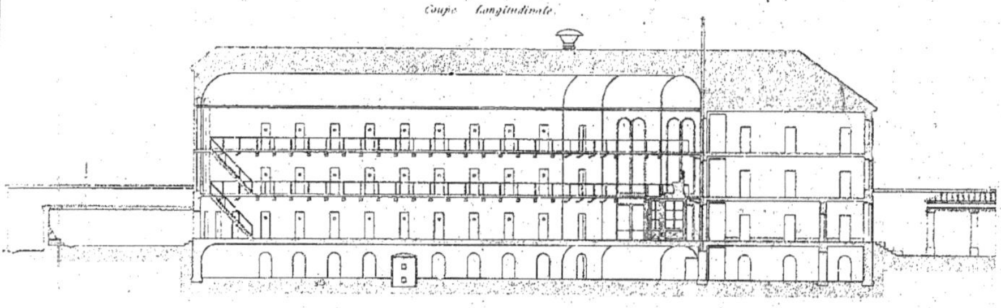

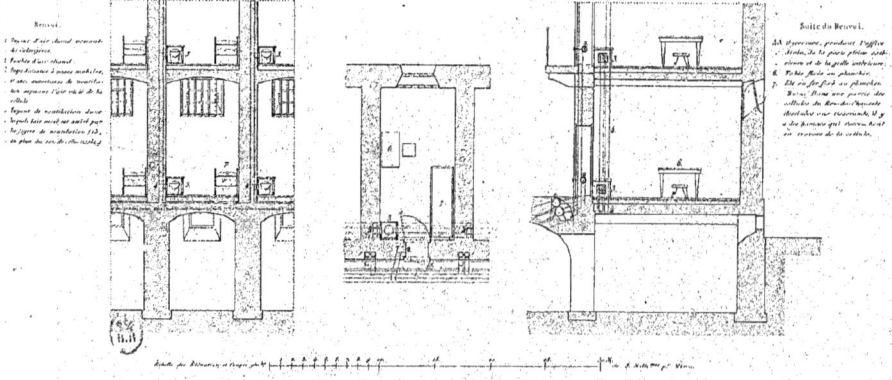

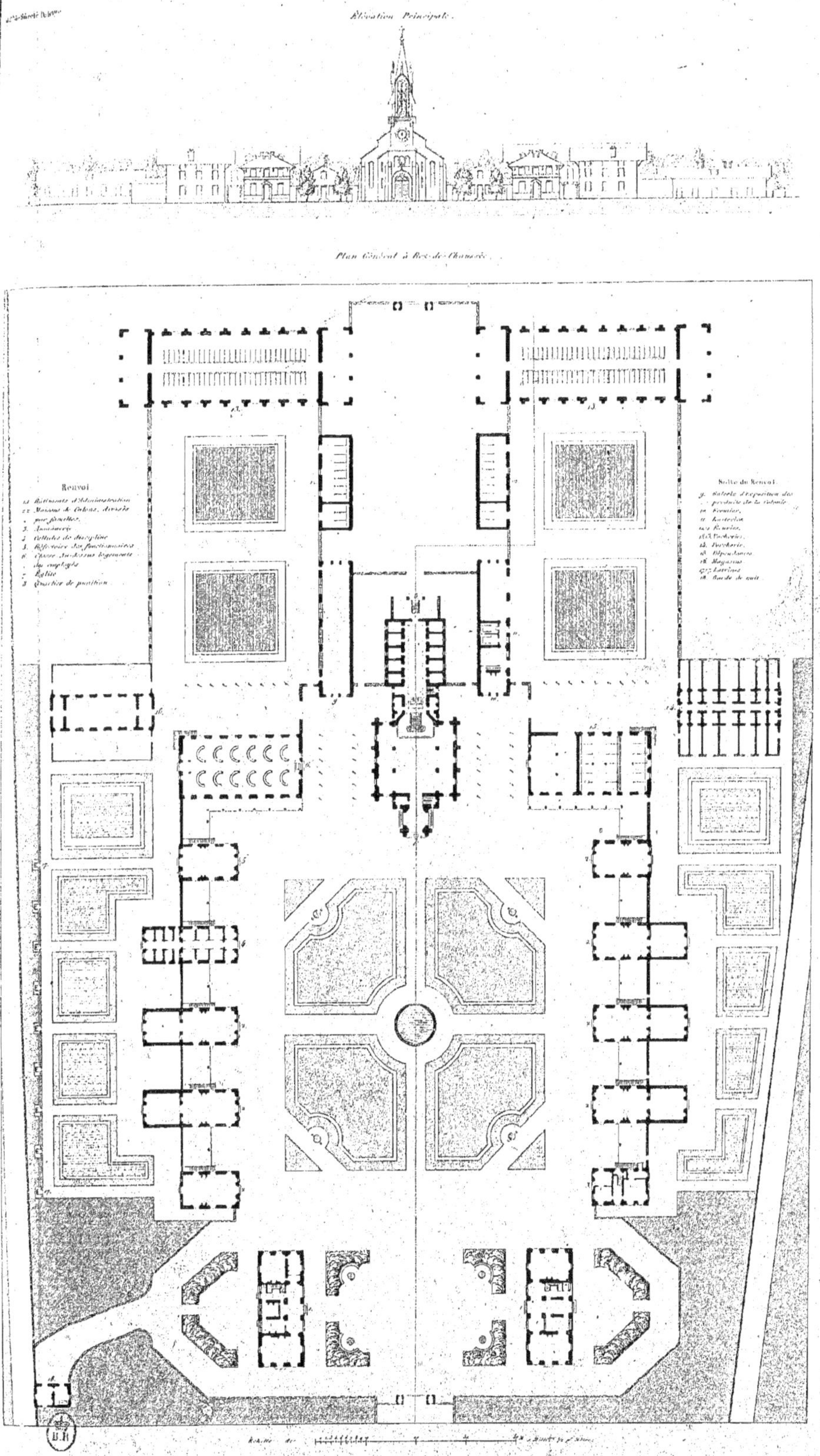

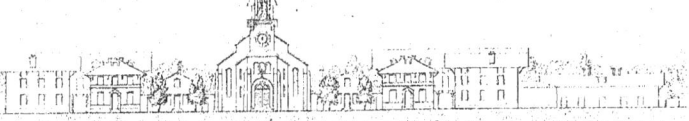

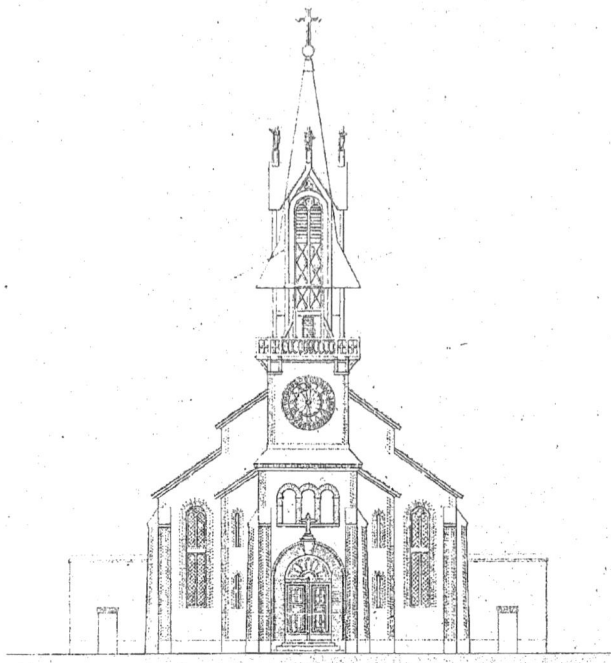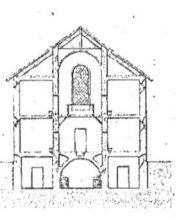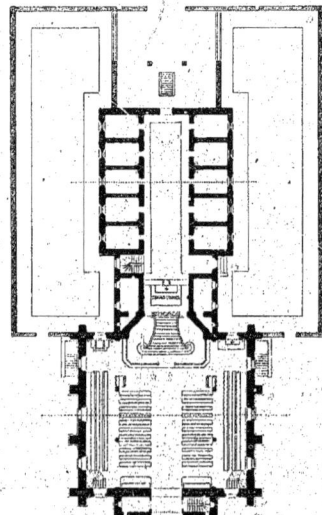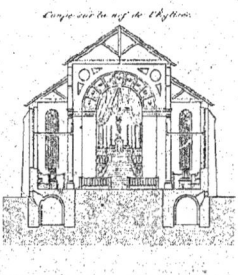

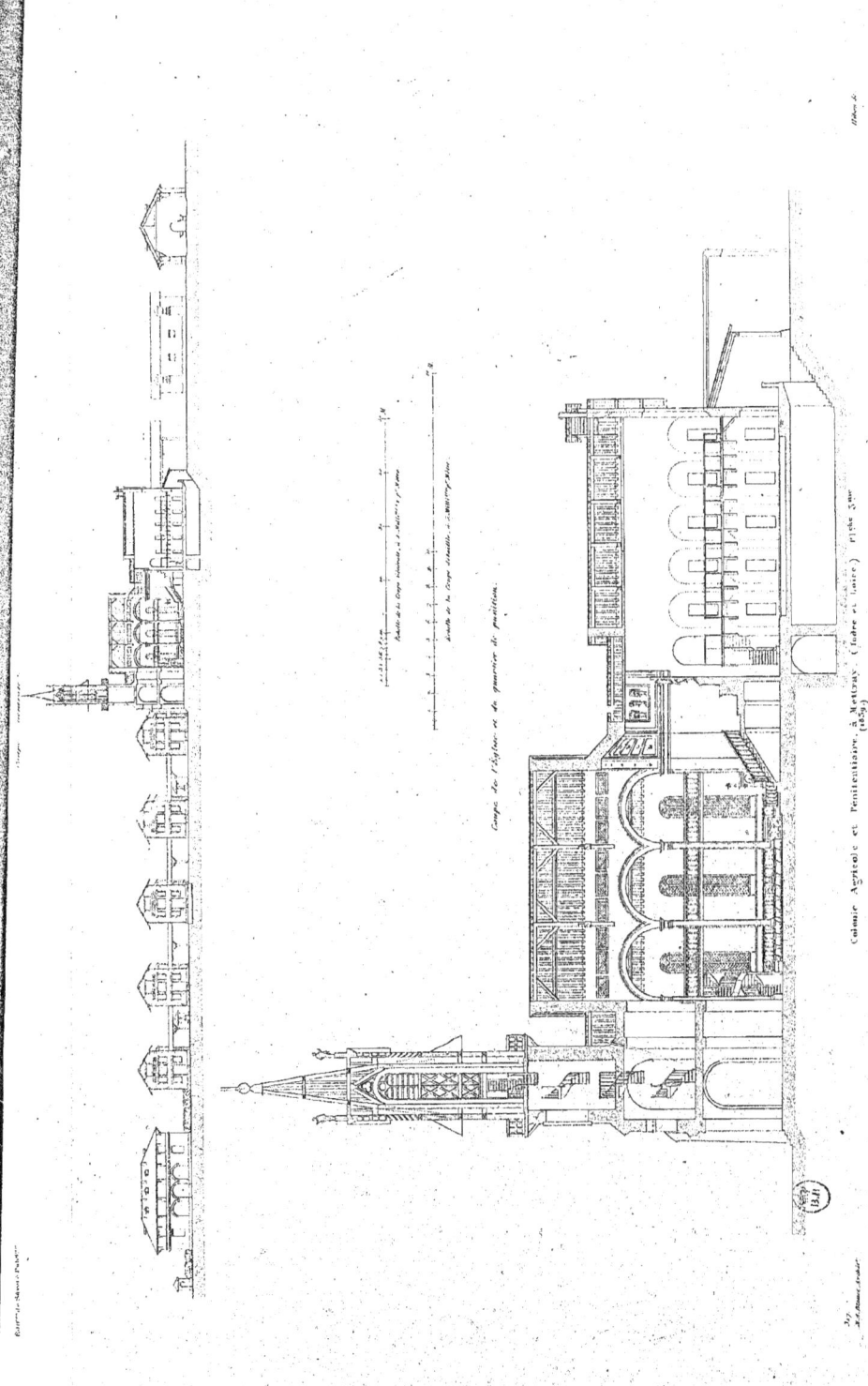

## HUITIÈME SECTION.

# MONUMENTS PUBLICS.

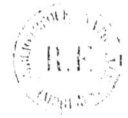

**COLONNE DE LA GRANDE ARMÉE,**

A BOULOGNE-SUR-MER (PAS-DE-CALAIS).

Architectes :

**M. LABARRE**, décédé membre de l'Institut et membre honoraire du conseil des bâtiments civils,

**1804 à 1833;**

et **M. HENRY**,

A PARTIR DE 1843.

3 planches numérotées 419, 420 et 384.

Ce monument a été l'objet de trois notices spéciales publiées en 1841 et 1842, l'une par M. A*** P*** (1), l'autre par M. le capitaine Ambert (2), la troisième sans nom d'auteur (3); et l'on trouve également d'intéressants détails à ce sujet dans deux importants ouvrages sur la ville et l'arrondissement de Boulogne, l'un par M. Henry (4), père de l'architecte qui a achevé la colonne, l'autre par M. le docteur Bertrand (5).

Nous extrairons principalement, de ces diverses publications, les faits qui se rapportent plus particulièrement au but de notre ouvrage; et nous les compléterons, nous les rectifierons même au moyen de divers renseignements particuliers. Nous en devons une partie aux notes de notre confrère M. Henry. L'absence et l'éloignement de M. le maréchal Soult nous ont privés de l'avantage de recourir à ses souvenirs personnels; mais M. de Dalmatie nous a permis de prendre connaissance des pièces qui existent à ce sujet dans ses précieuses archives, à Paris; sur notre demande, notre confrère M. Epellet, architecte du département du Pas-de-Calais, a bien voulu faire le dépouillement de registres déposés dans les archives de la préfecture à Arras; nous nous sommes attachés en outre à recueillir les souvenirs personnels de divers artistes ou autres personnes assez âgées pour avoir bien vu la glorieuse époque à laquelle se rattache la colonne de Boulogne; enfin, nous avons été assez heureux pour puiser des notes positives dans les archives des ministères de la guerre, de l'intérieur et des travaux publics, ainsi que du conseil d'État.

Nous nous efforcerons, d'après tous ces documents, de donner un précis exact et complet des principales circonstances relatives à ce monument, si important sous tant de rapports.

Après la rupture du traité d'Amiens, le premier Consul avait résolu de transporter 100,000 hommes sur les côtes d'Angleterre. Sur ces entrefaites, il avait été proclamé empereur, et il avait inauguré la Légion d'honneur par une cérémonie célébrée, à l'hôtel des Invalides, le 25 messidor an XII, anniversaire du 14 juillet (1804). L'armée de terre avait été réunie sur les côtes du Pas-de-Calais, sous le commandement du maréchal Soult (1), et la flottille sous celui de l'amiral Bruix. Enfin, le 27 thermidor an XII (15 août 1804), jour de la Saint-Napoléon, l'Empereur avait fait, à son quartier général de Boulogne (2), une grande et auguste distribution (3) des décorations de la Légion

---

(1) *Colonne de la Grande-Armée*, à Boulogne-sur-Mer. Son origine. — Sa fondation. — Anecdotes sur l'Empire et la Restauration. — Destinations diverses. — Inauguration définitive; par A*** P***, du Pas-de-Calais, Lavigne, à Paris, et Renaud, à Boulogne-sur-Mer, 1841, in-18.

(2) *Colonne Napoléone*. — Historique des événements militaires qui se rattachent à ce monument, etc. ; par Joachim Ambert, capitaine au 9e régiment de hussards (depuis aide-de-camp du maréchal Soult), membre de la dernière Assemblée constituante, et actuellement colonel du 2er dragons). Boulogne, 1842, in-8.

(3) *Histoire de la Colonne Napoléone*. Boulogne, in-8, 1841.

(4) *Essai historique, topographique et statistique sur l'arrondissement de Boulogne-sur-Mer*, par Henry, adjudant de génie, etc. Boulogne, 1810, in-4 avec planches.

(5) *Précis de l'Histoire physique, civile et politique de la ville de Boulogne-sur-Mer et de ses environs*. — Topographie médicale. — Hygiène publique. — Histoire naturelle. — Bains de mer. — Biographie, par M. le docteur Bertrand, de la Faculté de médecine de Paris. Boulogne, 2 vol. in-8, avec gravures et cartes. 1828 et 29.

(1) La notice du capitaine Ambert contient des détails pleins d'intérêt sur les rudes et glorieux travaux auxquels le maréchal façonnait les braves qui lui étaient confiés. Nous citerons seulement une de ses notes : L'empereur disait un jour au maréchal que les soldats seraient peut-être fatigués de manœuvrer sans cesse sac au dos; « Je ne leur ferai quitter le sac, répondit le maréchal, que lorsqu'il leur a sera venu du cuir sur les épaules. »

(2) Nous croyons devoir consigner ici le fait suivant que nous devons aux souvenirs du vénérable M. Fontaine, successivement architecte du premier consul, de l'Empereur et de trois autres souverains, et depuis 1848, président honoraire du conseil général des bâtiments civils :

L'empereur, considérant sans doute son séjour sur cette côte comme pouvant se prolonger, avait chargé son architecte de lui présenter un projet d'habitation fortifiée à Torreneuse, près de Flessingue; projet que M. Fontaine a bien voulu nous communiquer.

Peut-être cette circonstance est-elle de nature à détruire l'opinion, qu'on a quelquefois émise, que Napoléon n'aurait jamais eu une confiance entière dans le succès de l'expédition de Boulogne, et que ses préparatifs n'auraient été en quelque sorte qu'un moyen de masquer les vastes projets qu'il avait conçus d'autre part.

(3) On peut en lire la description dans les ouvrages précités, ainsi que dans le *Consulat et l'Empire*, où l'on trouve un plan figuratif de la cérémonie.

d'honneur, qui fut bientôt suivie d'un ordre du jour ainsi conçu :

« Au quartier général à Boulogne ;
« Le 1er vendémiaire an XIII ;
« Les troupes du camp de Saint-Omer voulant offrir au mo-
» narque dont le génie préside aux destins de la France, un té-
» moignage éclatant d'estime et d'admiration, ont résolu :
» D'ériger un monument capable de résister aux siècles, qui,
» s'alliant au souvenir de sa gloire et de sa grandeur, atteste à
» l'univers, ainsi qu'à tous les âges, leur dévouement et leur
» fidélité au premier Empereur des Français ;
« De retracer à la postérité l'institution des récompenses dé-
» cernées par le héros à l'honneur et à la bravoure ;
« De consacrer la mémoire des immenses travaux créés par
» sa pensée, qui ont fait, de l'espace occupé par l'armée, un
» rempart formidable et le centre d'une impulsion nécessaire au
» repos du monde ;
« Enfin, de vouer à la vénération des peuples, le lieu où
» l'empereur Napoléon venait partager les travaux et les fatigues
» de son armée, la façonnant à de nouveaux combats, et prépa-
» rer le succès de sa vaste entreprise. »

« Exprimant le vœu de l'armée, le maréchal commandant en
chef arrête le programme suivant :

« Sur un piédestal quadrangulaire, il sera érigé une colonne
» de 50 mètres d'élévation, surmontée de la statue colossale
» de S. M. l'Empereur... en bronze, revêtue des ornements im-
» périaux... elle portera le sceptre et la couronne ;

« Les quatre faces du piédestal représenteront :
« Sur la première, l'hommage que l'armée fait de ce monu-
» ment à Napoléon... le sujet sera allégorique et par inscription ;
« Sur la seconde... la distribution de l'aigle de la Légion d'hon-
» neur, par S. M... le 28 thermidor an XII ;
« Sur la troisième, le plan des ports de Boulogne, Wimereux
» et Ambleteuse, et la flottille en rade ;
« La quatrième offrira l'aspect des camps de la colonne et de
» celui de la Tour d'Ordre (1), poste consacré par le séjour qu'y
» a fait S. M.

« Les tables des quatre faces du piédestal seront en bronze et
» représenteront en relief les sujets exprimés ci-dessus.

« Les ornements du piédestal et le chapiteau offriront dans
» une proportion exacte les divers bâtiments de la flottille et des
» trophées d'armes de toute espèce.

« L'entablement du piédestal et le chapiteau seront en marbre
» blanc statuaire, et la colonne en marbre blanc du Boulonnais.

« Dans l'intérieur du piédestal, il sera pratiqué une chambre
» d'archives pour y renfermer l'historique de l'expédition, les
» médailles frappées depuis le gouvernement de S. M... et le
» contrôle de l'armée.

« Les militaires de l'armée travailleront et concourront seuls
» à la confection de ce monument ; quatre commissaires seront
» désignés pour en suivre l'exécution.

---

(1) Tour d'ordre ou d'odre, construction romaine dont il existe encore quelques débris, et qu'on prétend être celle mentionnée par Suétone, dans la *Vie de Caligula* (§ 46), comme ayant été élevée par ordre de cet empereur. D'après d'anciennes gravures, reproduites par Montfaucon (t. IV, *Supplément*, page 50) ainsi que dans les ouvrages précités de MM. Henry et Bertrand, le plan de cette tour était octogonal ; elle se composait d'à peu près 13 étages en retraite l'un sur l'autre, celui du bas d'environ 11 toises et demie de diamètre, celui du haut d'une toise seulement, tous ensemble de 23 toises de hauteur ; enfin, elle aurait été anciennement fortifiée par les Anglais lors de leur séjour sur cette côte. (On trouve ces différentes gravures réunies, au riche cabinet des estampes qui fait partie de la bibliothèque nationale, dans le portefeuille relatif au Boulonnais.)

---

« La statue de S. M... ainsi que les reliefs et ornements du
» piédestal et du chapiteau seront donnés en concours aux ar-
» tistes les plus distingués de l'Empire.

« La colonne sera placée entre le quartier général impérial de
» la Tour d'Ordre et le camp de la 1re division, à la vue du con-
» tinent, en face du canal et des îles britanniques.

« Il sera fait, à Boulogne, une fondation à perpétuité pour la
» conservation de ce monument.

« Le maréchal commandant en chef,
» SOULT. »

Le 6 brumaire suivant, l'Empereur écrivait au maréchal, en
lui témoignant sa sollicitude pour l'armée : « ... J'apprécie les
» sentiments qui l'animent. Le monument qu'elle veut élever...
» servira d'époque pour les événements militaires qui le suivront,
» et dont la gloire surpassera les dangers et les fatigues (1). »

Les généraux de division Andréossi et Suchet, le général de
brigade Bertrand et le colonel Franceschi furent aussitôt désignés, aux termes du programme, *pour suivre l'exécution du monument* ; le général Combis, commandant la division des transports de la flottille, et l'ordonnateur en chef Arcambal leur
furent presque immédiatement adjoints (2).

Nous extrayons ce qui suit des *procès-verbaux* de cette commission (3).

« 17 brumaire an XIII. — Le président annonce que le nouvel
» emplacement que la commission a jugé le plus convenable...
» est situé, à l'Ouest, à 200 mètres de la route de Calais, dans
» la direction du Mont-Lambert et du fort de la Crèche.... »

---

(1) Napoléon ajoutait : « Je suis informé qu'il y a des duels à Boulogne... Le soldat français n'a pas le droit d'exposer sa vie pour de vaines subtilités... Tout sang versé sans tourner à l'honneur du drapeau et de la patrie est un crime... » Un ordre du jour du maréchal, en date du 9 brumaire, porte : «...Tout sous-officier qui sera surpris en duel sera suspendu de son grade et renvoyé au dépôt ; tout grenadier ou soldat passera dans une compagnie de fusiliers du dépôt. Tout officier qui sera convaincu de n'avoir point empêché un duel auquel il aurait pu s'opposer, sera rayé des bataillons de guerre, renvoyé au dépôt et privé de l'honneur de participer à la gloire de l'expédition. »

(2) Les membres de la commission ont tous été renouvelés à différentes reprises, en raison des événements ultérieurs. Nous croyons devoir consigner ici une mention particulière au sujet du colonel Franceschi.

On sait que, parmi les enrôlés volontaires de 1792, se trouvaient un grand nombre de jeunes artistes, dont plusieurs ont poursuivi la carrière des armes, où plusieurs se sont depuis illustrés. Tels étaient : Kléber, qui avait étudié l'architecture sous Chalgrin, et auquel on attribue une petite maison à péristyle ionique sur le quai de Billy, à Paris ; le général Damas, aide de camp de Kléber, avec lequel il avait étudié l'architecture ; Lejeune, qui a continué à manier le pinceau en même temps que l'épée, et dont les tableaux de bataille ont obtenu des succès si populaires. Tel était Franceschi, qui s'était d'abord livré à l'étude de la statuaire sous le célèbre Julien, et qui faisait partie de la *légion des arts*.

Il y avait quatre frères Franceschi Delonne, nés à Lyon, dont deux jumeaux ; deux au moins s'étaient livrés à l'étude de la sculpture, et tous quatre sont morts des suites de la guerre.

Deux d'entre eux avaient été tués, l'un, officier de hussards, au passage du Rhin, en l'an IV ; l'autre, capitaine aide-de-camp, en Égypte, en l'an XI.

Celui dont il s'agit ici principalement, enfermé dans Gênes avec Masséna, avait eu le courage et le bonheur de traverser deux fois la flotte anglaise, pour apprendre au premier Consul la position fâcheuse de l'armée et pour reporter dans Gênes la promesse d'un prompt secours. (Voir le *Journal du siège de Gênes*, par le général Thiébault, p. 132 et 193 ; les *Victoires et Conquêtes*, t. VI, p. 537 ; le *Consulat et l'Empire*, t. I, p. 281 et IV, p. 354.) Aide-de-camp du maréchal Soult au camp de Boulogne, tout porte à croire qu'on doit aux souvenirs artistiques de Franceschi l'idée première de la colonne de Boulogne et les indications contenues dans le programme ; il est certain qu'il a pris la part la plus active aux premiers travaux, et il avait même composé de premières *maquettes* pour la statue et les bas-reliefs. — Devenu général de brigade, il fut fait prisonnier en Espagne, et est mort de la fièvre jaune dans les prisons de Carthagène, en 1810. On a dit sans fondement qu'il avait été cruellement mis à mort ; les renseignements qui existent aux archives de la guerre constatant qu'il avait reçu tous les soins que comportait sa captivité.

Le dernier frère, aide-de-camp du précédent, est mort à Lugo, en Espagne, des suites de ses blessures.

(3) Registres déposés aux archives de la préfecture à Arras.

NOUVELLE RÉDACTION DU PROGRAMME « qui invite les artistes de « l'Empire, d'après l'autorisation du maréchal, à lui adresser « leurs projets avant le 10 nivôse », ajourne l'exécution du quatrième bas-relief mentionné ci-dessus, demande un aperçu des dépenses et décide « que le programme sera envoyé à tous « les journaux afin de lui donner toute la publicité possible et « d'obtenir... le concours de talents et de lumières qu'exige « l'importance du sujet. »

18 *brumaire an XIII.* — POSE DE LA PREMIÈRE PIERRE :

« La commission s'est rendue chez M. le maréchal commandant en chef où se sont assemblés MM. les généraux commandant les divisions et les différentes armes, M. l'amiral Bruix, et MM. les officiers généraux et supérieurs de la flottille, les chefs de toutes les administrations militaires, enfin, les autorités civiles, ainsi qu'une députation du conseil municipal de Boulogne...

» ... Les souvenirs encore récents des biens dont le 18 brumaire a été l'annonce et la source, la comparaison du temps qui l'a suivi au chaos qui le précéda; enfin, la cérémonie fixée à ce jour même pour la pose de la première pierre du monument offert par l'armée à l'Empereur, et le rapprochement de l'époque où il fonda le bonheur de la France avec celle où il allait recevoir un témoignage éclatant d'amour et d'admiration : tout donnait au 18 brumaire an XIII, une grandeur, une solennité extraordinaires...

» M. le président de la commission reçoit communication de trois lettres.

» La première... de M. l'amiral Bruix qui... réclame pour l'armée navale, *d'être confondue de fait, comme elle l'est de cœur, dans l'expression des sentiments qu'elle partage avec l'armée de terre... et l'honneur inappréciable d'être associée dans l'acte honorable et glorieux dont S. M. a bien voulu agréer l'hommage.*

» La seconde... de M. le maréchal commandant en chef... renferme son acceptation au nom de l'armée de l'association honorable offerte par M. l'amiral, l'invite à désigner dans la flottille un commissaire pour la représenter... et le vœu que *cette association, faite sous les auspices de la gloire et de la grandeur du monarque,... soit à jamais le gage de l'attachement et de la confiance qui existent entre les deux armées.*

» Enfin la troisième, de M. l'amiral à M. le maréchal,... contient la nomination de M. le général Combis à la place réservée dans la commission... Organe des marins de tous grades qu'il commande, M. l'amiral fait connaître combien ils sont heureux de l'accomplissement de leurs vœux... *Il a l'intime conviction que la noble association qui vient d'être conclue sera pour la flottille l'heureux présage des succès et des victoires qui ont éternisé la gloire de l'armée.*

» ... Image des corps qu'elle représente, la commission a éprouvé comme l'armée la joie la plus vive de cette association... et son zèle pour le succès de l'entreprise a augmenté en même temps que les moyens de l'obtenir.

» La députation du conseil municipal a présenté à M. le maréchal un arrêté de ce corps par lequel la ville de Boulogne *regrettant que l'ordre du jour du 1ᵉʳ vendémiaire réservé exclusivement aux militaires l'honneur de concourir à la confection du monument,... sollicite du moins celui d'y contribuer par la cession du terrain* (1).

(1) L'emplacement cédé par la ville de Boulogne est d'une étendue de 4 hectares.

» ... Après une messe solennelle célébrée à l'église paroissiale,... le cortège s'est porté sur le terrain destiné à l'érection du monument... De ce point, un horizon immense embrasse la ville, les camps, les ports de Boulogne, Wimereux et Ambleteuse, les îles britanniques et une vaste étendue du continent.

» Formés en bataillon carré, tous les grenadiers de l'armée et des détachements de tous les corps... et de toutes les escadrilles, étaient réunis autour des fondations du monument.

» ... Le maréchal, assisté d'un grenadier par régiment, a placé la première pierre de la colonne... Cet événement a été consigné dans l'inscription suivante gravée sur un bloc de marbre du Boulonnais qui a été placé dans les fondations :

PREMIÈRE PIERRE
DU MONUMENT D'ACERNÉ
PAR L'ARMÉE EXPÉDITIONNAIRE DE DE BOULOGNE
ET LA FLOTTILLE
A L'EMPEREUR NAPOLÉON,
POSÉE PAR LE MARÉCHAL SOULT, COMMANDANT EN CHEF,
18 BRUMAIRE AN XIII (9 NOVEMBRE 1804).
ANNIVERSAIRE DE LA RÉGÉNÉRATION DE LA FRANCE.

26 nivôse an XIII. (Séance extraordinaire convoquée par le maréchal dans son hôtel, à Paris, « à l'effet de recevoir, discuter et arrêter les projets et devis remis par les artistes *choisis* (1) pour exécuter ce monument.

» ... Examen du modèle... Après plusieurs observations,... on » renonce à l'emploi du marbre statuaire pour l'entablement du » piédestal et le chapiteau.

» MM. Houdon, Moitte (2), Georgery, Labarre (3) et Getty,... » désignés par leur réputation et l'opinion publique pour coo- » pérer à cette grande entreprise, ont remis leurs devis à la » commission qui, après les avoir examinés séparément, et dis- » cuté hors de la présence des artistes, a arrêté ce qui suit :

» M. Houdon sera chargé de l'exécution de la statue... et » des trois aigles de support; il lui sera alloué... 122,000 fr., et » tous les faux frais... seront à sa charge... excepté les transports » de Paris à Boulogne.

» M. Moitte sera chargé de l'exécution des bas-reliefs en » bronze,... des deux aigles sur le piédestal,... des deux lions » qui orneront les deux côtés de la chambre des archives... Pour » l'ensemble de ce travail il lui sera alloué 110,000 fr.... Tous les » faux frais demeureront à sa charge.

» M. Getty sera chargé de mouler et couler en bronze... la » statue,... les bas-reliefs,... les trophées,... les lions... et les » trois aigles qui doivent servir de support à la statue... Il lui » sera alloué... 174,000 fr.

» A l'égard de MM. Labarre, architecte, et Georgery, sculp- » teur en marbre... la commission suspend toute détermination » de prix, etc.

10 *germinal*. Lettre de la commission à M. Labarre, approuvant le devis présenté par lui, et consentant « à ce que les ou-

(1) Ces mots, ainsi que les pièces précitées, indiqueraient qu'il y aurait eu préalablement *concours*, et par conséquent *présentation* et *examen* d'un certain nombre de projets. Mais aucune pièce ne constate rien de semblable; aucun recueil, aucun ouvrage de cette époque ne mentionne d'autre projet que celui de M. Labarre, et aucun des artistes contemporains qu'il nous a été possible de consulter n'en a gardé non plus nul souvenir.
(2) Ces deux artistes étaient dès lors membres de l'Institut.
(3) Déjà en 1801, M. Labarre (élève de M. Raymond) avait obtenu le prix sur vingt-huit pièces concurrentes, dans un concours ouvert par le gouvernement pour l'emplacement du Château-Trompette à Bordeaux. Ce projet n'a pas été exécuté. (*Notice historique sur M. Labarre*, décédé membre de l'Institut, par M. Quatremère de Quincy.)

» vrages ne lui soient pas donnés à l'entreprise, mais soient exé-
» cutés par économie sous sa direction et surveillance, sauf à
» régler ensuite ses honoraires, etc... »

14 prairial. Le devis des constructions est fixé à 1,559,408 fr.
« ... Sur les 30,000 fr. qui seront mis chaque mois à la dispo-
» sition de M. Labarre... il est autorisé à prélever par mois la
» somme de 1800 fr. en déduction du montant de ses hono-
» raires qui demeure fixé à 150,000 fr. » (Voir ce qui sera dit
ci-après à ce sujet.)

Enfin, le 25 pluviôse an XIII, le maréchal écrivait à l'Empereur :

« V. M. a daigné accueillir la demande que j'ai eu l'honneur
» de lui faire du bronze nécessaire pour la *Colonne Napoléone*...
» Je supplie V. M... de donner des ordres pour qu'il soit mis
» cent milliers de bronze à la disposition de la commission...
» La fidèle armée qui vous a fait cet hommage remplacera le
» bronze qu'elle a l'honneur de vous demander, aux dépens des
» ennemis de V. M., dès que pour les combattre, elle aura le
» bonheur de les joindre » ; et bientôt après, à la suite de la
bataille d'Austerlitz, et comme commandant le 4° corps qui envoyait 49,012 kilogrammes de bronze conquis sur l'ennemi, le
maréchal écrivait de nouveau : « Sire..., je vous ai emprunté
» du bronze pour la *Colonne Napoléone* ; je vous le rends aujourd'hui, intérêts et capital » !

La composition et la fonte de la statue et des bas-reliefs
eurent lieu immédiatement (1). L'exécution des constructions
devait avoir lieu en quatre années ; en même temps qu'on
achevait les fondations, on extrayait et l'on préparait les
marbres des Boulonnais ; on exécutait les modèles (2) de la colonne et de l'échafaud en charpente, ainsi que cet échafaud
même qui s'élevait à près de 60 mètres (3) ; enfin, on commençait la construction de la colonne. Tous ces travaux furent
d'abord exécutés en régie ; mais bientôt on renonça à ce mode
d'exécution, et des marchés furent passés avec les divers
fournisseurs et entrepreneurs. Un devis général, présenté par
M. Labarre le 21 mai 1808, portait l'ensemble de la dépense à
2,447,134 fr., compris la statue, les bas-reliefs, etc.

Pour couvrir les frais d'érection du monument, les officiers
de terre et de mer et tous les employés supérieurs avaient voté
un jour de paye par mois ; les sous-officiers et soldats une demi-journée. Cette retenue fut opérée pendant tout le séjour des
troupes sur les côtes et continua, après leur départ, pour presque tous les corps et principalement pour le 4° corps, commandé
par le maréchal Soult, tant dans le Nord qu'en Espagne. En
1809, après avoir chassé les Anglais de la Corogne, il affectait
à la *Colonne Napoléone* la valeur des bâtiments et des marchandises que les Anglais avaient abandonnés. Un corsaire de la *Corogne* lui demandait des lettres de marque, et il y mettait pour condition que celui-ci verserait, pour la colonne, le dixième de la
valeur de ses prises. Il consacrait à la même destination une
somme considérable provenant des prises faites par un corsaire
qu'il avait armé à ses frais, lorsqu'il commandait en Prusse, etc.

(1) On peut en voir les dessins dans les *Monuments des victoires et conquêtes
des Français*, publiés par Panckoucke (un vol. oblong).
(2) Ces modèles sont conservés au Musée de la ville.
(3) Lorsqu'il s'agit du *tecage* de cet échafaud, les ouvriers charpentiers ayant
mis en avant des prétentions exagérées, les marins et les charpentiers de la flottille
furent aussitôt chargés de cette opération et l'exécutèrent avec autant d'adresse
que de célérité.

Mais déjà commençaient les embarras, les revers qui précédèrent la chute de l'Empire ; cette dernière somme passa par
Dantzick, et elle y fut retenue pour subvenir aux besoins de
l'armée. Dès 1811, des fonds suffisants cessèrent d'être mis à la
disposition de M. Labarre qui, préférant en véritable artiste la
continuation de son œuvre à ses intérêts personnels, cessa dès
lors de faire aucun prélèvement mensuel pour son propre
compte.

A la chute de l'Empire, la colonne s'élevait jusqu'à la troisième assise au-dessus du piédestal, et la presque totalité des
marbres nécessaires à son achèvement étaient préparés et presque tous prêts à poser. Les travaux restèrent dès lors entièrement suspendus. En 1815, la commission reçut successivement
ordre : 1° de livrer la statue et les bas-reliefs qui avaient été
coulés en bronze, à la fonderie du Roule, à Paris, pour être
employés (1) au rétablissement de la statue d'Henri IV sur le
Pont-Neuf ; 2° et de remettre les constructions à l'administration des ponts et chaussées, qui devait être chargée de faire
servir la colonne à l'établissement d'un phare.

Cette idée n'eut pas de suite, et l'on assure qu'on pensa
à faire démolir ce qui avait été exécuté et à vendre les matériaux (2). Pendant plusieurs années et à différentes reprises, le
conseil municipal réclama et les Chambres recommandèrent en
vain l'achèvement de la colonne, qu'on proposait de consacrer
au souvenir du retour du roi. On proposa même à cet effet une
souscription nationale à laquelle les hauts fonctionnaires, les départements, les communes et toutes les autorités seraient engagés
à participer. Enfin, en octobre 1819, l'ordre fut donné de reprendre les travaux. Le 1er juillet 1821 eut lieu la pose de la
dernière assise du fût, et l'on plaça au centre du noyau de
l'escalier, dans une boîte en plomb, les médailles du règne,
les portraits en cristal de la famille royale, et, sur une plaque
de bronze, l'inscription suivante qui devait être également tracée sur une des faces du piédestal :

CETTE COLONNE
VOTÉE PAR L'ARMÉE RÉUNIE A BOULOGNE
D'OÙ ELLE MENAÇAIT L'ANGLETERRE
A ÉTÉ COMMENCÉE EN 1804,
DEVENUE UN MONUMENT DE PAIX
PAR LA RESTAURATION DU TRONE DES BOURBONS,
ELLE A ÉTÉ ACHEVÉE SOUS LES AUSPICES DE SA MAJESTÉ LOUIS XVIII
ET CONSACRÉE AU SOUVENIR TOUJOURS CHER AUX FRANÇAIS
DE SON HEUREUX RETOUR DANS SES ÉTATS EN 1814.
LA DERNIÈRE PIERRE A ÉTÉ POSÉE LE 1er JANVIER 1821,
M. LE COMTE SIMÉON ÉTANT MINISTRE DE L'INTÉRIEUR,
PAR M. LE BARON SIMÉON,
PRÉFET DU DÉPARTEMENT DU PAS-DE-CALAIS.
LABARRE, ARCHITECTE.

(1) Le maréchal a eu sa possession un fragment d'un des bas-reliefs représentant la partie supérieure de son effigie, faisant à l'empereur hommage du
monument ; fragment qu'il a acquis alors de la fonderie pour la valeur du bronze,
bien que, comme il le faisait remarquer, il l'eût déjà payé et de son sang, et de
sa contribution dans la souscription, et des versements particuliers qu'il avait faits.
Les lions qui avaient été coulés sur les modèles de M. Molitte ont seuls échappés
à cette destruction, et ont été placés à droite et à gauche de la porte d'entrée sur
la principale face du piédestal.
(2) C'est là disposer arbitrairement de constructions élevées aux frais de
l'armée, sur un sol qui lui avait été légalement donné.
Une circonstance à peu près analogue s'est présentée, en 1830, au sujet
de la chapelle Saint-Charles, élevée au moyen de souscriptions particulières,
à la suite de l'assassinat du duc de Berry, sur l'emplacement de l'ancienne salle
de l'Opéra. Mais la démolition de cette chapelle a eu lieu en vertu d'un arrêt de
Cour royale, confirmé en Cassation le 23 décembre 1834, motivé sur la loi du
10 janvier qui avait décidé que cet emplacement serait consacré à une fête publique, et sur les réclamations des propriétaires riverains ; enfin les droits des
souscripteurs sur la valeur des matériaux ont été réservés.

Louis XVIII ayant déclaré que, de son vivant, il ne lui serait pas élevé de statue, on plaça seulement sur la colonne un globe en cuivre doré, fleurdélisé et surmonté de la couronne de France comme le montrent nos planches 419 et 420.

Enfin, après 1830, à la suite d'une nouvelle pétition du conseil municipal recommandée par la Chambre des pairs, et sur la demande du préfet du Pas-de-Calais et du maréchal Soult, le ministre de l'intérieur décida que la colonne prendrait le titre de *Colonne de la Grande-Armée* (1); et, en attendant le rétablissement de la statue de l'Empereur, la couronne royale fut supprimée, et les fleurs de lis remplacées par des étoiles.

M. Labarre (2) mourut en 1833, et fut remplacé comme architecte de la colonne par M. Henry, qui était depuis plusieurs années inspecteur des travaux.

Une nouvelle statue de Napoléon fut commandée en 1838 par M. de Montalivet, ministre de l'intérieur, à M. Bosio, membre de l'Institut, et fondue en bronze par M. Saint-Denis; elle a d'abord figuré sur le bord de la Seine, en face de l'hôtel des Invalides, lors des funérailles de l'empereur. Transportée ensuite à Boulogne, elle a été inaugurée le 15 août 1841.

De nouveaux bas-reliefs en bronze ont été placés sur les deux principales faces du piédestal. Ils représentent:

Celui au-dessus de la porte d'entrée, par M. Bra: *le maréchal Soult et les principaux officiers de l'armée présentant à l'empereur, au camp de Boulogne, le dessin du monument;*

Et celui sur la face opposée, par M. Lemaire (actuellement membre de l'Institut): *l'Empereur distribuant, aussi à Boulogne, les décorations de la Légion d'honneur.*

Les deux autres faces du piédestal portent les inscriptions suivantes rédigées par l'Académie des inscriptions et belles-lettres (3), et gravées sur des tables de marbre:

Face au sud:

SUR CE RIVAGE
LE XVI. AOUT M. DCCC. IV.
NAPOLÉON EN PRÉSENCE DE LA GRANDE ARMÉE
DISTRIBUA LES DÉCORATIONS DE LA LÉGION D'HONNEUR
AUX SOLDATS AUX CITOYENS
QUI AVAIENT BIEN MÉRITÉ DE LA PATRIE.

LE IV<sup>e</sup> CORPS COMMANDÉ PAR LE MARÉCHAL SOULT
ET LA FLOTTILLE SOUS LES ORDRES DU VICE-AMIRAL BRUIX
VOULURENT
PERPÉTUER LE SOUVENIR DE CETTE JOURNÉE PAR UN MONUMENT
LOUIS-PHILIPPE. I ROI DES FRANÇAIS
ACHEVA CETTE COLONNE
CONSACRÉE
PAR LA GRANDE ARMÉE A NAPOLÉON
M. DCCC. XLI.

(1) On doit regretter qu'en rendant à la colonne sa consécration première, on ne lui ait pas rendu le nom de *Napoléon*, ne fût-ce que pour éviter une sorte de confusion avec la colonne que, à son tour, Napoléon avait élevée *à la grande armée*. (Voir cette dernière à notre premier volume.)

(2) M. Labarre avait construit à Boulogne même, une petite salle de spectacle. Nous avons donné dans notre premier volume, la Bourse de Paris, dont il avait été chargé de continuer la construction après la mort de M. Brongniart. Il avait été nommé membre honoraire du conseil des bâtiments civils, et membre de l'Institut, en 1826.

(3) L'auteur anonyme de l'*Histoire de la colonne Napoléone* accuse l'Académie d'avoir d'abord proposé une rédaction où elle indiquait cette colonne comme ayant été construite, et non pas seulement achevée, par Louis-Philippe; mais ce qu'il attribue à une sorte d'adulation n'était qu'une simple erreur dont le savant rédacteur (M. Hase) provoquait lui-même la correction en appelant l'examen de sa rédaction primitive.

Face au nord:

LVDOVICVS. PHILIPPVS. I
FRANCORVM. REX.
QVIBVS. IN. LOCIS. NEAPOLEO. IMP.
EXERCITVI. FLORENTISSIMO. NVNCIO. PROPVGNATORI. PATRIAE.
INSIGNIA. LEGIONIS. HONORATIORVM. DE. SVGGESTV. DISTRIBVIT.
VT. MEMORIA. EIVS. DIEI. QVI. FVIT. D.XVI. AVGVSTI. ANN. M.DCCC.IV.
GLORIOSVS. EXERCITVS.
MONVMENTO. CONSECRATAE. POSTERIS. TRADERENTVR.
COLVMNAM
AB. EXERCITV. D. IX. NOVEMBR. ANN. M. DCCC. IV INCHOATAM.
OPERE. DIV. INTERMISSO,
PERFICIENDAM. CVRAVIT. DEDICARI QVE. PRAECEPIT.
ANN. M. DCCC. XLI.

Les fondations avaient été poussées à 6 mètres de profondeur jusque sur une ce extrêmement dur. Elles sont construites en assises de marbre parfaitement cimentées, et en forme de pyramide quadrangulaire tronquée, flanquée d'arcs-boutants sur les quatre faces.

Toutes les parties en élévation sont exécutées en marbres extraits de carrières entre Brecquenecque et Ferques, à 16 kilomètres environ de distance; celui employé au piédestal est brun; celui qui forme la colonne est gris-blanc et a pris le nom de marbre Napoléon. L'assise supérieure du chapiteau, comprenant le tailloir et les oves au-dessous, est formé de quatre morceaux dont chacun, de près de 3 mètres en carré et de 1 mètre 30 centimètres de hauteur, ferme un cube d'environ 11 mètres et un poids de plus de 30,000 kilogrammes (1).

Nous ajoutons ici le résumé des dépenses qui ont été successivement effectuées:

| | |
|---|---|
| De 1804 à 1812, aux frais de l'armée (dont 226,000 fr. pour l'échafaud)............... | 1,503,000 (2) |
| De 1819 à 1838, par le ministère de l'intérieur................................ | 423,000 |
| De 1838 à 1842, par le ministère des travaux publics................................ | 216,000 |
| De 1841 à 1842, par le ministère de l'intérieur, sur le fond des Beaux-Arts: | |
| Statue par M. Bosio........ 60,000 fr. | |
| Bas-reliefs de MM. Lemaire et Bra............ 30,000 | |
| Fonte par Soyer.......... 20,000 | |
| Frais de transport, montage, pose et inauguration; achèvement des sculptures, etc...... 28,000 | 144,000 |
| Bustes en marbre de l'Empereur, du maréchal Soult et de l'amiral Bruix, placés dans la salle des Archives,........... 6,000 | |
| Somme totale........... | 2,286,000 fr. |

(environ 160,000 fr. au-dessous du devis général que M. Labarre avait produit en 1808).

(1) On peut voir dans la partie minéralogique du *Précis* du docteur Bertrand, indiqué au commencement de cette notice, des renseignements sur la nature de ce marbre et de plusieurs autres, ainsi que des diverses sortes de pierres de construction qui s'exploitent dans les environs de Boulogne.

(2) Il a été alloué à M. Labarre, sur cette partie des travaux, 100,000 fr. dont une portion ne lui a été payée qu'ultérieurement. (Arrêt du conseil d'état du 17 août 1825.) Les honoraires sur les travaux d'achèvement ont été payés à raison de 5 pour cent.

— 32 —

Le sol où la colonne est placée est à 90 mètres environ au-dessus du niveau moyen de la mer, et la hauteur totale de la colonne est de 53 mètres 60 centimètres, compris la statue (1).

Ainsi placée, la colonne est fortement exposée aux intempéries et aux orages. La foudre l'a frappée plusieurs fois, et a endommagé notamment un des quatre morceaux qui forment l'assise du chapiteau. On s'occupe des moyens de remédier à ces dégradations et d'en prévenir d'ultérieures ; et, à cet effet, l'Académie des Sciences a décidé, sur la proposition de sa section de physique, que, la statue elle-même faisant l'office de flèche attractive, il s.affirait d'y rattacher un câble en cuivre enduit de bitume, qui s'enroulera au pourtour du noyau de l'escalier, de façon à n'être ni apparent à l'extérieur, ni exposé à être détruit par l'air salin, et qui ira s'immerger dans un puits hors de l'enceinte (2).

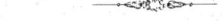

## COLONNE ÉLEVÉE AU GÉNÉRAL DUPUY,

A TOULOUSE (HAUTE-GARONNE);

Par M. URBAIN VITRY, architecte de la ville.

### 1827.

1 planche numérotée 356.

Dominique Dupuy, toulousain, parti en 1792 à la tête du premier bataillon de volontaires de la Haute-Garonne, incarcéré ensuite comme suspect de fédéralisme, puis délivré au 9 thermidor, se signala successivement en Italie et en Égypte à la tête de la 32e demi-brigade, composée de Toulousains.

Au combat de Lonato Bonaparte disait : « J'étais tranquille ; la 32e demi brigade était là. »

Nommé général sur le champ de bataille des Pyramides, puis commandant du Caire, Dupuy, lors de l'insurrection qui éclata dans cette ville, s'élança à la tête d'un piquet de dragons et tomba blessé mortellement, ce qui fit dire à Bonaparte : « J'ai perdu un « ami et la France un de ses plus généreux défenseurs. » Une fête funéraire fut alors célébrée à Toulouse ; un arrêté des consuls ordonna qu'un monument y serait élevé à la mémoire de Dupuy et de la 32e demi-brigade, et la première pierre en avait été posée sous le gouvernement impérial. En 1827, un concours fut ouvert pour l'exécution du monument sur la place Saint-Georges, et la préférence fut dès lors donnée à un premier projet de M. Urbain Vitry, composé principalement, comme celui qui a été définitivement exécuté, d'une colonne en *fonte de fer*, matière peu employée encore alors en architecture.

Depuis, sur les instances des habitants du faubourg Saint-Étienne, il fut décidé que le monument serait élevé sur la place de ce faubourg, et qu'il serait modifié de façon à servir de fontaine.

Le bassin de cette fontaine et les bornes sont en grès de Carcassonne ; le double socle au-dessus est revêtu en marbre jaune de la penne Saint-Martin, et le piédestal en marbre blanc statuaire de Saint-Béat (Pyrénées).

---

(1) Voir à notre 2e volume, l'indication comparative que nous avons donnée à propos de la colonne de Juillet, à Paris, de la hauteur respective des principales colonnes monumentales connues.

(2) Le même moyen a été indiqué par M. Arago, secrétaire perpétuel de l'Académie, à M. le ministre des travaux publics des États romains, qui avait réclamé l'avis de l'Institut sur les moyens de préserver la colonne Trajane des atteintes de la foudre.

Les griffons aux angles du piédestal ont été modelés par M. Griffoul-Dorval, statuaire à Toulouse, et fondus en fonte de fer par M. Olin-Châtelet, à Toulouse.

La colonne a été fondue dans l'usine de Terre-Neuve à Saint-Étienne (Loire).

La statue de la Victoire qui surmonte la colonne est en bronze et était autrefois sur le donjon du Capitole de Toulouse. Elle est de Nicolas Bachelier, célèbre sculpteur et architecte toulousain, élève de Michel-Ange (1).

La dépense s'est élevée à 33,550 fr. qui se décomposent ainsi qu'il suit :

| | |
|---|---:|
| Fondations en maçonnerie de cailloux et briques. | 5,400 f. |
| Bornes et bassin en grès de Carcassonne. | 3,550 |
| Marbrerie. | 3,400 |
| Colonne en fonte de fer. 10,500 f. | |
| Mise en place et peinture en bronze. 800 | 11,300 |
| Sculpture du bas-relief. | 4,000 |
| Modèle et fonte des griffons. | 4,500 |
| Divers articles. | 1,400 |
| | 33,550 f. |

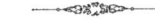

## STATUE DE GUTTEMBERG,

A STRASBOURG (BAS-RHIN);

Le piédestal par M. A. LECLERE, architecte, actuellement membre de l'Institut, et du conseil général des bâtiments civils.

La statue par M. DAVID D'ANGERS, membre de l'Institut.

### 1840.

1 planche numérotée 320.

Plusieurs villes d'Allemagne se sont disputé l'honneur d'avoir donné naissance à Guttemberg. Les doutes à cet égard ne paraissent pas encore entièrement fixés. mais il paraît reconnu généralement que c'est à Strasbourg qu'il a fait ses premiers essais de typographie, et c'est à ce sujet qu'a été élevé le monument que nous représentons ici.

Les fondations en ont été établies sur une couche de béton de 1 mètre de hauteur surmonté d'un massif en moëlon et mortier de chaux hydraulique de 4 mètres de côté et de 3 mètres de hauteur. Le piédestal est formé de 3 assises, chacune en un seul morceau de grès rouge des Vosges, carrière de Wasselonne. Toute cette construction a coûté à forfait 6,000 fr.

M. David d'Angers a composé et modelé gratuitement la statue et les 4 bas-reliefs, représentant les bienfaits de l'imprimerie en Europe, en Asie, en Afrique et en Amérique.

Le bronze et la fonte, exécutée par MM. Soyé et Inger fils, de Paris, ont coûté :

| | |
|---|---:|
| Pour la statue. | 10,000 f. |
| Et pour les 4 bas-reliefs. | 4,000 |

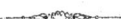

---

(1) Il y a à Toulouse un certain nombre de maisons, de statues dans diverses églises, etc., attribuées à Bachelier ; on conserve des quittances signées de lui, comme *tailleur de pierres*, notamment pour une façade d'église qui lui était payée 3 sous le pan. (*Histoire de Toulouse*, par Cayla et Pariot, Toulouse, 1839, p. 481.

# PANORAMA,

A PARIS (SUITE), AUX CHAMPS-ÉLYSÉES ;

Par M. HITTORF, architecte.

M. LANGLOIS, fondateur.

## 1854.

1 planche numérotée 201.

Nous ne pouvons mieux faire que d'extraire ce qui suit d'une intéressante notice publiée par M. Hittorff sous le titre de *Description de la rotonde des panoramas élevée dans les Champs-Élysées, précédée d'un aperçu historique sur l'origine des panoramas, et sur les principales constructions auxquelles ils ont donné lieu* (1).

Nous nous bornerons principalement, dans cet extrait, à ce qui concerne la disposition et l'exécution, en élaguant avec regret une partie des considérations judicieuses de M. Hittorff sur cette invention et sur les perfectionnements successifs qu'elle a reçus.

« … Quoique les Allemands attribuent l'invention des dessins des panoramas (2) au professeur Breisig, de Dantzick, il est généralement admis que cette découverte est anglaise, et que ce fut Robert Barker qui exposa, en 1793, le premier panorama dans la ville d'Édimbourg, et ensuite à Londres.

» Nous n'avons aucune donnée sur les constructions qui ont servi à l'exposition des premiers panoramas en Angleterre. Il est probable que les deux rotondes élevées au commencement de ce siècle à Paris, sur le boulevard Montmartre, et qui reçurent les premières peintures de ce genre, dont le système venait d'être importé en France par Robert Fulton, furent une imitation des panoramas anglais. Elles n'avaient que 14 mètres de diamètre, avec un plateau, au centre, de 18 mètres de circonférence. En pensant à cette dimension restreinte, on a droit d'être étonné du grand effet que produisirent les panoramas exécutés par M. Prevost. Les travaux ultérieurs qu'il exécuta dans une nouvelle rotonde plus spacieuse lui valurent des succès continuels plus beaux et plus durables… Cette nouvelle rotonde était située entre la rue Neuve-Saint-Augustin et le boulevard des Capucines… Le diamètre intérieur était d'environ 32 mètres, et elle avait 16 mètres d'élévation. Un pilier, au centre, sur lequel venaient se réunir les arbalétriers, et duquel partaient les jambes de force à la hauteur de la sablière du comble, en soulageait la portée. La plate-forme du milieu avait 11 mètres de diamètre. Le jour arrivait par une zone de châssis vitrés établis dans la partie inférieure du comble. »

« … Après 1823, époque de la mort de M. Prevost (3), il était réservé à M. Ch. Langlois de faire faire aux résultats déjà obtenus un pas immense en ajoutant à toutes les illusions connues celle d'associer à l'ensemble du site représenté le lieu même qui servait à recevoir les spectateurs. Dans son célèbre tableau de la bataille de Navarin, cet emplacement fut transformé en un vaisseau, avec tout son armement et son gréement… A part l'augmentation du diamètre intérieur, porté à 35 mètres, et la diminution de hauteur des murs réduits à 12 mètres, la rotonde élevée rue des Marais-du-Temple était conçue dans un même système que la rotonde du boulevard des Capucines.

» Dans le même temps à peu près, une construction plus importante que toutes celles qui avaient été élevées à Paris et ailleurs s'exécutait à Londres pour la vue panoramatique de cette ville. M. Thomas Hornes, fondateur et propriétaire de l'entreprise, fit peindre ce panorama d'après les esquisses dessinées par lui-même au sommet de la coupole de Saint-Paul… Cet édifice, élevé à l'entrée de *Regent's-Park*, porte le nom de *Colosseum*… Le plan est un polygone à seize faces, dont le diamètre intérieur, mesuré d'un angle à l'autre, est d'environ 38 mètres ; une coupole à plein cintre en forme la couverture, et le jour y pénètre au sommet par une lanterne vitrée de 11m,50 de rayon…. Tout l'édifice est construit en briques. Ses murs ont environ 1 mètre d'épaisseur dans le bas, et les angles sont consolidés par des pilastres à l'intérieur, qui correspondent avec d'autres pilastres aux angles des façades. La hauteur des murs est à l'extérieur d'à peu près 19m,50, dans l'intérieur de 24 mètres, et depuis le sol jusqu'au sommet de la lanterne, de 34 mètres. Au milieu, deux cylindres concentriques en pans de bois supportent trois galeries d'où l'on peut voir la peinture à différentes hauteurs. Les spectateurs peuvent se faire monter, par l'action d'une machine à vapeur de la force de six chevaux, au niveau de la première galerie…. La toile est clouée en haut sur un cercle éloigné du mur de 0m,75 ; ce cercle forme la base d'une fausse coupole… qui réduit le véritable diamètre à… 36m,50 et qui est couverte d'un enduit sur lequel est peint le ciel qui se raccorde avec la toile… Autour de l'escalier circulaire du cylindre central est pratiquée une grande salle… destinée à différentes expositions, etc…. L'édifice a coûté 30,000 liv. sterl. (750 à 760,000 fr.) ; il a été exécuté sur les dessins et sous la direction de M. Décimus Burton… »

« L'ensemble présente, comme masse, une grande ressemblance avec le Panthéon d'Agrippa, et plus encore avec l'église élevée par Canova à Possagno, lieu de sa naissance… »

« …. La place occupée par le spectateur imite bien la réalité du lieu dont le peintre a dessiné la vue ; mais les localités sont d'étroits corridors qui ne permettent de regarder le tableau que devant soi… ce qui produit un effet peu satisfaisant… Le bas de la lanterne se compose de trente-deux courbes et de leurs entretoises horizontales, dont les carrés sont croisillonnés et remplis de verres blancs non dépolis, il résulte encore de l'ombre portée par ces bois sur le tableau et de la vivacité de la lumière reflétée sur la toile à travers les carreaux, quand il y a du soleil, l'absence de toute illusion… »

« … En résumé…. loin qu'il y ait perfectionnement dans le panorama de Londres, il n'y a rien qui puisse être comparé ni aux anciens procédés appliqués aux belles pages de M. Prevost, ni aux nouveaux procédés qui ont produit les pages non moins belles et d'une illusion plus complète encore de M. Langlois… En France, où l'on devait déjà à l'auteur des panoramas de Navarin, d'Alger et de la bataille de la Moskowa, des innovations si remarquables, il était également réservé à cet artiste d'être .. le fondateur d'une

---

(1) *Revue de l'Architecture*, publiée par M. Daly, 2e volume, 1842 ; et tirage à part in-4°, 5 planches de plans, élévations, coupes et détails. — On peut également consulter avec fruits sur ce sujet l'article *Panorama* dans le *Dictionnaire des Beaux-Arts*, par Millin (1806, 3 vol. in-8°), ainsi que le Rapport qui y est cité comme ayant été fait à l'Institut par M. Dufourny sur les panoramas de M. Prevost dont il sera parlé ci-après, etc.

(2) De πᾶν tout, et ὅραμα, vue.

(3) M. Prevost avait principalement exposé les panoramas ci-après : sous l'empire, les vues de Paris, Lyon, Toulon, Londres, Rome et Naples, *l'entrevue de Tilsitt et la bataille de Wagram* ; sous la restauration, le *débarquement de Louis XVIII à Calais*, la *vue de Jérusalem* et en dernier lieu celle *d'Athènes*, qu'après sa mort on a appelée le Chant du cygne. Un de ses élèves a fait depuis sur ses dessins et exposé la vue de Constantinople.

rotonde qui devait surpasser en grandeur même le vaste édifice fondé par M. Horner.

» Les projets d'embellissement des Champs-Élysées donnèrent à M. Langlois l'idée de faire construire dans cette belle promenade une rotonde pour l'exposition des panoramas... Un grand espace circulaire situé sous un massif qui sépare le Cours-la-Reine du grand carré des fêtes ayant été jugé le plus convenable..., un arrêté pris par M. le préfet... à la suite d'une ordonnance royale.... concéda ce terrain à M. Langlois pour une jouissance de quarante années... »

« Longtemps avant, j'avais dû m'occuper du projet... Les principales conditions du programme avaient été :

» 1° De porter le diamètre de la rotonde à 40 mètres;

» 2° De disposer la couverture en forme conique, avec l'entière suppression du poteau central;

» 3° D'éclairer la rotonde au moyen d'une zone de châssis vitrés éloignée de 2 à 3 mètres du pied du comble;

» 4° D'éviter qu'aucun corps intermédiaire entre les châssis et le mur de la rotonde pût porter ombre sur la toile;

» 5° Enfin, de satisfaire à toutes ces données avec le moins de dépense possible, tout en adoptant, à l'extérieur de l'édifice, une disposition décorative qui pût donner quelque intérêt à son aspect... »

« ... Cette nécessité me suggéra l'idée d'appliquer à la nouvelle construction le système de suspension des ponts, au moyen de câbles en fil de fer.

» Dans les premières études... j'avais établi six contre-forts auxquels étaient fixés autant de câbles; ces câbles soutenaient, à leur point central de réunion, un poinçon principal d'un comble en fer... La plus grande dépense que cette construction devait naturellement occasionner fit renoncer à l'emploi du fer.

» En charpente il était possible, soit de suspendre, comme dans la construction en fer, le comble au milieu, soit de le suspendre à quelque distance du centre. Je préférai ce dernier parti, qui se prêtait davantage à l'emploi de bois légers... Du reste, je conservais la division en six pour les contre-forts, etc... Des craintes, qui sont toujours la première impression produite par une application de tout nouveau système de construction ayant quelque hardiesse apparente... durent me faire renoncer à cette seconde modification... »

» Je fis donc un nouveau projet, dans lequel... je doublai le nombre des points d'appui; puis, au lieu d'établir, seulement entre les deux contre-forts de la façade principale, les bureaux et logements d'employés, disposition qui laissait au monument tout son caractère d'unité, j'ajoutai au pourtour de la rotonde des portiques à arcades. »

M. Hittorf expose ensuite avec détails :

1° La théorie qui avait présidé à la conception de ce second projet dont il donne également le figuré;

2° Les motifs de sécurité que ce projet lui paraissait présenter;

3° Les regrets que lui ont fait éprouver, au moins en partie, les modifications et additions demandées tant par M. Langlois et par un ingénieur distingué que par le conseil des bâtiments civils, et dont est résulté le projet exécuté et représenté par nos planches.

4° Enfin l'activité qui a été apportée à cette construction difficile, exécutée en huit mois, et l'habileté qu'y ont déployée MM. Duprez, Chavier et Roussel, chargés, le premier de la charpente, le deuxième de la confection des câbles et de leurs accessoires, et le troisième des chaînes verticales.

Il termine en ajoutant à juste titre :

« On doit regarder la dépense de 300,000 fr. pour une pareille construction comme offrant, sous le rapport de l'économie, un résultat fort avantageux, lequel, joint aux autres avantages obtenus, me donne la conviction d'avoir satisfait, autant qu'il était en mon pouvoir, à tous les principes énoncés au programme. »

D'après les renseignements qu'ont bien voulu nous donner MM. Hittorf et Langlois, il ne paraît pas qu'en Angleterre ni en aucun autre pays, il ait été élevé aucune construction de ce genre qui surpasse en grandeur et comme mérite de disposition spéciale, celle dont il est ici question.

M. Langlois y a successivement exposé, à partir de janvier 1839, *l'Incendie de Moskow*, et à partir de juin 1843, la belle *Bataille d'Eylau* qui excite encore l'admiration publique.

Il prépare en ce moment, d'après les études qu'il a faites récemment en Égypte, la vue de la *Bataille des Pyramides*.

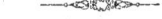

## PLACE DE LA CONCORDE,

A PARIS (SEINE);

Architectes :

M. GABRIEL, en 1763;

M. HITTORF, en 1836.

3 planches numérotées 251, 252 et 253.

Le *Cours-la-Reine*, la première promenade plantée à Paris, avait été créé par les soins de Catherine de Médicis; le *grand Cours* (depuis, les *Champs-Élysées*) avait été planté sous le ministère et par les soins de Colbert; et les terrasses des Tuileries avaient également été construites sous Louis XIV, lors de la plantation de ce jardin par Le Nôtre, à peu près telles qu'elles existent maintenant, sauf les espèces de pans coupés qui avaient été réservés aux deux extrémités.

Mais l'immense espace intermédiaire n'était encore occupé, dans la première partie du règne de Louis XV, que par des jardins maraîchers et quelques magasins de marbres, tous appartenant au roi (1).

Il y fut d'abord établi une disposition demi-circulaire qui se rattachait à la porte de la Conférence, laquelle existait alors à l'extrémité du quai des Tuileries.

En 1748, après la paix d'Aix-la-Chapelle, le prévôt des marchands et les échevins de la ville de Paris présentèrent à Louis XV, dès lors dit le *Bien-Aimé*, « une délibération tendante » à ce qu'il lui plût de leur permettre de transmettre à la » postérité leur zèle pour sa gloire, la reconnaissance et l'a-» mour de ses sujets, par un monument décoré de sa statue » équestre, en telle forme et dans tel emplacement qu'il lui » plaira d'ordonner (2). » Les architectes furent appelés à propo-

---

(1) Nous empruntons principalement les faits ci-après, en ce qui concerne le premier état de cette place, à l'ouvrage publié par Patte sous le titre de *Monuments érigés en France à la gloire de Louis XV*, etc., 1755, in-folio.

(2) Expressions rappelées dans les *lettres patentes* de 1757 mentionnées ci-après. Voir au *Dictionnaire des Rues de Paris*, par MM. Lazare (Paris, 1844), au mot *Concorde (Place de la)*.

ser des projets pour la formation d'une place dans le quartier de Paris le plus convenable. Ils en présentèrent plus de cinquante, presque tous offrant les dispositions les plus riches, mais exigeant la destruction d'un nombre infini de maisons dans des quartiers marchands ; ce qui détermina Louis XV à donner à la ville le terrain qu'occupe actuellement la place. Un plan en fut gravé et distribué aux artistes, avec la seule condition de placer la statue dans l'axe des Tuileries.

De nouveaux projets furent présentés par vingt-huit architectes, parmi lesquels figuraient les plus célèbres du temps, Gabriel, Servandoni, Soufflot Blondel, Constant d'Ivry, etc. Le roi, voulant réunir les différents avantages que présentaient plusieurs de ces projets, chargea de cette fusion son premier architecte Gabriel (1); et, après plusieurs années d'études et de discussions, il adopta, en 1753, un plan définitif rédigé par cet architecte.

La première pierre du monument central fut posée en 1754 ; la boîte de médailles qui y avait alors été déposée fut retrouvée en 1800 (2), lors de la pose d'une autre première pierre, que nous indiquerons ci-après.

La concession de l'emplacement fut confirmée par lettres patentes du 21 juin 1757, sous la condition que : « ... la
» place, destinée à recevoir le monument que nous avons
» bien voulu agréer, continuera d'être formée et construite jus-
» qu'à son entière perfection, etc...; que tous les ouvrages...
» seront faits par les ordres et soins des prévôts et éche-
» vins, exécutés par le maître général des bâtiments de la ville,
» sous la conduite et inspection du sieur Gabriel, notre pre-
» mier architecte... et que les constructions des façades... qui
» termineront la place... ainsi que des maisons... tant sur les
» faces des arrière-corps que sur les nouvelles rues, soient
» entièrement conformes aux dessins approuvés par nous et ci-
» attachés sous le contre-scel de notre chancellerie... Ordonnons
» auxdits prévôts et échevins d'y tenir la main, d'y assujettir
» les propriétaires... auxquels ils jugeront à propos de permettre
» de construire eux-mêmes les façades de leurs maisons tant sur
» la place que sur les rues y aboutissantes... »

La statue équestre, confiée à Bouchardon, avait été achevée après sa mort par Pigalle, qui exécuta également quatre figures placées au centre du piédestal en marbre blanc et représentant la Paix, la Prudence, la Force et la Justice, ainsi que des bas-reliefs dans les faces du piédestal. Toutes ces sculptures avaient été coulées en bronze par Gôt, commissaire général des fontes de l'artillerie. Le monument fut inauguré en 1763 (3).

Les constructions de la place même étaient terminées en 1772. La partie de bâtiments entre la rue Royale et celle Saint-Florentin a formé d'abord le garde-meuble de la couronne et est, depuis l'Empire, affectée au ministère de la marine. La partie opposée, entre la rue Royale et celle des Champs-Élysées, est composée de plusieurs propriétés particulières.

En 1784, la statue n'était encore entourée que d'une enceinte en bois qui fut alors remplacée par une balustrade en marbre blanc.

(1) Il était en même temps, comme son père, inspecteur général des bâtiments du roi et premier ingénieur des ponts et chaussées.
(2) Dulaure, *Histoire de Paris*, t. V, p. 234, 1re édition.
(3) Voir à ce sujet la *Description des travaux qui ont précédé, accompagné et suivi la fonte en bronze d'un seul jet de la statue équestre de Louis XV*... par Mariette. (Paris, imprimerie royale, 1778, in-folio.)

Enfin, en 1787, la construction du pont Louis XVI, due à Perronnet, compléta cet ensemble monumental qui devait encore être enrichi, de nos jours, par l'aspect plus éloigné de la Madeleine, du palais législatif et de l'arc de triomphe de l'Étoile.

Nous n'avons à raconter : ni les funestes accidents survenus par suite de l'inachèvement d'une partie des fossés de la place et des maisons de la rue Royale, pendant la nuit du 30 au 31 mai 1770, lors de la fête qui fut donnée en cet endroit au sujet du mariage du dauphin, depuis Louis XVI; ni les exécutions plus funestes encore dont ces accidents étaient comme un affreux présage, et dont cette place a été le théâtre pendant une partie des années 1792 et 1793; ni les nombreuses fêtes données sur cette place sous tous les régimes qui se sont succédé. Nous nous bornons à mentionner ce qui suit :

En 1792, la place, le pont et l'ancienne rue Royale prennent le nom de *la Révolution*, le monument central est renversé et remplacé par le modèle en plâtre d'une statue colossale de la Liberté, par Lemot.

En 1794, les groupes de Coustou, dits les *Chevaux de Marly* parce qu'ils décoraient l'abreuvoir de cette ancienne résidence royale, sont érigés (1) sur des piédestaux construits à l'entrée des Champs-Élysées par l'architecte Delannoy. Cet architecte avait alors projeté des portiques surmontés de terrasses dans le prolongement des rues Saint-Florentin et des Champs-Élysées, et se rattachant à ces piédestaux ainsi qu'à ceux des groupes de Coisevox, à l'entrée des Tuileries.

Une loi du 26 octobre 1795 donne à la place et au pont le nom de *la Concorde*.

En 1800, un arrêté consulaire ayant ordonné l'érection de colonnes triomphales dans tous les départements, et notamment à Paris au centre de la place dont il s'agit, le ministre de l'intérieur, Lucien Bonaparte, en pose la première pierre, et le modèle en est élevé en bois et en toile, au lieu de la statue de la Liberté.

En 1814, la place, le pont et la rue reprennent respectivement leurs noms primitifs, et l'on projette dès lors d'élever au centre de la place un monument à la mémoire de Louis XVI.

Une ordonnance de Charles X, en date du 27 mai 1826, porte : « Il sera élevé un monument à la mémoire de Louis XVI,
» au centre de la place située entre les Tuileries et les Champs-
» Élysées, laquelle prendra le nom de place Louis XVI, etc. »

Le monument a en effet été commencé, et le piédestal avait été en grande partie exécuté avant 1830, sur les dessins de M. Grillon; mais une loi du 20 août 1828 conserve à la place son nom primitif, en décidant ce qui suit :

« Sont concédées à la ville de Paris, à titre de propriété, la
» place *Louis XV*, la promenade des *Champs-Élysées*, telles
» qu'elles sont désignées au plan annexé... à l'exception des deux
» fossés... qui bordent le jardin des Tuileries... à la charge par la
» ville : 1° de fournir aux frais de surveillance et d'entretien des
» lieux ; 2° d'y faire, dans un délai de cinq ans, des travaux d'em-
» bellissements jusqu'à concurrence de 2,230,000 fr. au moins ;
» 3° de conserver leurs destinations actuelles aux terrains concé-

(1) Voir la *Description des travaux exécutés pour le déplacement, transport et élévation des groupes de Coustou...*, par Grobert, chef de brigade d'artillerie, etc. (In-folio oblong, avec planches.)

» dés, lesquels ne pourront être aliénés en tout ou en partie.... »

Pour réaliser ces prescriptions, l'administration préfectorale de la Seine arrêta, à la fin de 1828, le *programme* d'un concours dont les conditions principales étaient celles qui suivent :

« Conserver les fossés bordant les Tuileries et, autant que
» possible, ceux sur les trois autres côtés de la place, sauf la
» faculté de supprimer les deux passages obliques dans les
» angles.

« Établir quatre fontaines monumentales en dehors des lignes
» de voiture et pouvant employer jusqu'à 800 pouces d'eau, de
» larges chaussées pour les voitures et des terre-pleins pour
» les piétons. »

Les plans généraux devaient être à l'échelle de 2 millim. et demi, et il pouvait être présenté des plans de détail au double. La dépense ne devait pas excéder 1,500,000 fr.

Dix concurrents (1) furent nominativement désignés pour prendre part à ce concours, avec assurance d'une indemnité de 1,500 fr. Tous autres artistes furent du reste également admis à concourir.

Trente projets furent présentés et, après une exposition publique, une commission spéciale (2) fut chargée de leur examen. Aucun des projets ne lui parut susceptible d'être adopté dans son ensemble, mais elle en distingua deux : celui de M. Destouches, *pour son plan général*, celui de M. Lusson, *pour les fontaines* ; et l'administration invita ces deux architectes à se concerter entre eux ainsi qu'avec deux des membres de la commission pour fondre leurs projets en un seul et en faire exécuter un modèle en relief.

Des discussions s'élevèrent entre eux (3) ; mais 1830 survint, la place et le pont reprirent définitivement le nom *de la Concorde*, et bientôt les ressources financières qui auraient pu être consacrées aux travaux d'embellissement durent être appliquées aux sacrifices qu'exigea l'invasion du choléra. Une nouvelle loi, du 20 août 1835, prolongea de cinq ans le délai d'exécution, et réduisit à 1,500,000 fr. la somme totale qui devait être employée à ces travaux.

D'un autre côté, dès le règne de Louis XVIII, et par les soins de M. Mimaut, consul général de France en Égypte, le pacha avait fait don à la France de l'un des deux Obélisques d'Alexandrie dits les *Aiguilles de Cléopâtre*, en même temps qu'il donnait l'autre à l'Angleterre. Mais Champollion jeune avait reconnu combien il serait préférable d'opérer le transport de l'un des Obélisques de Luxor, qui, malheureusement, avaient déjà été cédés à l'Angleterre. Toutefois, M. d'Haussey, ministre de la marine sous Charles X, n'avait pas hésité à faire construire à cet effet, sur des dispositions et des dimensions toutes spéciales, un bâtiment de transport auquel on donna dès l'origine le nom de *Luxor* ; et, dès le commencement de 1830, M. Taylor était chargé de réclamer, de concert avec M. Mimaut, la cession de ces Obélisques qui fut accordée vers la fin de l'année, M. Barker, consul d'Angleterre, ayant accepté en échange l'Obélisque de Karnac. Bientôt l'allège le Luxor partit sous le commandement de M. Verninac de Saint-Maur, accompagné de M. Lebas, ingénieur de la marine, chargé de tous les travaux d'enlèvement et de translation.

L'un de ces Obélisques étant arrivé à Paris, en 1833, il devint l'objet de vives et nombreuses discussions, d'abord au sujet du choix de l'endroit où il devait être élevé. On peut voir une discussion complète et judicieuse des divers emplacements qui furent proposés, dans un écrit publié alors par M. Miel, également distingué comme administrateur, comme homme de goût et comme écrivain (1).

Si nous ne nous trompons, une haute intervention détermina ce choix pour le centre de la place de la Concorde en se fondant, à bien juste titre, sur la nécessité d'éviter pour l'avenir, quoi qu'il pût arriver, l'érect on d'aucun autre monument élevé à un point de vue politique.

A l'occasion des fêtes de juillet de 1833, M. Hittorf avait eu à faire établir en cet endroit un simulacre de l'Obélisque, et il avait alors adopté les dimensions du plus grand des Obélisques de Luxor, qu'il pensait être celui qui serait amené à Paris. Cette prévision ayant été trompée, il proposa d'établir d'abord un premier piédestal, puis de reproduire au-dessus une imitation du soubassement égyptien que son mauvais état avait forcé de laisser à Luxor. De nouvelles discussions s'élevèrent à ce sujet ; en définitive, on adopta le piédestal qui a été exécuté en quatre grands blocs d'un beau granit de Bretagne ; et l'Obélisque y fut érigé le 25 décembre 1836, par M. Lebas, avec un succès qui couronnait toutes ses précédentes opérations (2).

D'autres discussions s'élevèrent encore au sujet de la forme fruste et irrégulière que présente le *pyramidion*, et de la question de savoir : 1° si cette forme était originelle ou accidentelle ; 2° si l'on devait la conserver telle quelle ou chercher à la restaurer ; ce que M. Hittorf proposait de faire au moyen d'un revêtement en bronze doré (3). Consultés à ce sujet par le ministre de l'intérieur, et se fondant sur l'absence de tout document certain, l'Académie des Beaux-Arts et le Conseil des bâtiments civils ont pensé qu'il fallait éviter ou au moins ajourner toute restitution incertaine ou hasardée, et laisser en conséquence le pyramidion dans son état actuel.

Enfin, après plusieurs discussions et examens, les projets de M. Hittorf pour l'ensemble de la place furent adoptés, puis exécutés de 1836 à 1840. Ils ont eu principalement pour objet de conserver la disposition primitive de la place, et de la compléter en ouvrant deux percées obliques dans les angles aux deux extrémités de la terrasse des Tuileries.

Les trottoirs sont exécutés en compartiments de granit et d'asphalte.

---

(1) *De l'Obélisque de Louqsor et des embellissements de la place de la Concorde et des Champs-Élysées.* Consid: tionnel de novembre et de décembre 1834, et tiré à part, Smith, in-12.

(2) Les procédés, aussi simples qu'ingénieux, employés par cet habile ingénieur sont figurés sur les faces du piédestal, et consignés en outre dans un ouvrage intitulé : *l'Obélisque de Luxor*, l'histoire de sa translation à Paris ; description des travaux auxquels il a donné lieu, avec un appendice sur les calculs des appareils d'abatage, d'embarquement, de halage et d'élévation ; détails pris sur les lieux et relatifs au sol, aux sciences, aux mœurs et aux usages de l'Égypte ancienne et moderne; suivi d'un extrait de l'ouvrage de Fontana sur la translation de l'Obélisque du Vatican, par M. A. Lebas, ingénieur de la marine, conservateur du Musée de la marine, etc. Paris, Carilian-Cœury et V. Dalmont, 1839.

(3) M. Hittorff a publié, à l'appui de ces propositions, un *Précis sur les pyramidions en bronze doré employés par les anciens Égyptiens*, etc. (Renouard, 1836); et M. Lepage, architecte, l'un des inspecteurs des travaux d'érection de l'Obélisque, a publié une *Réponse à la Notice sur les pyramidions en bronze doré.* (Fournier, 1836.)

---

(1) MM. Baltard (père), Châtillon, Destouches, Gauthier, Guenepin, Hittorf, Lesueur, Lusson, Van Cléempatte (Lucien) et Villain.

(2) Composée de MM. de Chabrol, de Tournon, Héricart de Thury, Monnier, A. Delabarre, Labarre et Cortot.

(3) On peut voir, à ce sujet, un *Mémoire* publié par M. Destouches et une *Réponse* par M. Lusson, etc.

Les deux fontaines monumentales, auxquelles il a été définitivement consacré 700 pouces d'eau (1), ont été exécutées en fonte de fer, ainsi que les colonnes et colonnettes servant à l'éclairage par le gaz.

Les statues, en pierre de Conflans, des huit principales villes de France placées sur les pavillons, ont été exécutées par MM. Caillouet, Cortot, Pradier et Petitot, ces trois derniers membres de l'Institut.

L'ensemble de ces travaux s'est élevé à 1,516,000 fr. (2).
Cette somme totale peut se décomposer ainsi qu'il suit :

| | |
|---|---|
| Projets et études, environ................ | 3,500 f. |

*Service des Ingénieurs.*

| | | |
|---|---|---|
| Égouts, décharges et conduites d'eau et autres travaux hydrauliques............... | 415,500 f. | |
| Travaux d'assainissement et plantations dans les Champs-Élysées...... | 7,500 | 423,000 |

*Service des Architectes.*

| | | |
|---|---|---|
| Terrasse et travaux divers....... | 153,000 f. | |
| Travaux à l'occasion de l'Obélisque | 8,500 | |
| Trottoirs en asphalte et granit... | 245,000 | |
| Fontaines monumentales......... | 367,500 | |
| Colonnes et Candélabres........ | 122,000 | |
| Restauration des huit pavillons.. | 13,500 | 1,089,500 |
| Huit statues au-dessus.......... | 64,000 | |
| Marbres....................... | 3,500 | |
| Jardinage dans les Fossés....... | 6,500 | |
| Corps de garde................. | 12,000 | |
| Candélabres des Champs-Élysées. | 33,500 | |
| Frais d'agence................. | 60,500 | |

## GALERIES D'EXPOSITION DE L'INDUSTRIE NATIONALE,

À PARIS (SEINE);
Par M. MOREAU, architecte.
1840.
1 planche numérotée 192.

Les expositions des produits de l'industrie nationale, instituées sous le Directoire en l'an VI (1798), ont presque généralement eu lieu dans des galeries temporaires élevées successivement au champ de Mars, sur l'esplanade des Invalides, dans la cour du Louvre, sur la place de la Concorde comme celle que nous figurons ici ; enfin, dans ces derniers temps, au grand carré des Champs-Élysées.

On a souvent émis le vœu qu'il soit construit à cet effet un édifice spécial et permanent; mais ces expositions n'étant ordinairement et ne pouvant guère être que *quinquennales*, cet édifice resterait longtemps et infructueusement sans destination, et les frais considérables qu'exigerait sa construction deviendraient ainsi d'autant plus onéreux. Enfin les développements successifs de l'industrie ont exigé à chaque exposition un accroissement d'étendue auquel il est beaucoup plus facile de pourvoir par des constructions temporaires.

## HOTEL DE VILLE,
## PALAIS DU COMMERCE ET DES ARTS,
## ET THÉATRE,

À LYON (RHÔNE).

Architectes :
MAUPIN et DE LA VALFINIÈRE (17° siècle).
MM. GAY, CHENAVARD, DARDEL (19° siècle).

4 planches numérotées 321, 322, 323 et 324.

Ces divers édifices forment à Lyon un ensemble remarquable dont on trouve peu d'exemples dans d'autres villes, et nous avons cru en conséquence devoir le représenter par le plan général et les élévations contenus sur la planche 321. Par la même raison, bien que d'abord nous ayons timbré cette planche comme devant être classée aux *Édifices mixtes*, et celles numérotées 322 et 323 (relatives au *Palais du commerce et des arts*) comme appartenant aux *Édifices d'instruction publique*, nous croyons devoir les réunir toutes ici.

L'hôtel de ville appartient à une époque déjà ancienne, ayant été construit de 1646 à 1655 par Simon Maupin, architecte de la ville. Les façades extérieures avaient alors été exécutées en pierre de Seyssel (en Savoie), dont toutes les parties sont actuellement en décomposition; des réparations considérables sont en ce moment en cours d'exécution.

Les bâtiments qui forment maintenant le palais du commerce et des arts sont à peu près de la même époque, ayant été construits en 1667 par La Valfinière pour servir de couvent aux religieuses nobles de Saint-Pierre. Après la suppression des couvents, en 1795, l'édifice fut transformé en une école centrale, et en 1805 il fut donné en toute propriété à la ville, et affecté à sa destination actuelle.

En 1806, la grande salle du musée de peinture a été établie par M. Gay, alors architecte de la ville. M. Dardel, qui remplit actuellement les mêmes fonctions, a fait exécuter, en 1842 et dans les années suivantes, les galeries de sculpture, de minéralogie et d'histoire naturelle, le musée des antiques, la bibliothèque, la restauration des façades au pourtour de la cour et du belvéder central, etc.

Derrière ce palais se trouve la petite église Saint-Pierre, qui remonte à une époque éloignée, et dont le plan nous a paru mériter d'être reproduit.

Le théâtre a été construit, à partir de 1830, par M. Chenavard, architecte du département, qui a eu pendant quelque temps pour collaborateur M. Pollet.

En 1842, M. Dardel y a fait exécuter des travaux intérieurs.

---

(1) 14,000 mètres cubes en vingt-quatre heures.
(2) Nous empruntons cette somme totale et les sommes partielles qui suivent, en les arrondissant, aux indications données par MM. Lazare frères (Dictionnaire précité), d'après un ouvrage de M. Saint-Léon.

*Élévation Principale.*

*Plan du Soubassement et de la première enceinte.*

Colonne érigée à Boulogne. (Pas-de-Calais.)

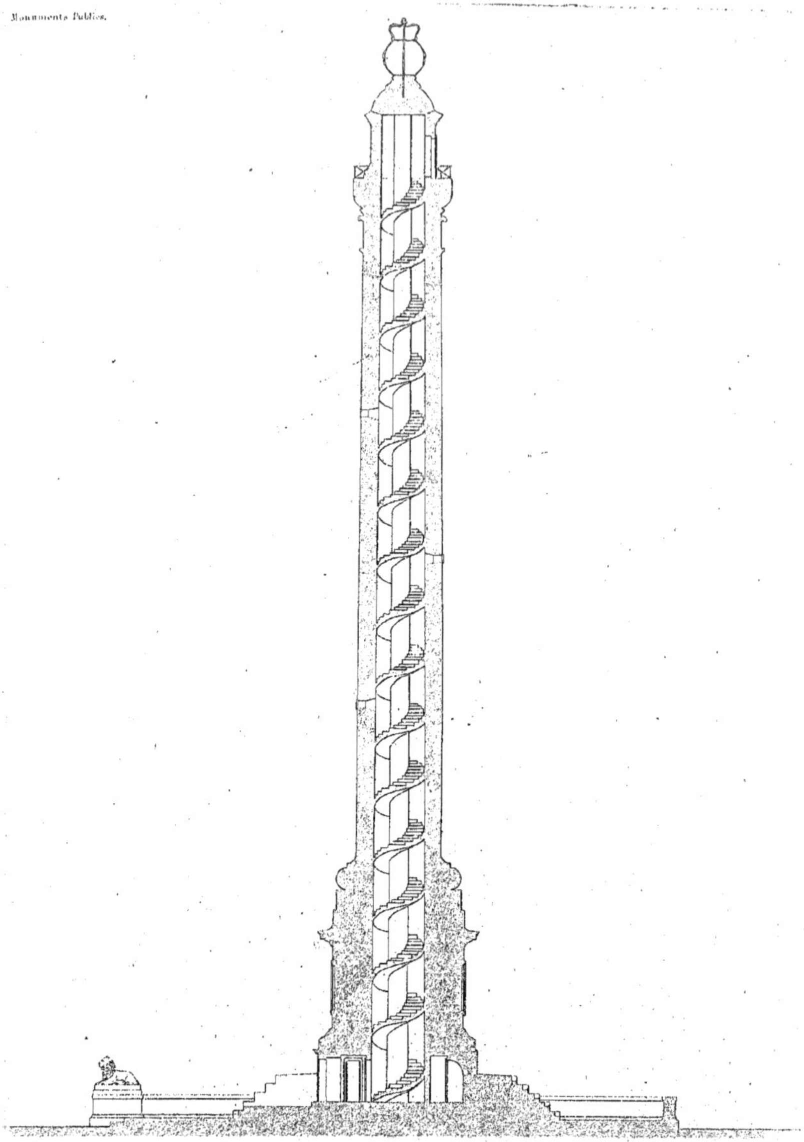

Monuments Publics.

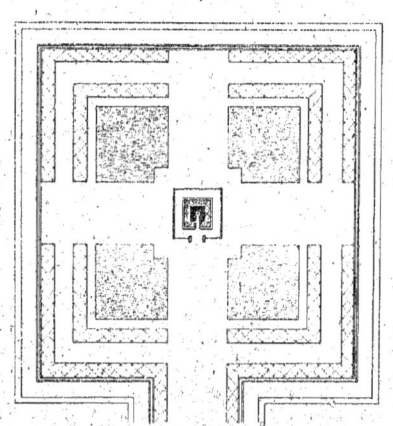

Colonne érigée à Boulogne (Pas-de-Calais).

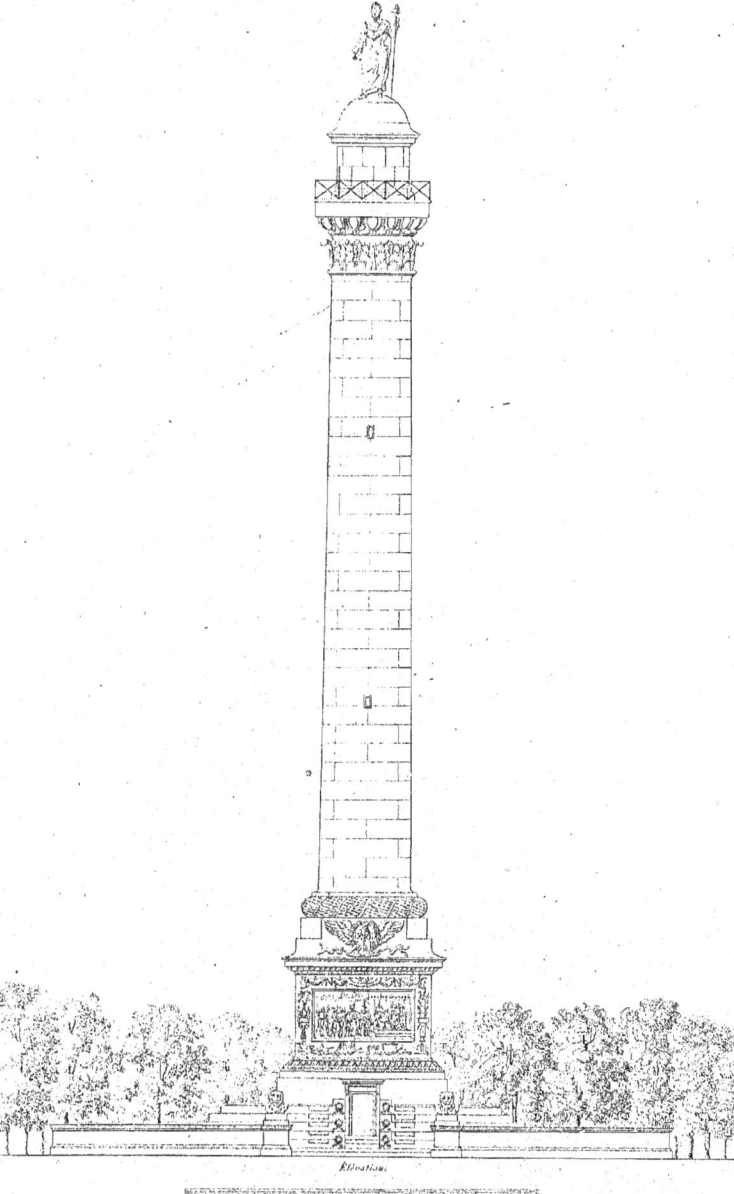

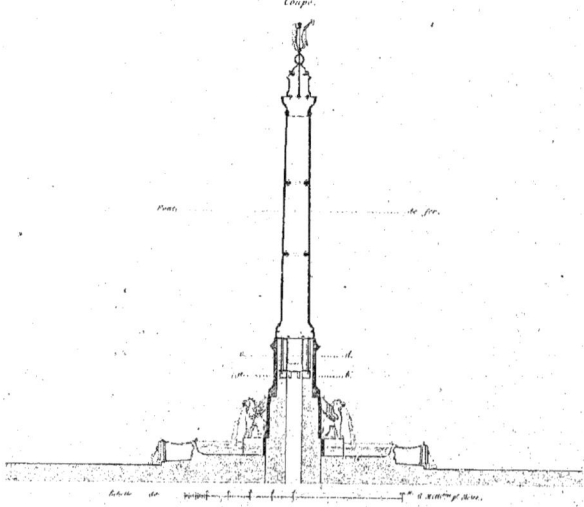

Colonne Monumentale et Fontaine à Toulouse, (Haute-Garonne)

Statue de Gutenberg à Strasbourg. (Bas-Rhin.)
(1840)

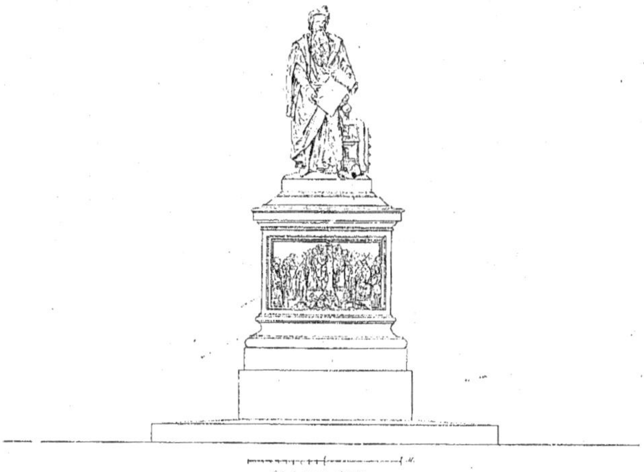

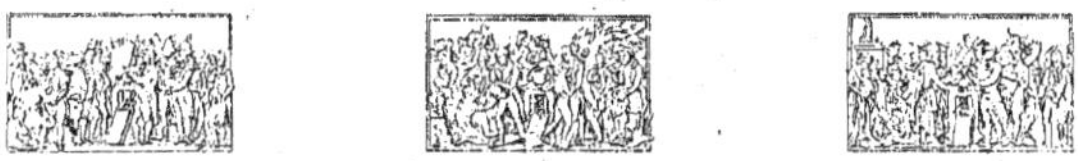

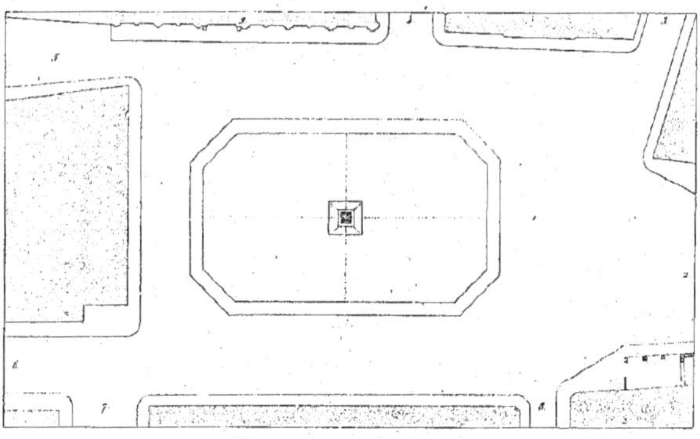

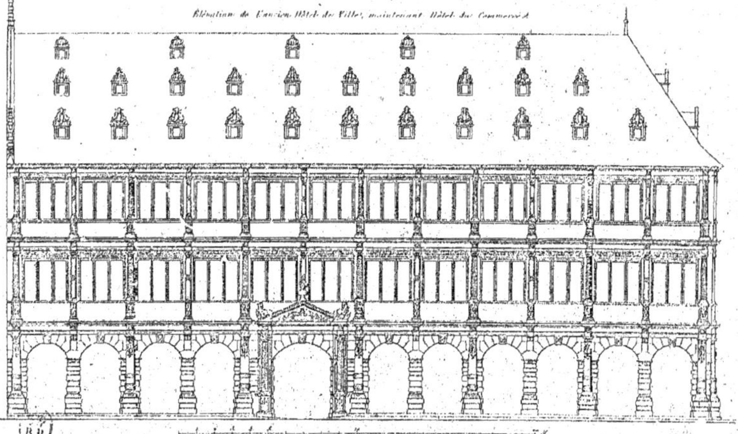

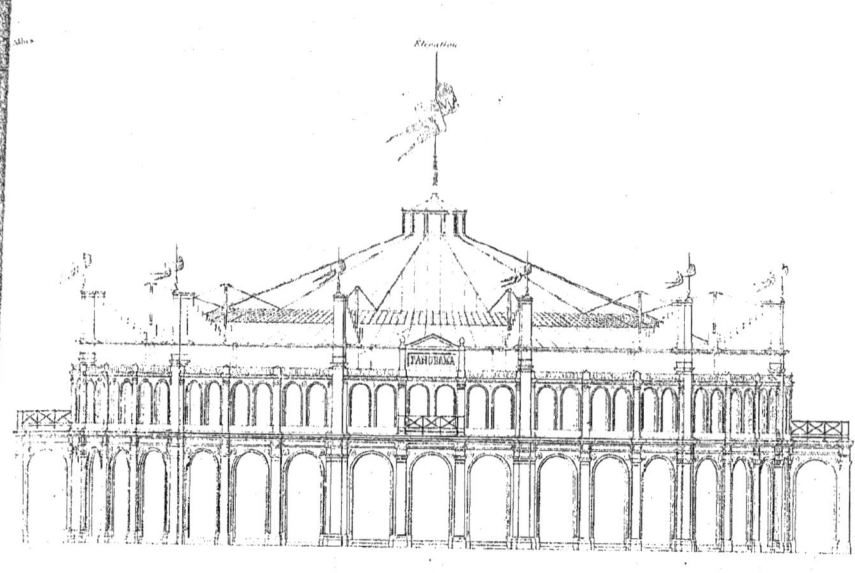

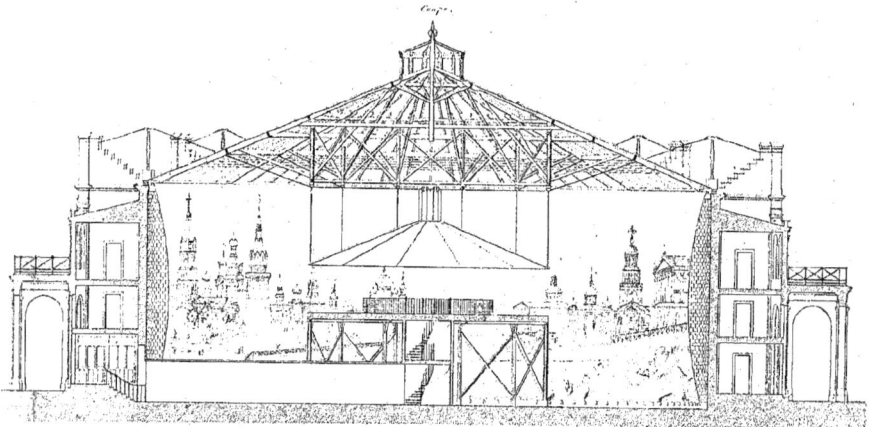

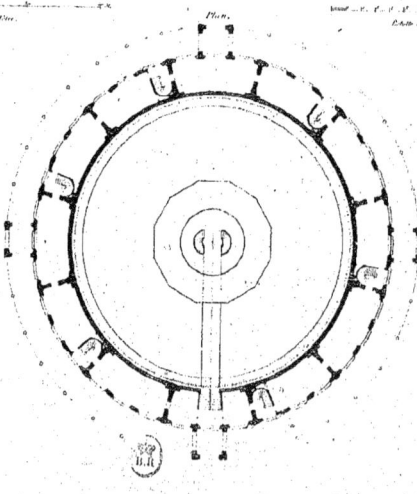

Panorama construit aux Champs-Élysées, à Paris. (Seine.)
(1840.)

Place de la Concorde à Paris. (Seine.) (1840.)

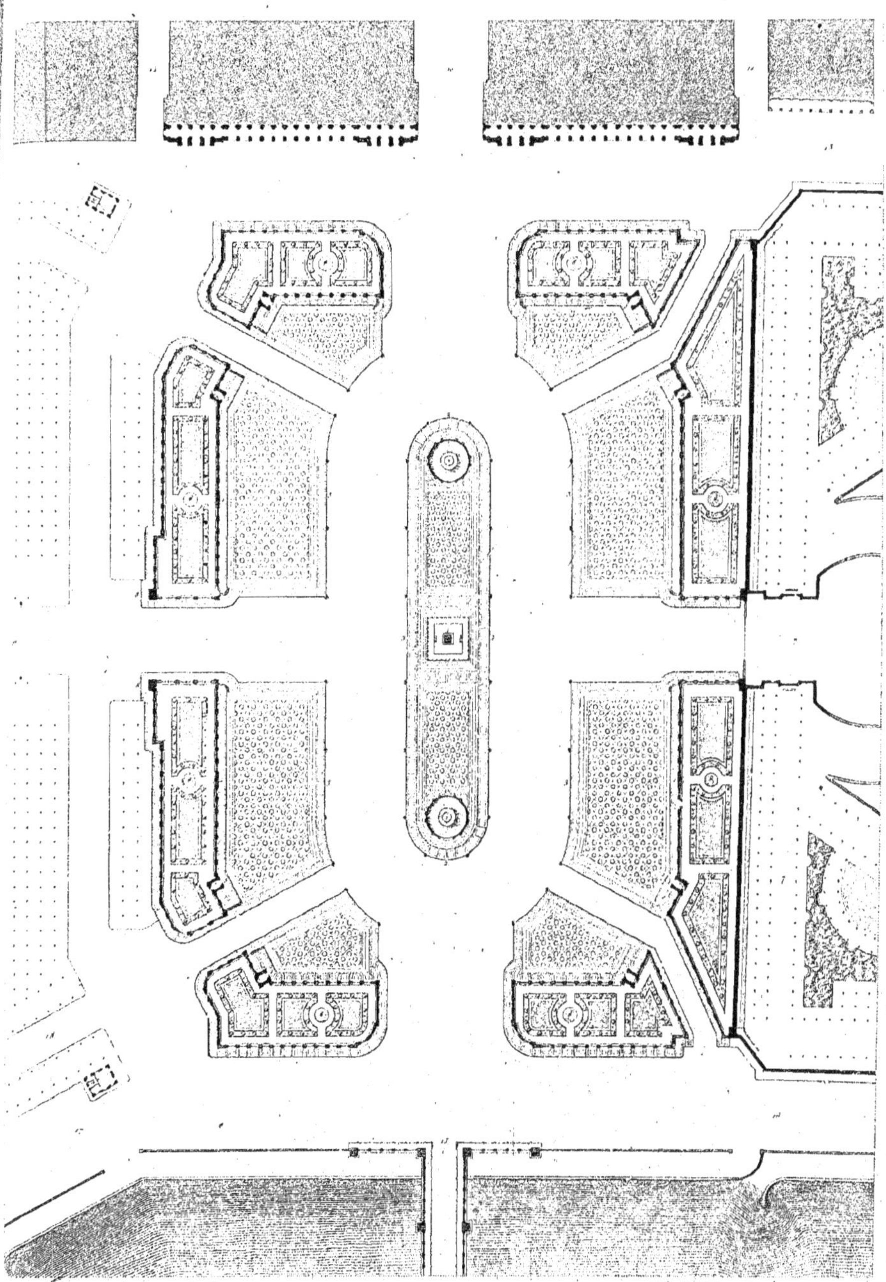

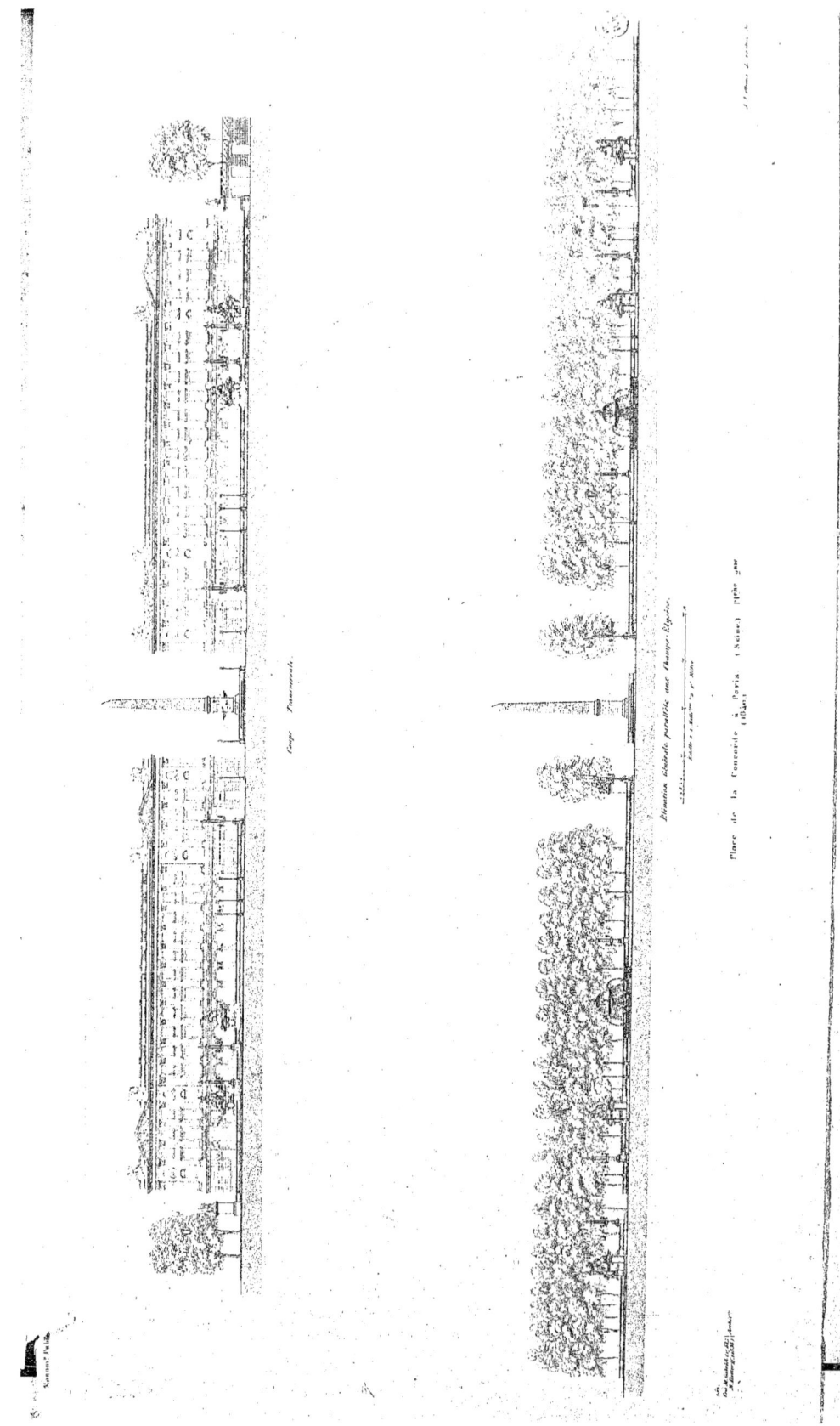

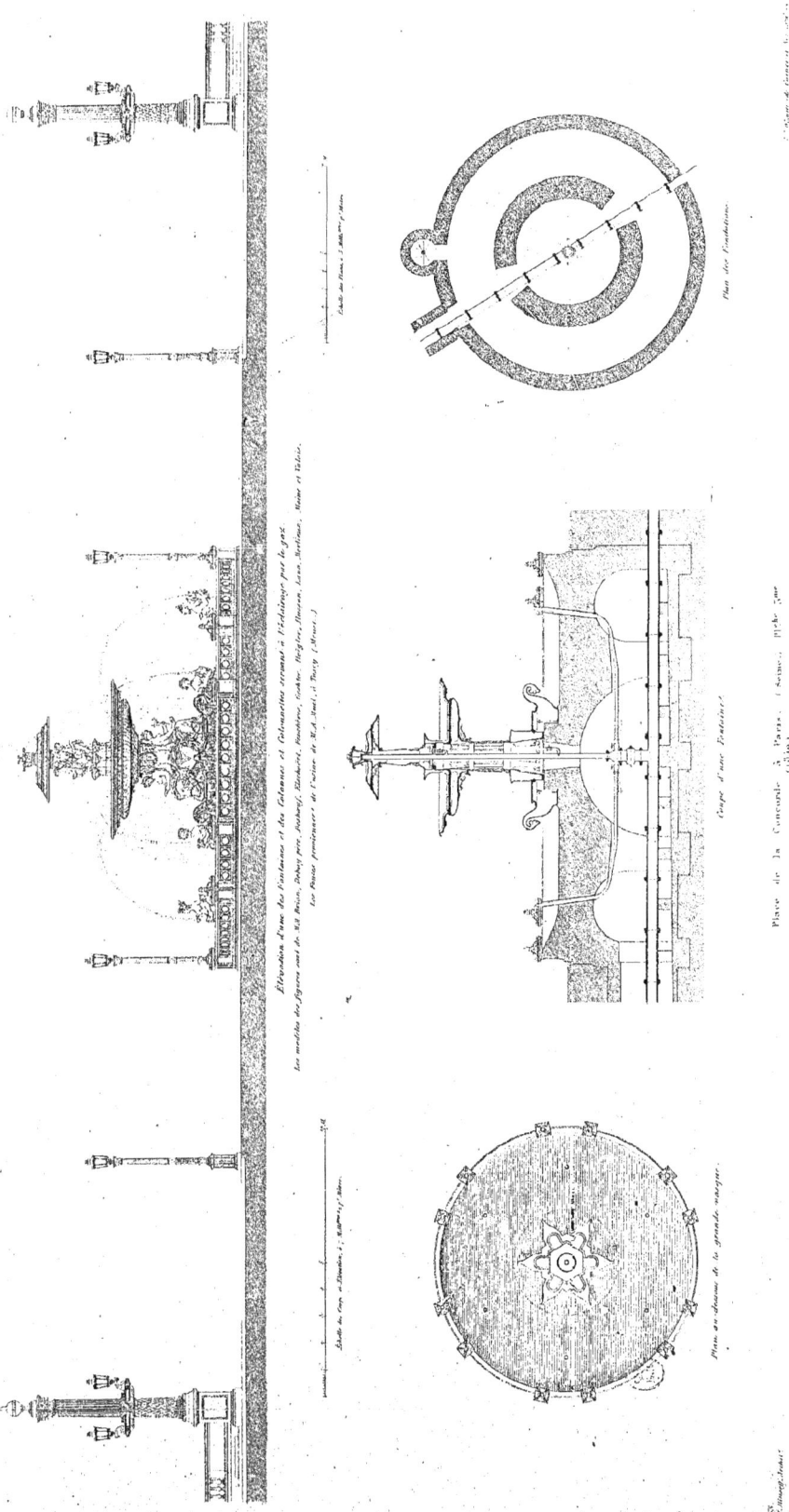

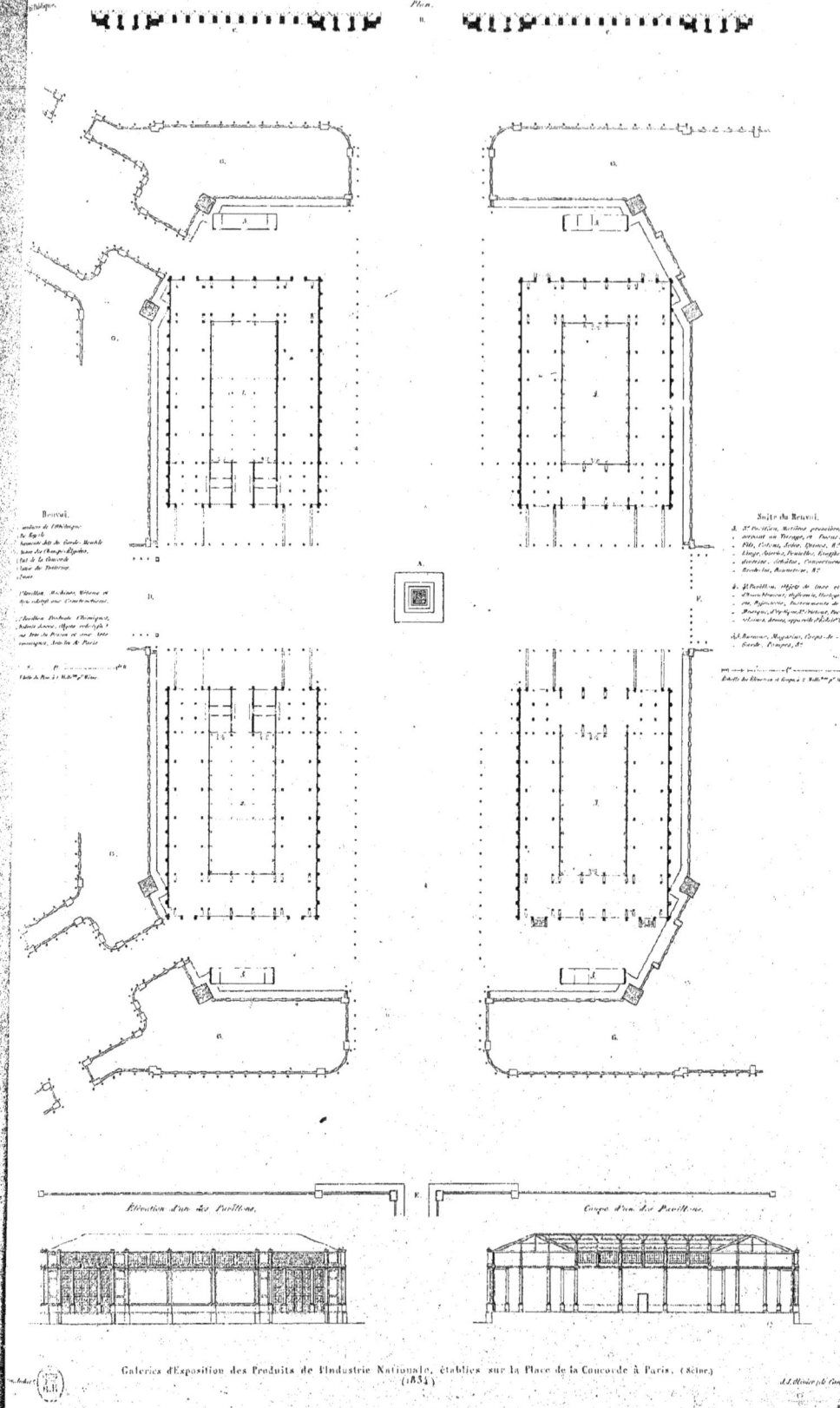

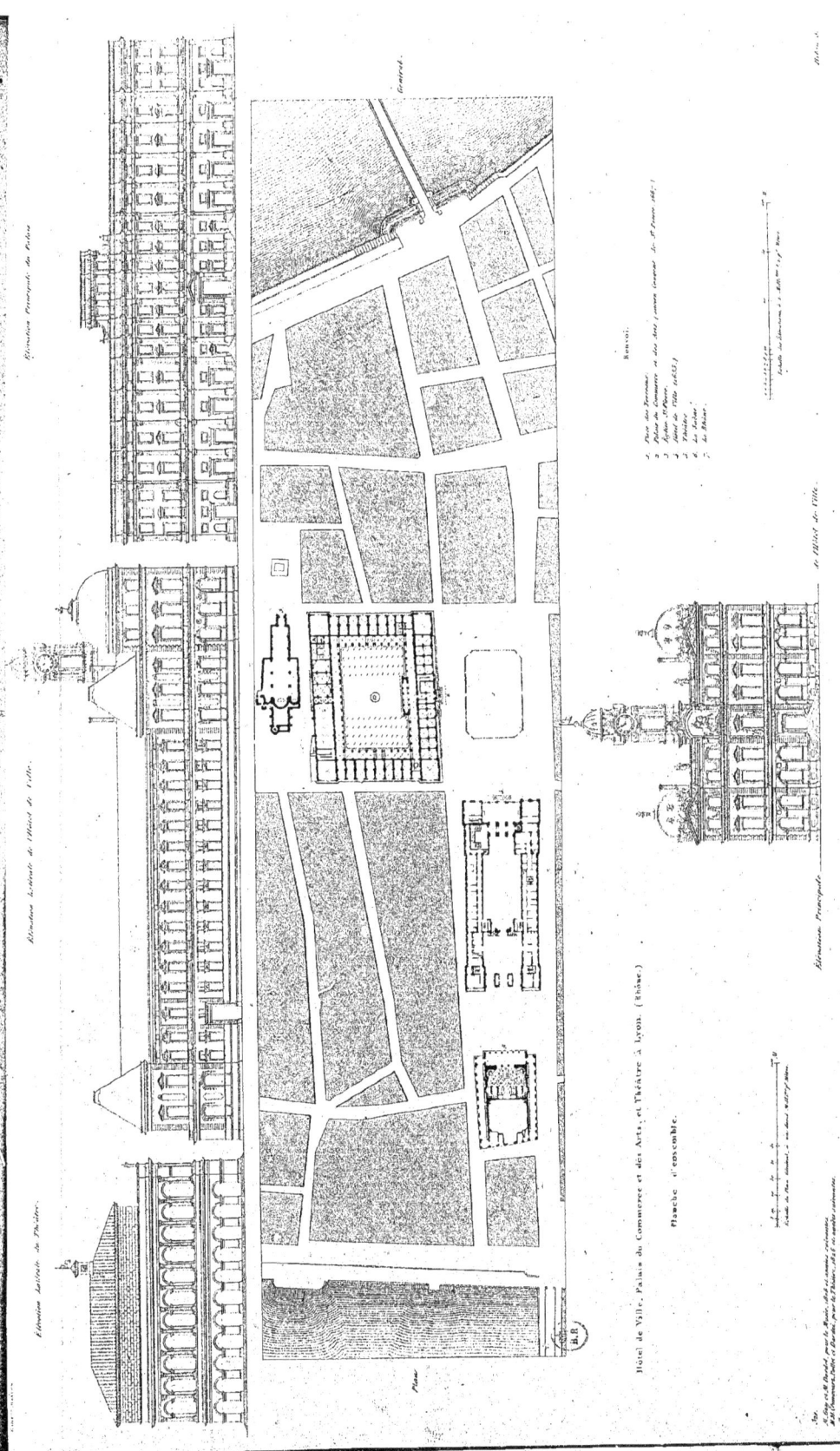

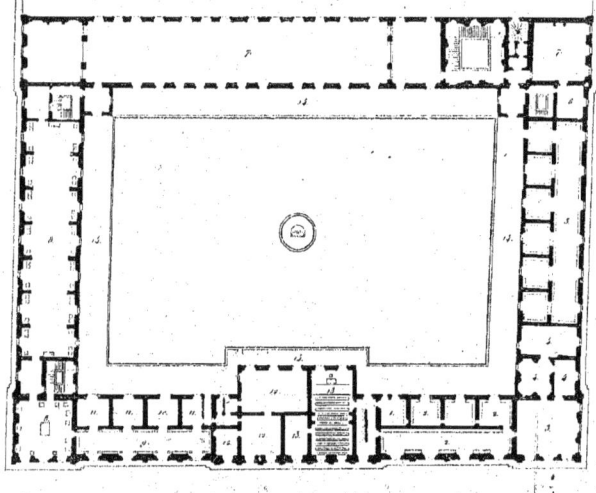
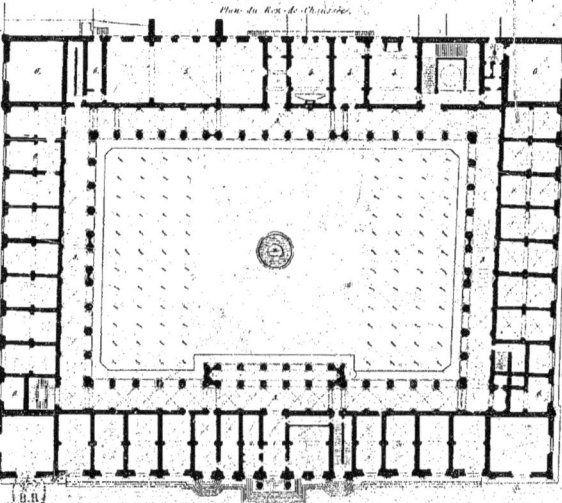

Palais des Arts et du Commerce, établi dans l'ancien Couvent de St Pierre à Lyon, (Rhône).

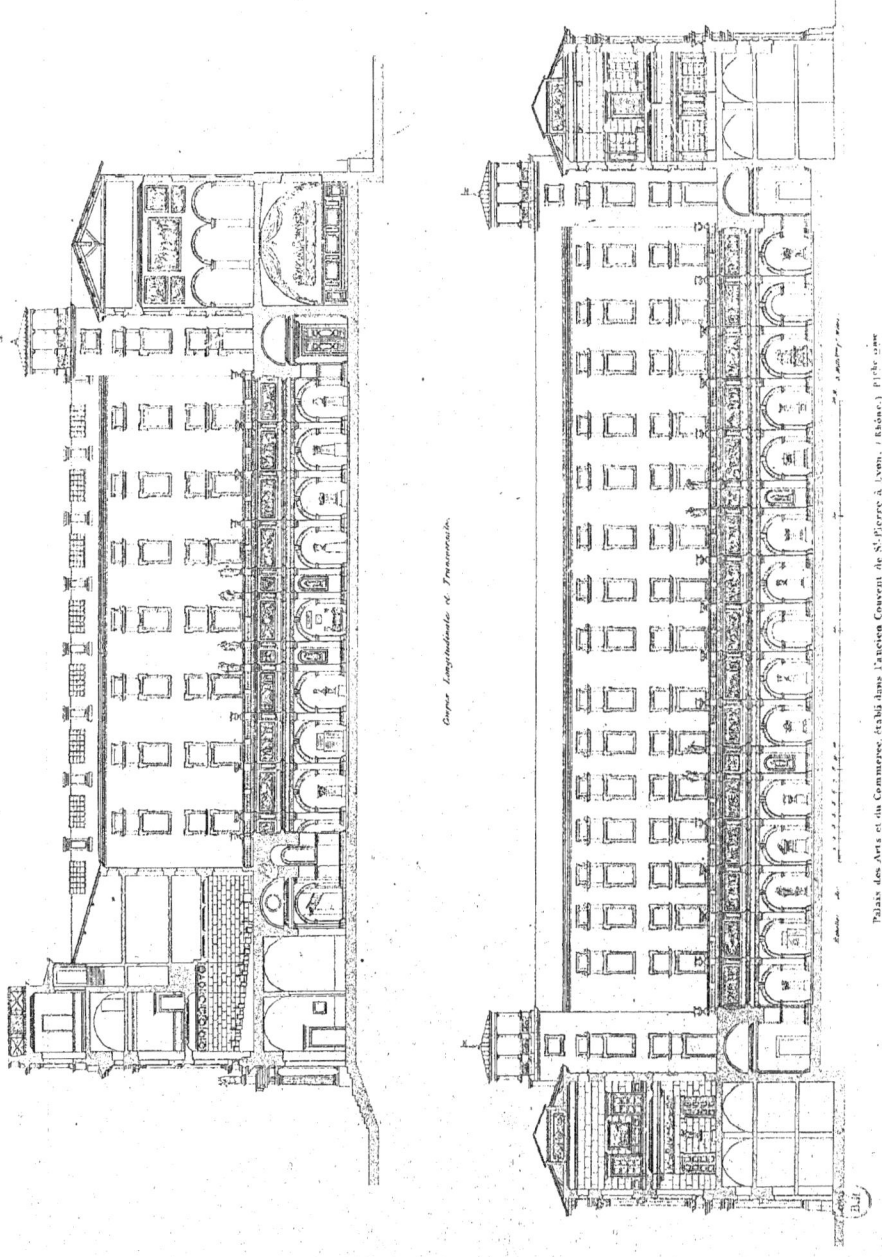

Palais des Arts et du Commerce, établi dans l'ancien Couvent de St. Pierre à Lyon. (Rhône.)

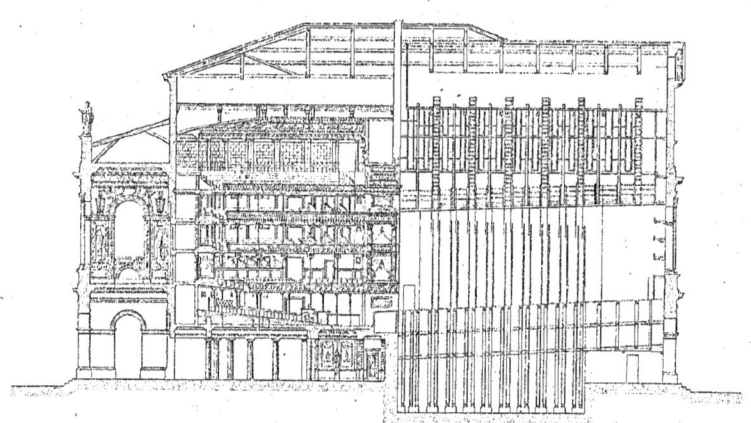

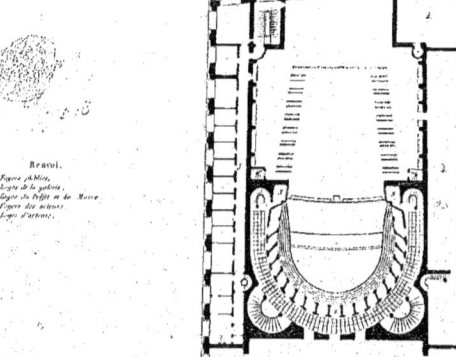

Salle de Spectacle construite à Lyon. (Rhône.)

# NEUVIÈME SECTION.

# ÉDIFICES FUNÉRAIRES.

MONUMENT ÉLEVÉ AU GÉNÉRAL DESAIX,

PAR L'ARMÉE DU RHIN,

DANS L'ILE DES ÉPIS (BAS-RHIN);

Par M. WEIMBRENNER, architecte, et M. OHMACHT, statuaire.

1800.

1 planche numérotée 308.

En insérant ici ce petit monument élevé par une de nos braves armées à l'un de leurs plus dignes commandants, nous avons cru devoir représenter, par un plan topographique de quelque étendue, l'île où il est situé, les deux bras du Rhin entre lesquels elle est placée, et la portion de la route d'Allemagne comprise entre la citadelle de Strasbourg et la ville de Kehl.

Desaix était né à Saint-Hilaire-d'Ayat (Puy-de-Dôme), et, comme on sait, il est mort glorieusement à Marengo. Mais l'hommage qui lui a été rendu ici a été motivé par la courageuse défense qu'il avait fa te du pont de Kehl, lors de la retraite de l'armée du Rhin et Moselle, commandée par Moreau, après la brillante campagne de l'an IV.

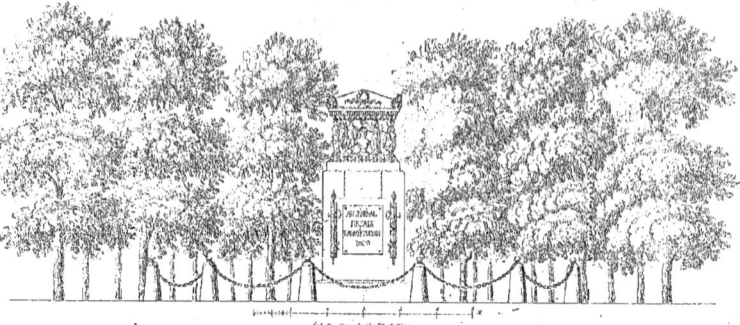
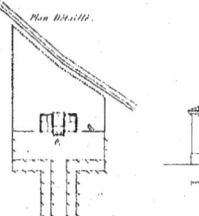

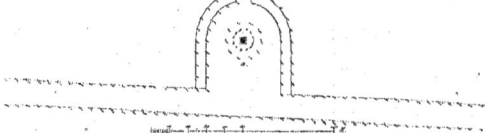
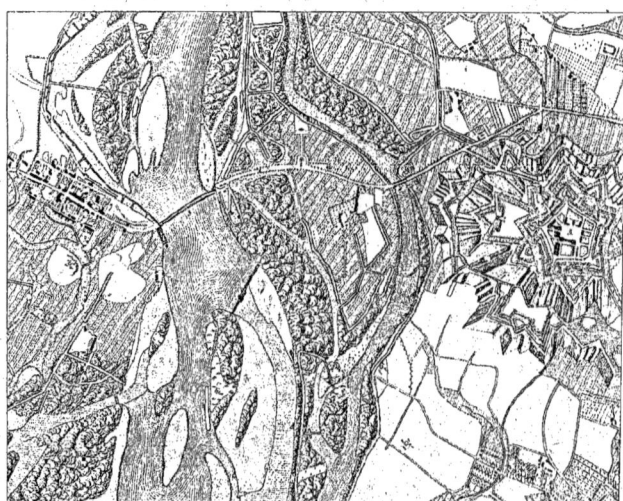

Monument élevé au Général Desaix dans l'Île des Épis (Bas-Rhin).

## DIXIÈME SECTION.

# ÉDIFICES MIXTES.

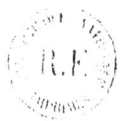

### HOTEL DE SOUS-PRÉFECTURE ET CASERNE DE GENDARMERIE,

A COUTANCES (MANCHE);

Par M. DOISNARD, architecte du département.

1842.

2 planches numérotées 309 et 310.

La dépense occasionnée par ces constructions a été d'environ 85,000 fr. pour la sous-préfecture et 65,000 fr. pour la caserne de gendarmerie.

Nous indiquons en outre sur le plan d'ensemble (pl. 309) :

1° Un ancien bâtiment approprié à l'usage du tribunal de première instance d'après un projet de M. Froelicher ;

2° Et une *Maison d'arrêt* suivant le système d'emprisonnement en commun, exécutée sur les projets de M. Henri Van Cléemputte, précédemment architecte de la ville de Coutances, et actuellement architecte du département de l'Aisne.

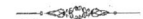

### PALAIS DE JUSTICE, CASERNE DE GENDARMERIE ET MAISON D'ARRÊT,

A TOURS (INDRE-ET-LOIRE);

Par M. JACQUEMIN-BELLISLE, architecte du département.

1840 à 1844.

4 planches numérotées 360, 361, 362 et 363.

L'ensemble des édifices dont il s'agit ici a fait d'abord l'objet d'un concours public, à la suite duquel le prix avait été décerné, d'après l'avis du conseil général des bâtiments civils, à M. Laurécisque, qui, depuis, s'est rendu à Constantinople pour la construction du palais de l'ambassade française.

M. Jacquemin-Bellisle père, alors architecte du département, a été ultérieurement chargé de la rédaction d'un autre projet, et il l'a fait exécuter conjointement avec M. Jacquemin-Bellisle fils.

Les principaux matériaux employés dans ces constructions sont : la meulière et la chaux hydraulique, pour les fondations ;

La pierre dure de Sainte-Maure pour les soubassements, celle de Tonnerre pour les grands perrons, et celle de Chauvigny pour les colonnes de la salle des Pas-Perdus, et pour les architraves d'une seule pièce ;

Les pierres demi-tendres de Noyant et de Paviers pour la cour intérieure du palais ;

La pierre tendre de Bourré et de Mont-Soreau pour les façades ;

Le chêne et le sapin du Nord pour les charpentes, sauf celle de la salle des Pas-Perdus, qui est en fer ;

L'ardoise d'Angers pour les couvertures ;

La tôle galvanisée pour le dôme de la salle des Pas-Perdus, les faîtages, chéneaux, gouttières, etc. ;

Le plâtre de Paris pour les enduits, plafonds et corniches intérieures.

La dépense totale, pour ces divers édifices, s'est élevée à environ.................................. 1,344,600 fr.

Qui se décomposent ainsi qu'il suit :

Acquisition de l'emplacement (dont la surface totale est de 15,700 mètres)........................ 400,000

Construction du palais de justice et de la caserne de gendarmerie (déduction faite du rabais de 14 p. 100 obtenu par l'adjudication) 677,400 fr.

Et pour la maison d'arrêt cellulaire (même déduction)................ 267,200 } 944,600 fr.

Total égal............. 1,344,600 fr.

Dans ce qui concerne les constructions, on peut distinguer les dépenses suivantes :

Charpente en fer de la salle des Pas-Perdus, par M. Travers, de Paris......................... 44,400 fr.

Sculpture d'ornement, par M. Delafontaine, de Paris........................................... 20,350

Deux calorifères à air chaud pour le palais de justice............................................ 12,000

Un calorifère à circulation d'eau chaude, par M. Léon Duvoir, pour la maison d'arrêt........... 28,000

Paratonnerres :

Pour le palais de justice.................... 3,900
Et pour la maison d'arrêt.................... 1,550

Le personnel est composé ainsi qu'il suit :

### Palais de justice.

1 président ; 1 vice-président ; 7 juges et 4 suppléants ; 1 procureur de la République et 4 substituts ; 1 greffier ; 3 commis-greffiers ; 15 avocats, 10 avoués ; 6 huissiers.

3 juges de paix et 6 suppléants ; 4 greffiers et 1 commissaire de police faisant fonctions de procureur de la République.

2 concierges.

### Caserne de Gendarmerie.

1 capitaine-trésorier ; 1 maréchal-des-logis chef ; 2 brigadiers et 13 gendarmes à cheval ; 1 brigadier et 4 gendarmes à pied ; 2 à 4 gendarmes de passage ; 1 garçon d'écurie. Il y a 1 écurie pour 4 chevaux d'officiers; 1 pour 22 chevaux de gendarmes; 1 pour 2 chevaux malades.

### Maison d'arrêt.

1 directeur et 1 aumônier 1 médecin en chef et 1 adjoint ; 1 adjoint administratif ; 4 sœurs de Marie-Joseph et 1 surveillante ; 1 gardien-chef et 4 gardiens ; 1 barbier et 3 hommes de peine.

Il y a 124 cellules, dont 112 pour détention, 6 pour infirmerie, et 6 pour logements des gardiens.

Déjà, sur la planche numérotée 206 consacrée au *Musée* construit dans la même ville, et classée au premier volume (quatrième section, *Édifices d'instruction publique*), nous avons donné une partie de la vue monumentale qui, avec le pont sur la Loire, réunit la route de Blois, d'Angers, etc. à celle de Bordeaux. L'exécution des édifices dont il s'agit ici ayant eu, entre autres avantages, celui de compléter les constructions uniformes de cette belle rue, nous donnons un *plan d'ensemble* de cette magnifique traversée.

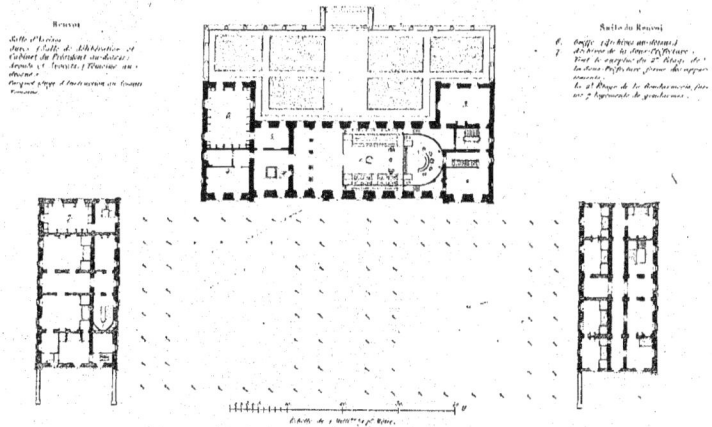
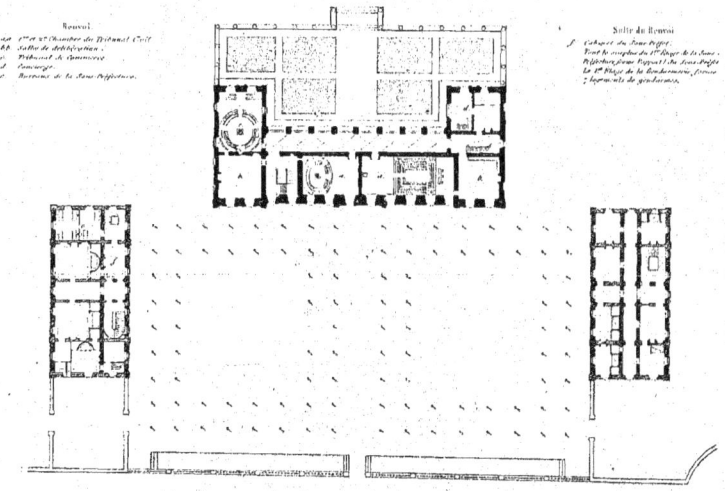
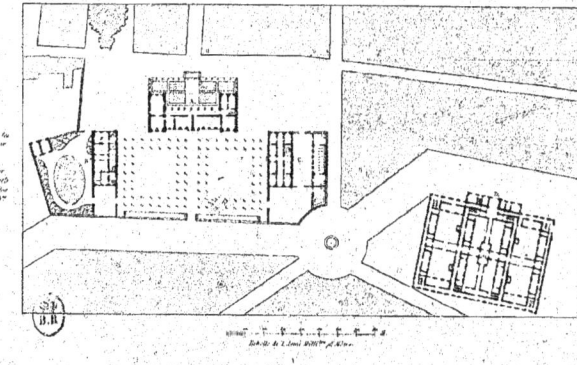

Hôtel de Sous-Préfecture et Caserne de Gendarmerie à Coutances. (Manche.)
(1847).

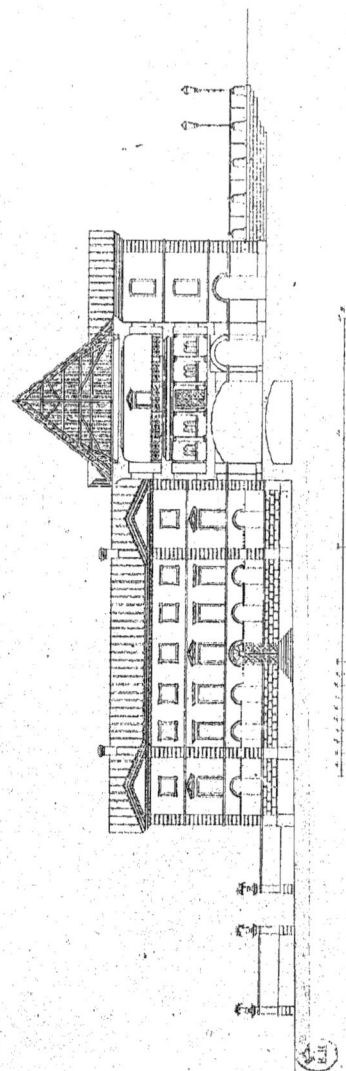

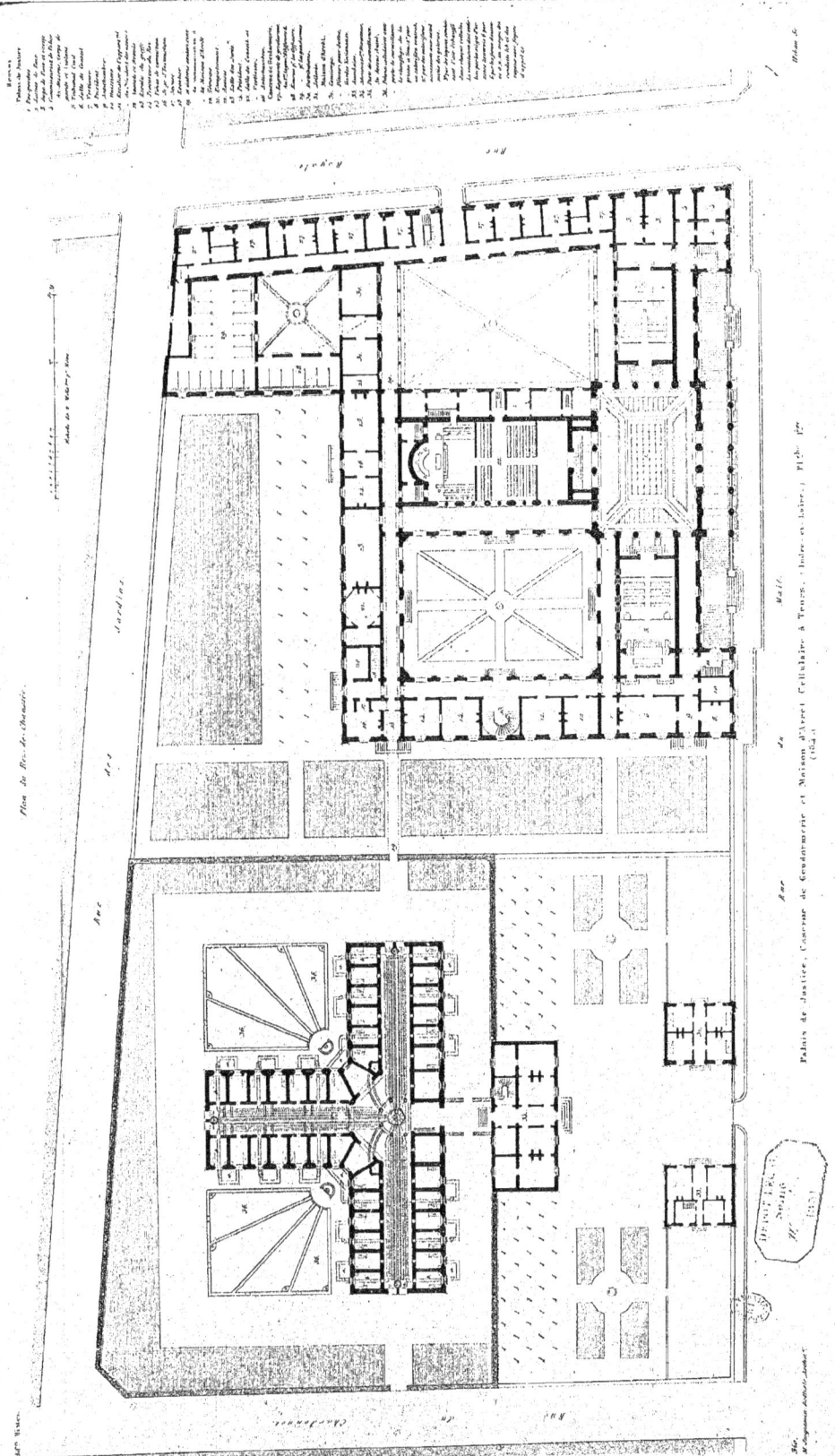

*Façade Principale du Palais de Justice, sur le Mail.*

*Façade latérale sur la rue Royale.*

Palais de Justice, Caserne de Gendarmerie et Maison d'Arrêt Cellulaire, à Tours (Indre-et-Loire). Planche 2ème
1841.

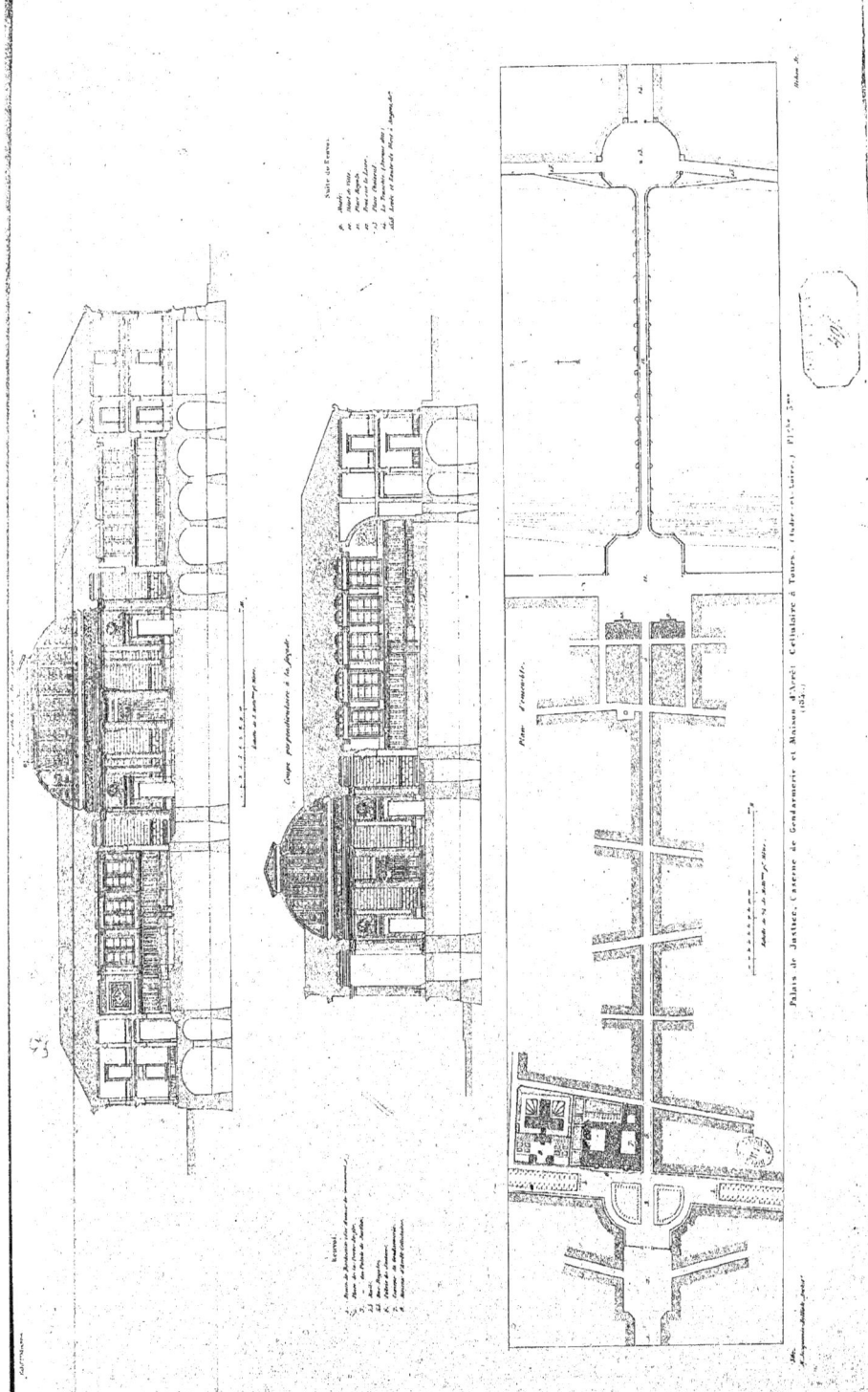

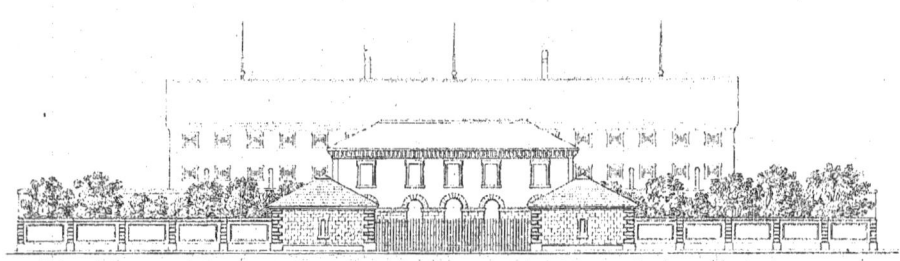

*Élévation de la Maison d'Arrêt.*

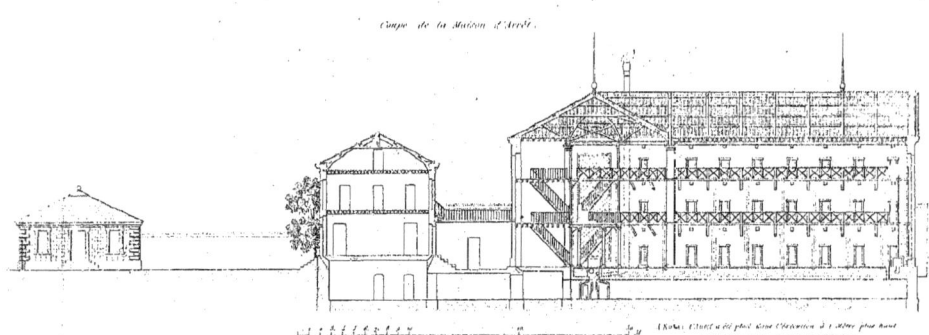

*Coupe de la Maison d'Arrêt.*

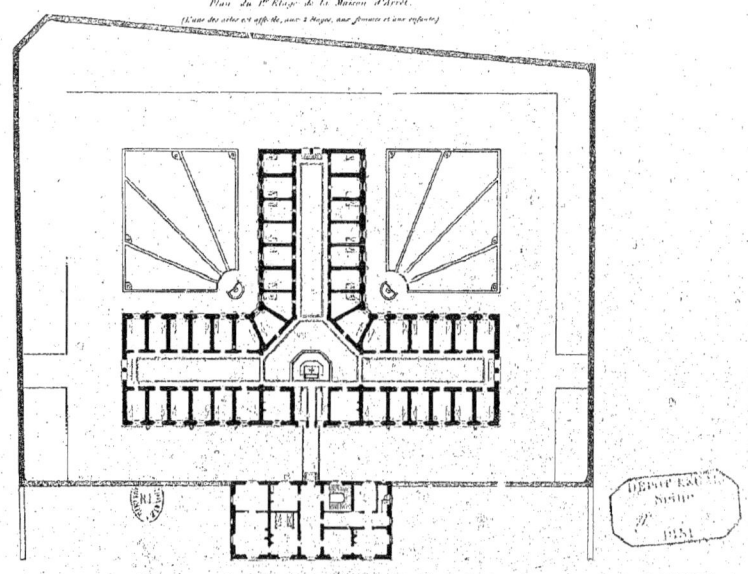

*Plan du 1er Étage de la Maison d'Arrêt.*

# TABLEAU
## PAR ORDRE
## DES ÉDIFICES CONTENUS

| DIVISIONS PRINCIPALES. | SUBDIVISIONS. | VILLES. | DÉPARTEMENTS. | ÉPOQUES de la CONSTRUCTION. | NOMS des ARCHITECTES. | NOMBRE DE PLANCHES. | NUMÉROS des PLANCHES. |
|---|---|---|---|---|---|---|---|
| | | | | | MM. | | |
| 1° ÉDIFICES RELIGIEUX. | ÉGLISES PAROISSIALES. | Nimes (Saint-Paul). | Gard. | 1837. | QUESTEL. | 3 | 333, 334, 335. |
| | | St.-Germain-en-Laye. | Seine-et-Oise. | 1823. | MALPIÈCE ET MOUTIER. | 3 | 98, 99, 100. |
| | | Pollet, près Dieppe. | Seine-Inférieure. | 1844 à 1849. | LENORMANT. | 2 | 327, 328. |
| | | Saint-Rémi. | Bouches-du-Rhône. | 1820 à 1827. | PENCHAUD (Feu). | 1 | 172. |
| | | Gevrolles. | Côte-d'Or. | 1846. | MONNIOT. | 1 | 345. |
| | SÉMINAIRE. | Langres. | Haute-Marne. | 1838 à 1846. | MACQUET. | 2 | 378, 379. |
| | ÉGLISE PROTESTANTE ÉVANGÉLIQUE. | Paris. | Seine. | 1843. | GAU. | 1 | 326. |
| 2° ÉDIFICES ADMINISTRATIFS. | PALAIS DU CONSEIL D'ÉTAT ET DE LA COUR DES COMPTES. | Paris. | Seine. | 1844 à 1842. | BONNARD (Feu) ET LACORNÉE. | 4 | 370, 371, 372, 377. |
| | ARCHIVES DE LA COUR DES COMPTES. | Paris. | Seine. | 1840. | VAN-CLEEMPUTTE (Lucien). | 2 | 380, 381. |
| | HÔTEL DE PRÉFECTURE. | Niort. | Deux-Sèvres. | 1828 à 1832. | SECRÉTAIN. | 2 | 284, 285. |
| | HÔTEL DE SOUS-PRÉFECTURE. | Coutances. (Voir aux édifices des asiles.) | | | | | |
| | HÔTELS DE VILLE. | Paris. | Seine. | 1533. | DOMINICO BOCCADOR. | 4 | 378, 364, 369, 37. |
| | | | | 1837 à 1849. | GODDE ET LESUEUR. | | |
| | | Lyon { Voir aux édifices publics. } | | | | | |
| | | Quimper-Corentin. | Finistère. | 1829. | LEMARIÉ. | 2 | 93, 94. |
| | | Grancey. | Côte-d'Or. | 1845. | MONNIOT. | 1 | 336. |
| 3° ÉDIFICES JUDICIAIRES. | PALAIS-DE-JUSTICE. | Rhodez. | Aveyron. | 1834 à 1846. | BOISSONADE. | 2 | 187, 188. |
| | | Tours { Voir aux édifices publics. } | | | | | |
| | TRIBUNAL DE PREMIÈRE INSTANCE. | Mortain. | Manche. | 1834. | DOISNARD. | 1 | 325. |
| 4° ÉDIFICES D'INSTRUCTION PUBLIQUE. | PALAIS DE L'INSTITUT. { Salle des Séances publiques. Salle des Séances particulières. Escalier de la Biblioth. Mazarine. } | Paris. | Seine. | 1806. | VAUDOYER PÈRE (Feu). | 1 | 222. |
| | | | | 1847. | LEBAS (Hippolyte). | 1 | 201. |
| | | | | 1824. | BIET. | 2 | 130, 131. |
| | COLLÈGE DE FRANCE. | Paris. | Seine. | 1774. | CHALGRIN (Feu). | 4 | 329, 330, 331, 332. |
| | | | | 1831 à 1842. | LETAROUILLY. | | |
| | ÉCOLE NORMALE. | Paris. | Seine. | 1847. | A. DE GISORS. | 3 | 382, 383, 386. |
| | BIBLIOTHÈQUE DE SAINTE-GENEVIÈVE. | Paris. | Seine. | 1844 à 1850. | H. LABROUSTE. | 3 | 387, 388, 389. |
| | ÉCOLE DES PONTS ET CHAUSSÉES. | Paris. | Seine. | 1846. | GARREZ. | 2 | 354, 355. |
| | INSTITUTION DES JEUNES AVEUGLES. | Paris. | Seine. | 1846. | PHILIPPON. | 6 | 339, 340, 341, 342, 343, 344. |
| | OBSERVATOIRE. | Toulouse. | Haute-Garonne. | 1844. | URBAIN VITRY. | 2 | 351, 352. |
| | MUSÉE-BIBLIOTHÈQUE. | Havre. | Seine-Inférieure. | 1845. | FORTUNÉ BRUNET DEBAINES. | 3 | 356, 357, 358. |
| | COLLÈGE. | Saint-Lô. | Manche. | 1845. | DOISNARD. | 2 | 337, 338. |
| | ÉCOLE NORMALE PRIMAIRE. | Alençon. | Orne. | 1841 à 1843. | DEDAUX. | 2 | 303, 304. |
| | ÉCOLES COMMUNALES ET SALLE D'ASILE. | Paris. | Seine. | 1844. | DURAND-BILLION. | 2 | 373, 374. |
| 5° ÉDIFICES SANITAIRES. | HOSPICE. | Montrouge. | Seine. | 1781. | VIEL. | 2 | 40, 41. |
| | | | | 1823. | HUVÉ. | | |
| | HOSPICE GÉNÉRAL. | Nantes. | Loire-Inférieure. | 1822 à 1836. | DOUILLARD Frères. | 4 | 311, 312, 313, 314. |
| | | Dijon. | Côte-d'Or. | 1840 à 1842. | PAUL PETIT. | 3 | 346, 347, 348. |
| | ASILE D'ALIÉNÉS. | Lafond, près la Rochelle. | Charente-Inférieure. | 1824. | BROSSARD. | 1 | 175. |
| | | Charenton (quartier de femm. aliénées). | Seine. | 1823. | LEROUX (feu). | 2 | 43, 44. |
| | ÉTABLISSEMENT THERMAL. | Plombières. | Vosges. | 1800 et années suivantes de Lours de Pont-d'ouvres. | GRILLOT. | 2 | 305, 306. |

# GÉNÉRAL,
## DE CLASSEMENT,
### DANS CE TROISIÈME VOLUME.

| DIVISIONS PRINCIPALES. | SUBDIVISIONS. | VILLES. | DÉPARTEMENTS. | ÉPOQUES de la CONSTRUCTION. | NOMS des ARCHITECTES. | NOMBRE DE PLANCHES. | NUMÉROS des PLANCHES. |
|---|---|---|---|---|---|---|---|
| | | | | | MM. | | |
| 6° ÉDIFICES D'UTILITÉ PUBLIQUE. | Grenier de Réserve. | Paris. | Seine. | 1807 | Delannoy (Feu). | 2 | 365, 366. |
| | | | | 1817 | Jay. | | |
| | Entrepôts des { Sels, grains, farines et denrées coloniales. | Lyon. | Rhône. | 1828 | Baltard père (Feu). | 3 | 169, 170, 171. |
| | { Liquides. | Lyon. | Rhône. | 1838 | Dardel. | 2 | 288, 289. |
| | Marché. | Lyon. | Rhône. | 1838 | Dardel. | 1 | 205. |
| | Halle de déchargement. | Paris. | Seine. | 1827 | Lusson. | 2 | 161, 162. |
| | Halle. | Castres. | Tarn. | 1830 | Lebrun. | 1 | 140. |
| | Abattoir. | Orléans. | Loiret. | 1828 | Pagot (Feu). | 1 | 46. |
| | Dépôt d'Étalons. | Saint-Lô. | Manche. | 1846 | Doisnard et Jollivet. | 2 | 367, 368. |
| | Nouveau Quartier. | Mulhouse. | Haut-Rhin. | 1826 à 1828. | Fries et Stotz. | 1 | 307. |
| 7° ÉDIFICES DE SURETÉ PUBLIQUE. | Manufacture d'armes. | Châtellerault. | Vienne. | 18.. | Pellechet. | 2 | 318, 319. |
| | Casernes de Gendarmerie. | Agen. | Lot-et-Garonne. | 1845 | Bourières. | 1 | 350. |
| | | Coutances | Voir aux édifices mixtes. | | | | |
| | | Tours | Voir aux édifices mixtes. | | | | |
| | Maison de Jeunes Détenus. | Paris. | Seine. | 1836 | Hippolyte Lebas. | 3 | 215, 216, 217. |
| | Maison d'Arrêt. | Remiremont. | Vosges. | 1846 | Grillot. | 2 | 349, 350. |
| | Maison d'Arrêt cellulaire. | Tours | Voir aux édifices mixtes. | | | | |
| | Colonie agricole et pénitentiaire. | Mettray. | Indre-et-Loire. | 1839 | Blouet. | 3 | 315, 316, 317. |
| 8° MONUMENTS PUBLICS. | Colonne de la Grande Armée. | Boulogne. | Pas-de-Calais. | 1805 à 1840. | Labarre (Feu) et Henry. | 3 | 119, 120, 364. |
| | Colonne au général Dupuy. | Toulouse. | Haute-Garonne. | 18... | Urb. Vitry. | 1 | 356. |
| | Statue de Guttemberg. | Strasbourg. | Bas-Rhin. | 1840 | A. Lechesne. | 1 | 320. |
| | Panorama. | Paris. | Seine. | 1840 | Hittorf. | 1 | 261. |
| | Place de la Concorde. | Paris. | Seine. | 1838 | Hittorf. | 3 | 251, 252, 253. |
| | Galeries d'exposition de l'Industrie Nationale. | Paris. | Seine. | 1834 | Moreau. | 1 | 192. |
| | Hôtel de ville, Palais des arts et du commerce et Théâtre. | Lyon. | Rhône. | 17° siècle. 19° siècle. | Maupin, de la Valinière. Gay, Chenavard, Dardel. | 4 | 321, 322, 323, 324. |
| 9° ÉDIFICES FUNÉRAIRES. | Tombeau commémoratif au général Desaix. | Ile des Épis | Bas-Rhin. | 1800 | Weinbrenner, Architecte. Ohmacht, Statuaire. | 1 | 308 |
| 10° ÉDIFICES MIXTES. | Hôtel de Sous-Préfecture. Caserne de Gendarmerie. Palais de Justice. | Coutances | Manche. | 1842 | Doisnard. | 2 | 309, 310. |
| | Caserne de Gendarmerie. Maison d'Arrêt cellulaire. | Tours. | Indre-et-Loire. | 1840 à 1844 | Jacquemin Bellisle, père et fils. | 4 | 360, 361, 362, 363. |

# TABLEAU

PAR ORDRE D[...]

## DE LA TOTALITÉ DES ÉDIFICES CO[...]

| DIVISIONS PRINCIPALES. | SUBDIVISIONS. | 1ᵉʳ VOLUME. | 2ᵉ VOLUME. | 3ᵉ VOLUME. |
|---|---|---|---|---|
| **ÉDIFICES RELIGIEUX.** | 1º ÉDIFICES DU CULTE CATHOLIQUE : | | | |
| | CATHÉDRALE. . . . . . . . . . . . | | à Chartres (reconstruction de la couverture). | |
| | ÉGLISES PAROISSIALES. . . . . . . | à Paris (Notre-Dame-de-Lorette). à Mâcon (Saint-Vincent). à Bercy. à Noisy-le-Sec. | à Paris (la Madeleine). à Marseille (Saint-Lazare). à Saint-Jean-de-Bonneval. à Vincennes. à Grainvilliers. à la Daguenière. à l'Ile Saint-Denis. | à Nimes (Saint-Paul). à Saint-Germain-en-Laye. au Pollet, près Dieppe. à Saint-Rémi. à Gevrolles. |
| | CHAPELLES. . . . . . . . . . . . . | aux Herbiers. | | |
| | ÉVÊCHÉ. . . . . . . . . . . . . . | au Puy. | | |
| | SÉMINAIRES. . . . . . . . . . . . | à Moulins. | à Paris (Saint-Sulpice). | à Langres. |
| | PRESBYTÈRES. . . . . . . . . . . . | à Langon. | à Paris (Saint-Séverin). | |
| | 2º TEMPLES PROTESTANTS. . . . . . | à Marseille. | à Orléans. | à Paris (église protestante évangélique, rue Chauchat). |
| | 3 SYNAGOGUES. . . . . . . . . . . | à Paris (rue Notre-Dame-de-Nazareth). | à Strasbourg. | |
| **ÉDIFICES ADMINISTRATIFS.** | CHAMBRES LÉGISLATIVES. . . . . . . | Chambre des députés et salle provisoire. | Chambre des pairs et salle provisoire. | |
| | MINISTÈRES. . . . . . . . . . . . | des Finances. | de l'Instruction publique. | à Paris, rue de Lille et quai d'Orsay. |
| | CONSEIL D'ÉTAT ET COUR DES COMPTES. | | | à Paris, rue de Lille. |
| | ARCHIVES DE LA COUR DES COMPTES. . | | | à Niort. |
| | HÔTELS { DE PRÉFECTURE. | à Ajaccio. | à Angoulême. | |
| | { DE SOUS-PRÉFECTURE. | à Épinal. | au Puy. | à Coutances. |
| | { DE VILLE. | à Moulins. à Sedan. à Clermont-Ferrant (aux édif. mixtes). | à Avranches. à Saint-Étienne. à Bressuire. à Mont-sous-Vaudray. à Gaillac. (aux édifices mixtes.) | à Paris. à Lyon (aux édifices publics). à Quimper-Corentin. à Grancey. |
| | { DES MONNAIES. | à Nantes. | | |
| **ÉDIFICES JUDICIAIRES.** | PALAIS DE JUSTICE. . . . . . . . . | à Aix. | | à Rhodez. |
| | COURS D'ASSISES ET TRIBUNAUX DE PREMIÈRE INSTANCE. . . . . . . . . | à Valence. à Saint-Lô. | à Angoulême. à Privas. à Valognes. à Saint Étienne. | à Tours (aux édifices mixtes). à Mortain. |
| | TRIBUNAUX DE PREMIÈRE INSTANCE. . | à Clermont-Ferrand. (aux édifices mixtes.) à Draguignan. | à Arcis-sur-Aube. (aux édifices mixtes.) à Barcelonnette. à Gaillac. | |
| **ÉDIFICES D'INSTRUCTION PUBLIQUE.** | PALAIS DE L'INSTITUT. . . . . . . | | | Salles des séances publiques et particulières, et escalier de la bibliothèque Mazarine. |
| | COLLÈGE DE FRANCE. . . . . . . . | | | à Paris. |
| | ÉCOLE NORMALE SUPÉRIEURE. . . . . | | | à Paris. |
| | BIBLIOTHÈQUES PUBLIQUES. . . . . . | à Amiens. | | à Paris (nouvelle bibliothèque Sainte-Geneviève). |
| | OBSERVATOIRES. . . . . . . . . . | | à Paris. | à Toulouse. |
| | JARDINS DE BOTANIQUE. . . . . . . | à Marseille. | à Orléans. | |
| | INSTITUTION DES JEUNES AVEUGLES. . | | | à Paris. |
| | ÉCOLE DES PONTS ET CHAUSSÉES. . . | | | à Paris. |
| | ÉCOLE VÉTÉRINAIRE. . . . . . . . | | à Toulouse. | |
| | MUSÉE. . . . . . . . . . . . . . | à Tours. | | au Havre. |
| | MUSÉE - BIBLIOTHÈQUE. . . . . . . | | à Remiremont. | à Saint-Lô. |
| | COLLÈGES. . . . . . . . . . . . . | à Rochefort. | à Gaillac (aux édifices mixtes). | à Alençon. |
| | ÉCOLE NORMALE PRIMAIRE. | à Amiens. | à Bourbon-Vendée. | |
| | ÉCOLES PRIMAIRES { chrétiennes. { d'enseignement mutuel, { id. avec salle d'asile. | à Paris (rue Sainte-Élisabeth). | à Paris (rue de Fleurus). à Bressuire. à Mont-sous-Vaudray. (aux édifices mixtes.) | à Paris, rue de Charonne. |
| **ÉTABLISSEMENTS SANITAIRES.** | LAZARETS. . . . . . . . . . . . . | dans l'île de Batouneau. | à Trompeloup. | |
| | HOSPICES ET HÔPITAUX. . . . . . . | à Bordeaux. à Saint-Mandé. à Fréjus. | à Paris (Clinique de la Faculté). à Troyes (Saint-Nicolas). à Villeneuve-sur-Lot. à Chaillot (Sainte Perrine). | à Montrouge. à Nantes. |
| | MAISON DE RETRAITE. . . . . . . . | à Rouen. | à Marseille. | à Dijon. |
| | ASILE D'ALIÉNÉS. . . . . . . . . | au Mans. | à Cadillac. | à Lafond, près la Rochelle. à Charenton (quartier des femmes). |
| | ÉTABLISSEMENTS THERMAUX. . . . . . | au Mont-d'Or. à Bagnères-de-Bigorre. | à Vichy. | à Plombières. |
| **ÉDIFICES D'UTILITÉ PUBLIQUE.** (La suite après.) | BOURSE ET TRIBUNAL DE COMMERCE. . | à Paris. | à Nantes. à Saint-Étienne. | |
| | BOURSE ET CONDITION DES SOIES. . . | | | à Paris. |
| | GRENIERS DE RÉSERVE. . . . . . . | | à Paris. | |
| | DOUANE. . . . . . . . . . . . . . | | | |
| | ENTREPÔTS { des douanes. { des liquides. { des sels. { des sels, grains et denrées coloniales. | à Paris. à Paris. | à Paris. | à Lyon. à Lyon. à Paris. |
| | HALLE DE DÉCHARGEMENT DES DOUANES. | | | |

# GÉNÉRAL,

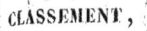

DE CLASSEMENT,

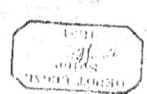

CONTENUS DANS LES TROIS VOLUMES.

| DIVISIONS PRINCIPALES. | SUBDIVISIONS. | 1er VOLUME. | 2e VOLUME. | 3e VOLUME. |
|---|---|---|---|---|
| ÉDIFICES D'UTILITÉ PUBLIQUE, (Suite). | HALLES aux blés, grains, etc. | à Falaise. à Rennes. | à Troyes. à Saint-Étienne. à Beaune. à Dourdan. à Bourges. | à Castres. » » » » |
| | aux toiles | à Rennes. | » | » |
| | MARCHÉS aux viandes, légumes et poissons. | à Paris (aux Carmes). à Joigny (aux édifices mixtes). | à Paris (marché des Patriarches). à Nevers. à Bressuire (aux édifices mixtes). | à Lyon (marché de la Martinière). » » |
| | au poisson. | à Angers. | » | » |
| | aux viandes grasses. | à Paris. | » | » |
| | aux chevaux | à Paris. | » | » |
| | ABATTOIRS à bœufs, veaux et moutons. | à Paris (Villejuif). | à Nantes. | à Orléans. |
| | à porcs | à Nanterre. | à Tarascon. | » |
| | FILTRES ET CHÂTEAU-D'EAU. | | à Toulouse. | |
| | LAVOIR. | | à Nîmes. | |
| | DÉPÔT D'ÉTALONS. | | | à Saint-Lô. |
| | NOUVEAU QUARTIER. | | | à Mulhouse. |
| | MANUFACTURE D'ARMES. | | | à Châtellerault. |
| ÉDIFICES DE SURETÉ PUBLIQUE. | CASERNES de gendarmerie. | à Paris (rue Mouffetard). à Marseille (aux édifices mixtes). | à Lyon. à Saint-Étienne. à Arcis-sur-Aube. à Barcelonette. à Bressuire. à Mont-sous-Vaudray. (aux édifices mixtes) | à Agen. à Coutances. à Tours. (aux édifices mixtes) |
| | de sapeurs-pompiers. | | à Paris, rue de la Paix. | » |
| | CORPS DE GARDE DE SAPEURS-POMPIERS. | à Paris. | » | » |
| | Idem AVEC BUREAU D'OCTROI. | à Saint-Étienne. | » | » |
| | de jeunes détenus. | | | à Paris, rue de la Roquette. |
| | Centrale de détention. | à Melun. | à Beaulieu près Caen. | » |
| | de correction. | à Lyon. | à Cadillac (femmes). | » |
| | de police, d'arrêt, de justice et de correction. | à Saintes. | » | » |
| | MAISONS d'arrêt, de justice. | à Draguignan (aux édifices mixtes). | à Aix. à Beaune. à Vervins. à Versailles. à Saint-Clermont. à Arcis-sur-Aube. à Barcelonette. (aux édifices mixtes) | » |
| | d'arrêt. | à Cherbourg. à Lorient. à Clermont-Ferrand (aux édifices mixtes). | | |
| | d'arrêt, cellulaires. | | | à Remiremont. à Tours (aux édifices mixtes). |
| | COLONIE AGRICOLE ET PÉNITENTIAIRE. | | | à Mettray, près Tours. |
| MONUMENTS PUBLICS. | COLONNES MONUMENTALES. | de la Grande-Armée, à Paris. | de Juillet, à Paris. | de la Grande-Armée à Boulogne. au général Dupuy, à Toulouse. |
| | STATUES. | de Louis XIV, à Paris. | | de Guttemberg, à Strasbourg. |
| | ARCS DE TRIOMPHE. | à Marseille. de l'Opéra, à Paris. | de l'Étoile, à Paris. | » |
| | THÉÂTRES. | de l'Ambigu-Comique, à Paris. | à Nantes. | aux Champs-Élysées, à Paris |
| | PANORAMA. | à Paris. | | » |
| | PALAIS DU DUC D'ORLÉANS. | | | de la Concorde, à Paris. |
| | PLACE PUBLIQUE. | | | sur cette place. |
| | GALERIES D'EXPOSITION DE L'INDUSTRIE NATIONALE. | | à Rennes. | » |
| | PROMENADES PUBLIQUES. | à Marseille. | à Paris, rue de Richelieu. | » |
| | FONTAINES. | | à Liffol-le-Grand. à Neuf-Château. | |
| | HÔTEL-DE-VILLE. | | | |
| | PALAIS DES ARTS ET DU COMMERCE. | | | à Lyon. |
| | THÉÂTRE. | | | |
| ÉDIFICES FUNÉRAIRES. | CHAPELLES FUNÉRAIRES. | à Paris, rue d'Anjou. à Orange. | à Quiberon. à Rennes. | » » |
| | TOMBEAUX. | du général Foy, à Paris. | de Casimir Périer, à Paris. | du général Desaix dans l'île des Épis. |
| ÉDIFICES MIXTES. | HÔTEL DE SOUS-PRÉFECTURE ET CASERNE DE GENDARMERIE. | | | à Coutances. |
| | HÔTEL DE VILLE, TRIBUNAUX ET MAISONS D'ARRÊT. | à Clermont-Ferrand. | » | » |
| | HÔTEL DE VILLE, TRIBUNAL. | | à Gaillac. | |
| | COLLÈGE. | | | |
| | HÔTEL DE VILLE, ÉCOLE. | | à Bressuire. | |
| | HALLE. | | à Mont-sous-Vaudray. | |
| | CASERNE DE GENDARMERIE. | | | |
| | PALAIS DE JUSTICE ET TRIBUNAUX. | | à Saint-Étienne. | |
| | CASERNE DE GENDARMERIE, MAISON D'ARRÊT. | | à Arcis-sur-Aube. à Barcelonette. | à Tours. |
| | TRIBUNAL ET MAISON D'ARRÊT, DE JUSTICE ET DE CORRECTION. | à Draguignan. | » | » |
| | MARCHÉ ET SALLE DE RÉUNION. | à Joigny. | » | » |
| | CASERNE DE GENDARMERIE ET MAISON D'ARRÊT. | à Marseille. | » | » |

www.ingramcontent.com/pod-product-compliance
Lightning Source LLC
Chambersburg PA
CBHW052255220526
45471CB00001B/351